학교폭력 예방 및 학생의 이해

| 김미진 · 김지현 · 남기양 · 남현주 · 안미영 · 유성이 공저 |

수양재

머 리 말

학교와 폭력은 전혀 어울리지 않는 상반된 말로서 공존할 수 없는 대립적 개념의 언어가 복합된 비정상적인 현상을 설명하는 복합용어이다. 그런데 현실은 이러한 비정상적인 현상이 실제적 상황이 되었고, 학교폭력 예방 차원의 교과목이 교직소양 필수과목으로 선정되는 결과까지 초래되었다. 학교의 긍정적 의미와 폭력의 부정적 이미지가 공존하는 현실과 이에 대한 해결대안으로서『학교폭력 예방과 학생의 이해』라는 교과목의 선정은 오늘날 우리 사회의 암울한 현실을 함축적으로 보여주는 현상이다.

이렇듯 학교의 모습이 변색되고 폭력의 부정적 의미가 심각한 문제로 대두된 것은 1990년대 이후, 특히 21세기 들어 더 이상 간과할 수 없는 지경에까지 이르렀다. 문제의 근본적인 원인은 비인간화의 사회적 병리현상에서 찾을 수 있지만, 거대한 사회적 문제로 수수방관하기에는 학교폭력의 현실은 너무나 가혹하다. 학교폭력의 일반화, 저연령화, 흉폭화 등과 같은 경향은 학교를 심각하게 황폐화시키고 있다. 신체폭력이나 집단폭력이라는 물리적 현상뿐만 아니라, 언어폭력이나 따돌림과 은밀하고 지속적인 괴롭힘까지 폭력의 양상은 매우 다양해지고 있으며 음습화되고 있다.

학교폭력의 현상은 학교 내적인 문제, 가정문제로만 원인을 진단하기는 어렵고, 우리 사회의 병리적인 모습을 그대로 반영하여 나타나는 것이라고 볼 수 있다. 따라서 사회 구성원 모두의 반성과 노력이 필요하며 사회 전반적인 의식과 문화의 변화가 절실하다. 학교폭력 문제가 분명하고 현실이 심각하다면 이를 해결하는 것 또한 우리의 몫이다. 학교폭력을 예방하고 현실적 문제를 진단하고 해결하는 것은 학자로서, 교사로서의 당연한 의무이며 사회적으로 주어진 책무이다.

학교폭력의 문제를 진단하고 해결책을 제시함에 있어서 실제적인 현장경험은 매우 중요하다. 추상적인 문제의 진단과 해결책은 학교현장에서 경험하는 학교폭력의 문제와는 동떨어진 경우가 많고 구체적인 문제를 파악하기 어렵다. 이에 본 집필진들은 학교폭력과 관련하여 학교현장에서 보다 유용하게 활용할 수 있는 구체적 · 실용적 · 현실적인 내용을 집중적으로 다루고자 노력하였다.

학교폭력 문제는 폭력에 대한 우리 사회의 태도 및 분위기의 반영이다. 아이들은 무한경쟁의 사회 분위기를 그대로 학교생활에서 겪어야 하고 신상 스마트폰이나 각종 브랜드의 주요 소비층으로 '돈'이 신앙이 되는 시장사회의 품에서 자라고 있다. 학생들을 누가 키우고 있을까? 부모가, 교사가 키우고 있다고 말할 수 있을까? '시장과 경쟁'이 그들을 키우고 있는 건 아닌지 부모와 교사로서 우리 어른들은 심각하게 돌아보아야 한다. 포스트 88만 원 세대를 살아갈 학생들을 품고 키워내는 가장 기본적인 사회단위는 '가정'이다. 시장과 경쟁논리가 지배하는 사회 분위기와 폭력에 대한 태도는 아주 쉽게 가정 분위기와 유대관계에 영향을 미친다. 이 같은 폭력의 악순환에 가장 민감하게 반응하는 것이 우리 학생들이다. 최근 신문지상에 드러나는 가정폭력, 아동학대의 높은 폭력 수위 만이 가정의 폭력에 해당되는 것은 아니다. 폭력은 서로를 바라보는 눈빛에서, 보이지 않는 공기의 무게에서, 일상적으로 나누는 대화에서부터 감지되고 영향을 미친다.

각 장은 학교폭력예방과 학생의 이해에 요구되는 이론과 학교폭력의 문제를 이해하고 해결할 수 있는 다양한 학습활동으로 구성되었다. 교수자들은 각 장에 담겨 있는 이론과 학습활동을 활용하여 학습자 참여를 유도하는 수업을 설계하고 운영할 수 있으며, 학습자들은 수업시간에 이해한 내용을 바탕으로 학교폭력 문제를 스스로 해결할 수 있는 기회를 경험할 수 있다. 따라서 본 교재는 예비교사나 현직교사들이 학교폭력 상황에 개입하고 예방교육에 힘쓰기 위해서 학생을 좀 더 깊이 이해하고, 이를 바탕으로 한 실질적인 지도 및 상담을 실시하는 데 도움이 될 것이다. 그리고 학교폭력의 이론적 배경은 물론 학교폭력 관련 법규와 정책, 학생의 이해, 사안처리, 지역사회 연계, 예방 프로그램 및 인성교육 우수사례, 학생상담, 학부모 교육 및 상담, 인성교육, 학생정서행동 이해, 문제행동별 지도방법, 심리검사의 활용 등 학교현장에서 꼭 필요한 내용들을 망라하고 있으므로, 예비교사는 물론 현직교사에게도 유용한 자료가 될 수 있을 것으로 기대한다.

또한 이 책이 학교폭력에 관련한 여러 가지 사례와 대책을 다루고 있지만, 기계적이고 행정적인 관점에서 이해하기보다는 우리 교육의 현실을 아픈 마음으로 직시하면서 교육현장에 발을 내디뎠을 때 학생들을 이해하고 성장을 지원할 수 있는 역량을 키우는 데 도움이 될 수 있기를 바란다.

끝으로 이 책이 출판되기까지 적극적으로 지원해 주신 수양재 사장님을 비롯해 출판을 위해 많은 협조와 수고를 아끼지 않으신 모든 분의 노고에 진심으로 감사를 드린다.

2018년 8월

저자 일동

차 례

Chapter 1

청소년의 이해

1 청소년의 발달적 특징

'발달' 이란 시간이 지남에 따라 개인에게 일어나는 모든 변화 과정을 의미한다. 그중 아동 · 청소년기는 신체적 · 인지적 · 정서적 발달이 급격하게 일어나는 시기이다. 이 시기의 발달은 주변 환경의 영향을 많이 받고, 이후의 발달단계와도 밀접한 연관이 있기 때문에 매우 중요하다(이봉주, 김선숙, 김낭희, 2010). 발달의 개인적 차이가 크다고 하나, 개인이 속해 있는 환경적 맥락 안에서 통합적으로 접근하는 것 또한 아동 청소년의 발달을 이해하고 이 시기에 아동 청소년에게 일어나는 여러 가지 문제행동에 대한 다양한 시각을 가질 수 있기에 중요하다. 이에 아동 청소년의 신체적 · 인지적 · 정서적 발달을 한국의 학령기 구분에 따라 살펴보고자 한다.

1) 신체적 발달

신체적 발달은 생물학적 영역으로 볼 수 있는데, 뇌의 발달, 신장과 체중의 증가, 운동기능, 사춘기에 나타나는 호르몬의 변화 등이 모두 이에 속한다(정옥분, 2010). 일반적으로 여자의 경우 초등학교 4~5학년 시기인 11~12세, 남학생의 경우 초등학교 5~6학년 시기인 12~13세에 신장과 체중이 급격히 증가하는 성장급등이 시작된다. 성장급등은 개인차가 있지만, 4년 정도 지속된다(Tanner, 1991). 성장급등과 함께 생식기관의 성숙도 함께 이루어지며, 극적인 성장을 보인다.

뇌 발달은 청소년기 이전에 거의 완성되지만, 청소년기에도 여전히 뇌의 성장은 이루어지며, 이는 신경계도 마찬가지이다. 6세부터 사춘기까지 뇌의 측두엽과 두정엽에서 빠른 성장이 이루어진다. 청소년기에는 정서정보를 처리하는 동안 소뇌편도의 활동이 높은데, 이는 성인기에 정서정보를 처리하는데 전두엽이 주로 활동하는 것과는 대비되는 결과이다. 이로부터 청소년기에 소뇌편도가 성장하며, 청소년기와 성인기 사이에 전두엽이 성장하는 것을 알 수 있다(정옥분, 2010). 청년기 이전에는 남녀가 거의 비슷한 양의 남성 호르몬과 여성 호르몬을 분비하지만, 사춘기가 되면 남성은 더 많은 남성 호르몬을, 여성은 보다 많은 여성 호르몬을 분비한다. 이러한 호르몬의 변화는 사춘기를 초래한다.

위와 같은 급격한 생리적 · 신체적 변화는 이 시기의 아동 · 청소년이 자신의 신체에 관심을 가지고 불만족스러워 하는 등의 심리적 동요를 일으키며, 이는 자아존중감과도 관련이 있다(정옥분, 2010).

2) 인지적 발달

Piaget의 인지발달이론에 의하면 구체적 조작기인 7~11세, 즉 한국에서의 초등학교 학령기로 접어들면 보존개념, 유목화, 분류화, 서열화와 같은 인지능력을 발달시키고 자기중심적 사고에서 벗어나 타인의 관점에서 사고할 수 있게 되어 의사소통능력 또한 향상된다. 이후의 인지발달단계인 형식적 조작기는 11, 12세에서 14, 15세에 이르는 초기 단계와 14, 15세에서 성인기까지 지속되는 후기 단계로 나눌 수 있는데, 이는 중 · 고등학교 시기로 나누어 생각할 수 있다. 형식적 조작기에는 추상적 · 가설연역적 · 조합적 사고가 가능한데, 이러한 인지적 능력은 학교와 같은 체계적이고 분화된 환경자극이 있을 때 더욱 발달한다.

형식적 조작기의 초기 단계에서는 자신의 생각과, 타인의 생각을 개념화할 수는 있지만 '자신과 타인의 생각이 똑같지 않다'는 사실은 정확히 알지 못해 '청소년기 자아중심성(Adolescence Egocentrism)'이라 불리는 인지왜곡 현상이 일어날 수 있다. 이러한 인지왜곡은 청소년들이 타인도 자신의 외모와 행동에 관심을 가지고 지켜보고 있다는 생각과, 자신의 생각과 감정이 매우 특별하다는 생각을 갖게 한다. 이를 '가상적 청중'과 '개인적 우화'라고 이름 붙이는데, 이러한 현상은 연령이 증가할수록 감소한다(Elkind & Bowen, 1979).

인지 발달에서 Selman(1980)은 사회인지를 사회적 역할수용의 개념으로 설명한다. Selman이 제시한 사회 역할수용의 5단계는 자기중심적 미분화 단계(3~6세), 주관적 역할수용단계(5~9세), 상호적 역할수용단계(7~12세), 제3자적 역할수용단계(10~15세), 사회 관습적 역할수용단계(12~성인)로 나눌 수 있다. 상호적 역할수용 단계에서 아동은 다른 사람의 관점을 이해하기 시작하여, 나와 타인의 관점의 차이에 대해 이해하기 시작한다. 제3자적 역할수용단계에서는 이전의 단계와는 달리 제3자의 관점까지도 이해할 수 있게 되며, 객관적인 관점에서 관계를 수용할 수 있게 된다. 그리고 사회 관습적 역할수용단계에서는 상호 간의 관계뿐 아니라, 사회적 · 관습적 · 법적 · 도덕적 관점의 역할수용이 필요하며 이를 위해 규범 및 사회제도에 대해서도 판단할 수 있게 된다(김태련 외, 2004).

3) 심리 · 사회적 발달

아동기에는 타인의 감정을 추론하고 이해하는 능력이 발달하여 감정이입을 할 수 있게 되며, 공감능력과 정서이해능력이 발달한다. 청소년기에는 극심한 정서적 동요를 경험하며, 또래의 정서적 반응을 민감하게 읽을 수 있게 된다(김태련 외, 2004). 이러한 정서의 발달과 함께 또래관계도 변화하기 시작한다.

학령기 초기 아동들의 또래관계에 가장 큰 영향을 미치는 요인은 접근성이지만, 학령기 중기, 초등학교 3~4학년이 되는 시기부터 성(性)에 기초하여 또래집단을 형성하고 역동적으로 상호작용하기 시작한다.

청소년기가 도래하며 개인적 · 사회적 특징의 유사성을 통해 또래집단을 형성하고 높은 충성심과 헌신을 요구하며 또래집단의 결속을 다지는 경향이 생기는데, 이는 남학생보다 여학생들의 관계에서 특히 중요하다. 청소년기로 들어서면 아동기와 달리 교차성(性)적 관계가 나타나기 시작하는데, 이는 아동기와 청소년기 또래관계의 큰 차이 중 하나이다(Erwin, 2001).

아동 청소년기의 심리사회적 발달 중 중요한 요인 중의 하나는 자아정체감 발달이다. Erikson의 심리사회적 발달단계에 따르면, 초등학교 저학년부터 중학년 시기는 '근면성 대 열등감' 단계로 이 시기에 성공에 대한 느낌을 받지 못하고, 인정받기 위한 과업에 실패하게 되면 근면성이 결여되고 무력감이 나타난다.

초등학교 고학년 시기부터 중 · 고등학교 시기는 '정체감 대 정체감 혼미' 단계로 청소년기에 자아정체성을 찾는 과정에서 많은 혼란을 겪게 되고, 이 시기에 적극적으로 정체성 형성을 위해 노력한 청년들은 자신의 한계를 인정하고 객관적인 자아정체성을 확립하게 된다. 우리나라 청소년의 경우 중학생은 정체성 혼미, 폐쇄상태에 있으며, 고등학생은 정체성 혼미와 유실상태로 나타났다(김형태, 1989).

2 청소년과 가족관계

우리나라가 전통적인 농경사회에서 현대 산업사회로 전환에 감에 따라 우리 가족의 구조와 기능에서도 역시 많은 변화가 일어났다. 즉, 부부와 1~2명의 자녀로 구성된 '핵가족'은 전통적인 대가족 형태와 여러 면에서 다르다. 따라서 세대간의 관계, 자녀양육방법, 심리적 발달과 정서적 독립 등에 있어서 예전과는 뚜렷한 차이가 난다.

특히, 조부모를 비롯한 부모 세대와 청소년 및 청년 초기의 손자녀, 자녀 세대는 여러 가지 측면에서 많은 차이를 보이고 있다. 이들은 단순히 70대, 40대, 10~20대라는 연령 차이뿐만 아니라, 그들이 살아 온 시대가 다르고, 또 경험한 내용이 다르기 때문에 많은 세대 차이가 난다. 예를 들면, 조부모 · 부모 세대는 일본 강점기와 6 · 25전쟁, 그리고 정치 · 사회적 혼란과 보릿고개와 같은 경제적 빈곤을 체험하였다. 이에 반하여 손자녀 세대는 출생 때부터 경제적 풍요와 편리한 생활, 전쟁 없는 시대와 평화를 누리며 자라났고, 이제 다양한 교육 기회 · TV 등 대중매체, 레저 산업 등을 즐기고 행복하게 살고 있다. 또한, 나날이 좁아지는 지구촌과 개방화, 국제화, 세계화의 물결 속에서 개인 중심주의와 소시민 의식 속에서 21세기를 향해 성장해 가고 있다. 그러므로 젊은 세대와 중년 및 노년 세대는 여러 가지 경험 · 태도 및 의식 구조에서 결코 '같은 종류의 사람'일 수가 없다. 따라서 이들이 보여 주는 '세대차이'는 너무나 당연한 것이며, 만일 이들 세 세대 간에 차이가 전혀 없다면 오히려 이상한 일이다.

세대 차이 및 심리적 거리감의 지각에 있어서, 조부모 · 부모 세대는 젊은 자녀 · 손자녀 세대에 대해 가정 내와 바깥 사회 일반에서 각각 다르다. 즉, 어른들 눈에 바깥 사회 일반의 젊은이들과는 세대 차이가 많이 나지만, 가정 내의 자기 자녀들과는 차이가 덜 나는 것으로 보인다. 그 이유는 집안의 자녀들은 일정한 가풍 아래 스스로 훈육하고 키웠으므로 나이 많은 세대와 가치관, 태도 등에서 별로 차이가 나지 않을 것이라고 믿기 때문이다. 그러므로 이들 기성세대는 청소년 청년 자녀 세대에 대해 거리를 가까이 느끼고 더욱 사랑으로 보살펴 주려고 한다. 하지만 젊은 세대는 사회 · 정서적으로 독립하여 앞으로의 진로를 스스로 개척하는 것이 그들의 '발달과업'이므로, 기성 세대들에 비해 보다 세대 차이를 많이 느끼고 상당히 먼 거리를 유지하려고 한다.

발달과업을 고려해 볼 때, 청소년기는 이제 더 이상 가정 내에서 부모와 어른들에게 보호만 받으며 살아갈 시기는 아니다. 따라서 청소년들은 한편으로는 아동기의 의존과 보호를 갈망하면서도, 다른 한편으로는 독립을 선언해야 하는 갈림길에 서 있는 것이다. 또 청소년에 대한 부모의 양육 유형에 따라 가정생활 또는 가족 내에서의 인간관계가 달라진다. 예를 들면, 부모가 '사랑'에 바탕을 두고 온

화함, 수용, 애정, 인정, 합리적 육아방법 사용, 칭찬해 주기 등의 긍정적 행동을 보이면, 자녀 역시 원만한 대인관계, 높은 자존심, 그리고 확고한 자아정체감 형성 등이 가능해진다.

하지만 그와 반대로 부모의 거부, 증오, 아동 학대와 같은 부정적인 양육 형태를 보일 때는 학업 성적의 부진, 대인관계의 부적응, 신경증적 행동장애, 기타 사회 비행과 범죄 등 부적응 행동을 보이게 된다. 특히, 청소년기에 나타나는 무단가출, 폭력, 비행, 범죄 등은 대부분 아동기로부터 내려온 부모의 무관심, 거부, 애정 결핍, 학대 행위 등의 결과로 볼 수 있다. 뿐만 아니라, 부모가 자녀에 대해 자율성을 충분히 주지 않고 지나치게 통제를 많이 가하면, 학교 생활과 또래관계에 있어서의 진취성, 창의성, 리더십 등의 발달을 방해하고, 오히려 행동 자세가 위축되고 정서적 불안정을 초래할 위험이 커진다. 따라서 청소년과 청년 초기의 젊은 세대들은 조부모, 부모를 비롯한 친지, 이웃 등 윗세대들과의 인간관계 문제에 보다 깊은 이해와 관심을 가져야겠다.

3 청소년과 또래관계

청소년기는 부모의 영향보다 또래의 영향을 더 많이 받는 발달단계라고 불린다. 이는 자기 자신의 발달 상황과 행동 특성이 적절한가를 판단하기 위하여 '또래'라는 사회적 비교의 거울을 이용하기 때문이다. 즉, 또래는 청소년 또는 성인의 사회생활에 있어 준거(기준)집단(reference group)이 된다. 또래와의 심리적 유대는 사실상 유아기의 부모나 어른에 대한 애착 행동, 아동기의 단짝 친구관계로부터 출발하는데, 이는 성인 · 노년기의 원만한 인간관계와 정신건강 유지에 그대로 연장된다.

특히, 청소년들은 어린 아동이나 기성세대와 같은 자기 자신과 전혀 다른 연령 단계의 인물이나 이성(異性) 청소년보다는, 비슷한 연령의 '동성(同性)의 또래가 가진 독특성'에 자신을 비추어 봄으로써 사회심리적 지지를 받을 수 있다. 그런데 또래집단과의 호의적인 관계는 우정에서부터 출발하여 개인의 성장 발달과 더불어 동성 간의 우정, 또는 이성 간의 우정, 그리고 애정으로 진전되어 간다.

그런데 청소년기와 그 이후 성인기에 대인관계가 원만히 유지되려면, 여러 가지 요인이 관련될 수 있다. 즉, 흥미와 태도, 성격, 행동 양식이 서리 비슷한 사람, 서로 간에 격려하고 신뢰성이 두터운 사람, 가까운 거리에 살거나 같은 학교, 직장, 교회 등에서 같이 활동하는 사람, 그리고 나 자신이 모델로 삼고 존경할 수 있는 사람과 우정관계를 유지하기 쉽다.

청소년기의 인간관계 및 우정은 공부, 스포츠, 오락, 종교, 봉사 등 여러 가지 활동에 공동으로 함께 하는 경우 더욱 촉진된다. 또 아동기나 중학교 시기보다 고교 시절인 청소년 중기로 옮아감에 따라 서로 간의 충실성에 바탕을 두고, 버림받거나 배반당하지 않도록 하면서 인간관계를 꾸준히 유지한다.

청소년기에 느끼는 교사는 단순한 지식의 전달자에서 한 걸음 나아가 동일시와 모델링 과정을 통해 부모 못지않게 청소년들에게 커다란 영향을 미치며, 그들의 인생 행로를 바꿔 놓기도 한다. 따라서 교사의 역할은 종래의 학업 지도뿐만 아니라, 심리상담, 진로 지도 등의 활동으로 더욱 확장되어야 할 것이다. 이는 사실상 자기 적성과 소질을 파악하고 개발하여 가정적 차원에서 행복한 생활을 영위하며, 동시에 각자의 생애 목표를 달성하려는 것이다. 이때 이들 근로 청소년들은 직업과 관련된 기술 습득뿐만 아니라, '원만한 인간관계를 위한 교육과 훈련'도 동시에 받을 필요가 있다.

따라서 이들은 협동적인 작업 경험을 새로이 획득하고, 새로운 인간관계 형성을 경험하며 상호 의사소통을 개발하는 등 직장 생활과 적응에 필요한 기술을 새로이 익혀야 할 것이다. 또 이들은 직업 생활에 기본적으로 필요한 행동과 태도를 지녀야 하며, 직장 생활을 통한 자신감의 향상, 책임감, 신뢰성, 업무에 대한 올바른 가치관, 불안감 감소 등을 가지게 된다. 더 나아가 이들은 직장에서의 성실한 근무 자세를 가다듬어 타인과의 원만한 인간관계 유지 및 심리 · 사회적 적응을 위해 원활하게 대처해야 할 것이다.

4 청소년과 성

1) 신체적 성숙과 생리적 변화

청소년기의 성적 발달과 더불어 찾아온 이른바 '사춘기'에 나타난 현상 가운데 하나는 성호르몬의 분비에 따른 이성에 대한 관심이다. 특히, 신체적 성숙과 생리적 변화는 청소년들로 하여금 성적 충동을 느끼게 하는 동시에 이를 적절히 통제하고 조절하는 데 상당한 곤란을 겪게 한다.

중 · 고교 시절에는 이성과의 교제를 갈망하게 되고, 자위 행위와 성교와 같은 문제도 함께 유발된다. 이와 같은 성적 발달 및 성 행동과 관련하여, 청소년들이 허탈감이나 죄의식에 빠지거나 수치심에 괴로워하는 경우가 종종 있다. 그러나 성은 우리의 인습적인 고정관념과 같이 그렇게 수치스러운 것이 아니다. 남녀를 막론하고 인간은 누구나 청소년기에 도달하면 성적으로 성숙하는 것이 정상이며, 그러한 생리적 발달이 이루어지지 않는 경우가 오히려 비정상적인 것이다. 그리고 이러한 생리적 성 발달을 통하여 사회적 발달과 성숙을 정상적으로 달성할 수 있게 된다.

2) 성에 대한 태도 및 성 행동

청소년기의 성 행동은 그가 가진 가치관 및 태도와 밀접한 연관을 가지고 있다. 가끔 성에 대한 태도에 관계없이 성 행동을 하는 경우도 없지 않으나 대체로 태도는 실제 행동에 상당한 영향을 준다.

우리 문화를 포함한 세계 대부분의 문화에 있어서 합법적 결혼관계 이외의 성 행동이나 혼전 성 관계를 인정하고 있지 않기 때문에, 미혼상태인 청소년의 성 행동이 사회적 관심의 대상이 된다. 성에 대한 개인의 태도는 부모의 가치관, 종교, 친구들의 태도, 연애 경험, 신체적-생리적 성숙의 정도에 따라 다르다. 예를 들면, 성숙한 남자아이들은 또래 친구들에 비해 성 행동을 빨리 시작하지만, 조숙한 여자아이들은 실제 성 행동보다는 남자에 대한 관심이 또래 친구들에 비해 더 빨리 나타난다.

일반적으로 청소년 또는 청년 초기에는 성호르몬이 성욕을 직접적으로 촉진시킨다는 주장이 있지만, 이에 대한 명확한 증거는 아직 없다. 다만 남성들의 경우 2차적 성징의 발달과 관계없이 성호르몬 수준이 성적 활동에 직접 영향을 주지만, 여성에 있어서는 성호르몬 수준이 성적인 활동보다 '이성에 대한 관심'과 상관이 더 높다. 따라서 여성의 성 행동은 생리적 요인보다 사회적 요인이나 자극에 의해 더 많이 영향을 받는다고 볼 수 있다.

그리고 성 행동은 성 동기와 분명히 구분할 필요가 있는데, 혼전 성 행동에 대한 동기 역시 여러 가지로 다양하게 나타난다. 대체로 성욕과 애정이란 동기 이외에도 육체적 쾌락, 사랑의 표현, 부모로부터의 독립의 증명, 반항의 수단, 파트너에 대한 통제, 단순한 호기심 등이 성 행동의 동기가 된다. 그리고 또 첫 경험 후의 반응도 남녀에 따라 서로 다른데, 남자들은 흥분과 만족을 느낀다고 하지만 여자들은 죄의식과 공포를 느끼는 사람이 많다.

일반적으로 청소년의 혼전 성 행동에 영향을 주는 요인은 어떤 것일까? 가정이나 학교에서의 성교육, 외설적이고 선정적인 잡지나 만화 및 서적, TV영화 · 비디오 등 영상매체, 친구나 데이트 상대자의 압력 등이 그 원인이 될 수 있는데, 그 가운데서도 데이트 경험이 혼전 성 행동에 가장 자극을 많이 주는 것으로 밝혀졌다. 즉, 데이트의 빈도, 상대방과의 감정적 밀착의 정도, 데이트 상대자의 범위 등에 따라 그 행동이 달라진다.

청소년은 영화, 비디오, 음란 잡지 등의 성 행동에 주는 영향도 이미 명확히 밝혀진 바 있다. 그리고 청소년의 성 행동 가운데 중요한 것은 자위(masturbation)이다. 이는 미혼 청소년들이 성욕을 해결하는 자연 발생적인 방법으로 인정받고 있다. 대체로 남자의 경우 연령 분포가 15~16세가 가장 많고, 13~14세가 두 번째로 비율이 높다. 그리고 자위행위를 하고 난 후의 심리상태는 허탈감에 빠지는 사람이 많고, 기분이 좋아지거나 죄의식을 느끼는 경우도 많다. 물론 자위행위는 심리 생리적 측면에서 나쁜 영향의 우려는 없으며, 다만 자의식, 혐오감, 자기 비하 등 의심할 경우 심리적 부적응을 일으킬 수도 있다.

이와 같이 신체에 해롭지 않은 자위행위가 너무 지나치면, 이성에 대한 생각에 과도하게 깊이 빠지고, 이성의 마음을 끌기 위해 적극적으로 노력하지 않을 수도 있으며, 죄의식을 갖거나 대인관계에서 위축될 수도 있는 것이 더욱 문제이다. 특히, 남자의 경우 마음속으로는 자위행위를 하지 않으려 하면서도 스스로 통제를 할 수 없어 계속하는 경우, 성에 대한 관심이 더욱 높게 지속될 수도 있다.

또래와 어울려 지내기, 취미 생활, 스포츠, 학업 등에 자신감이 부족한 청소년이 자위행위에 더 몰두할 때 문제가 심각해진다. 그러므로 자위행위가 심리적 문제의 원인인지 또는 그 결과인지는 분명하지 않다. 하지만 그다지 과도하지 않은 자위행위는 청소년기에는 발달단계상 정상이고 별다른 문제를 일으키지 않는 행동으로 볼 수 있다. 따라서 지나친 죄의식, 수치심, 혐오감 등은 가질 필요가 없다고 할 것이다.

Chapter 2

학교폭력의 개념과 유형

1 학교폭력의 개념

WHO의 폭력에 대한 정의를 보면 "폭력은 자신, 타인, 집단, 사회에 대해 신체적인 무력과 힘을 고의적으로 사용하거나 위협하여 부상, 죽음, 심리적 상처, 발달장애, 박탈의 결과를 초래할 가능성이 높거나 실제로 그런 결과를 초래하는 것"이라고 하고 있다(이보경, 2014).

학교폭력예방 및 대책에 관한 법률 제2조 제1항에는 학교폭력은 "학교 내외에서 학생을 대상으로 발생한 상해, 폭행, 감금, 협박, 약취 · 유인, 명예훼손 · 모욕, 공갈, 강요 · 강제적인 심부름 및 성폭력, 따돌림, 사이버 따돌림, 정보통신망을 이용한 음란 · 폭력 정보 등에 의하여 신체 · 정신 또는 재산상의 피해를 수반하는 행위"로 정의하고 있다. 제3항, 제4항은 가해학생과 피해학생에 대한 정의로 가해학생이란 학교폭력을 행하고 행위에 가담한 학생이고, 피해학생이란 학교폭력으로 인하여 피해를 입은 학생을 말한다.

문용린(2006)은 학교폭력이란 학교 교내, 주변, 등하굣길, 집 주변, 학원 주변과 교육 관련 현장에서 부모, 교사 이외의 모든 사람이 학생에게 행하는 폭력을 말했고(조주영, 2014, 재인용), 이보경(2014)은 사이버폭력을 비롯해서 폭력, 공격, 괴롭힘의 의도적인 행동들로 친구를 때리거나 밀거나 고립시키기, 욕하기 등으로 자신의 불만이나 불안감을 표현하는 행태로 정의했다.

Olweus(1993)는 학교폭력을 또래폭력이라 칭하며 힘의 불균형, 의도성, 지속 · 반복성의 3요소를 포함한다. 지속적이고 반복적으로 한 명 또는 여러 명의 학생들이 위해행동을 하는 것으로, 가해 · 피해학생 사이의 힘의 불균형에서 약한 학생을 고의적으로 괴롭히거나 해치는 부정적인 행동까지 포함하며, 괴롭힘은 자신을 방어하는 데 어려움이 있는 사람에게 의도를 가지고 반복적으로 하는 부정적 행동이고 폭력은 자신의 신체나 무기를 사용하여 피해와 불편을 주는 공격적 행동이라고 하였다.

종합해 보면 학교폭력은 학교나 교육현장 주변을 중심으로 발생하고, 힘의 불균형으로 의도적으로 행해지는 것으로 단기간 혹은 지속적으로 신체에 가해지는 폭력과 정서적인 부분을 손상시키는 심리적 폭력으로 구분되며 행위의 주체는 개인이 될 수 있고 집단이 될 수도 있음을 알 수 있다.

폭력의 상위요인인 비행에 대한 정의도 함께 살펴보면 우리나라에서 청소년비행이란 "12세 이상 20세 미만의 소년에 대하여 범죄, 촉법, 우범 행위"를 뜻하고 비행은 누구에게나 적용되는 일정한 행위기준에 반하는 행동으로 비행 행위의 주체가 청소년이면 청소년 비행이라고 하였다(김종환, 2002). Anna Freud(1937)는 청소년기 폭력을 신체적 · 성적 성숙의 본능 변화로 인해 청소년기에 제어가 되지 않을 정도로 강해지는 공격적 충동과 폭력적 성향, 과시적 성향, 잠재기의 짓궂은 장난이며 이것이 청소년 범죄로 변하기도 한다고 하였다.

김준호와 이동원(1996)은 청소년 비행의 뜻을 일반적으로 잘못된 행동이라는 의미와 함께 법이나 사회적 관념, 가치관, 규범 등에 위배된 행동이며 성인의 행동에서는 문제되지 않으나 사회적으로 부여된 청소년 지위에서 음주, 흡연, 출입금지구역 출입 등의 지위비행뿐만 아니라 형법에 규정된 범죄행위인 범죄 유형, 경중에 따라 보는 경비행과 중비행까지 광범위한 의미로 사용하고 있다고 하였다(이미라 · 박미정, 2012, 재인용).

2 학교폭력의 유형

학교폭력은 학교 안팎에서 일어나는 학생들 간의 폭력을 말한다. 학교폭력예방 및 대책에 관한 법률 제2조 제1항에서는 '학교 내외에서 학생 간에 발생한 상해, 폭행, 감금, 협박, 약취 · 유인, 명예훼손 · 모욕, 공갈, 강요 및 성폭력, 따돌림,

정보통신망을 이용한 음란 · 폭력정보 등에 의하여 신체 · 정신 또는 재산상의 피해를 수반하는 행위'로 정의하고 있다. 우리나라에서 많이 발생하고 있는 학교폭력의 유형으로는 신체폭력, 언어폭력, 금품갈취, 강요, 따돌림, 성폭력, 사이버 및 매체 폭력, 폭력서클이 있다(김광수 외, 2014).

1) 신체폭력

신체를 손, 발로 때리는 등 고통을 주는 상해 혹은 폭행과 같은 행위, 강제로 상대를 일정한 장소로 데리고 가는 행위, 일정한 장소에서 쉽게 나오지 못하게 하는 감금, 상대방을 속이고 일정한 장소로 데리고 가는 행위 등을 말한다(김광수 외, 2014).

때리기, 밀치기, 넘어뜨리기, 가두기 등이 이에 속하며 연령의 증가와 함께 발생빈도가 감소하는 경향이 있다. 하지만 중 · 고등학생 사이에서 발생하는 신체폭력의 경우 폭력의 강도나 빈도가 심각해져 급기야 살인에 이르는 경우도 언론에 등장한다. 또한 기절놀이와 같은 장난을 가장한 행위로 신체폭력이 이루어지는 경우도 많아 세심한 주의가 필요하다(강유미, 2011).

2) 언어폭력

여러 사람 앞에서 모욕적인 말을 하여 상대방의 명예를 훼손하거나 그런 내용의 글을 인터넷이나 SNS 등으로 퍼뜨리는 행위, 욕설, 비웃기, 지속적인 놀림 등을 언어폭력이라고 말한다(김광수 외, 2014).

언어폭력의 경우, 피해학생은 큰 상처를 받는 반면, 가해학생의 경우 장난으로 여겨 큰 죄책감을 갖지 않는 대표적인 학교폭력의 유형이다. 언어폭력은 신체에 피해를 주는 것은 아니지만, 동료로부터 받는 지속적인 부정적 피드백은 정서나 감정 등 정신적 영역에 부정적인 영향을 준다(강유미, 2011).

3) 금품갈취

금품갈취란 법적으로는 "사람을 공갈하여 재물의 교부를 받거나 재산상 불법한 이익을 취득하거나 타인으로 하여금 이를 얻게 함으로써 성립하는 범죄(이재상, 2006)"이다. 학교에서는 금전이나 문구류를 빼앗는 형태로 나타나는 경우가 빈번하며, 상대방의 물건을 망가뜨리거나, 돈을 억지로 빌린 후 갚지 않는 형태로 금품갈취가 일어나는 경우도 많다.

4) 강요

강제적인 심부름, 빵셔틀(일부의 힘센 학생들의 강요에 의하여 빵을 사다주는 등 잔심부름을 도맡아 하는 학생), 와이파이셔틀(스마트폰의 '핫스팟' 기능을 이용해 일부의 힘센 학생들이 공짜로 인터넷을 사용할 수 있게 해주는 학생)같이 일부의 힘센 학생들이 폭행, 협박 등의 방법으로 공포심을 느끼게 한 후 상대의 정당한 권리를 침해하거나 의무 없는 일을 시키는 것을 말한다(김광수 외, 2014).

다양한 강요의 사례를 살펴보면 가해학생들이 피해학생이 원하지 않음에도 불구하고 각종 비행에 억지로 참여하도록 시킨 후(음주, 흡연, 음란물 시청 등) 이를 빌미로 협박하여 피해학생들이 주변에 도움을 청하지 못하도록 강제하는 경우 또한 빈번하다.

5) 집단따돌림

학교에서 가장 빈번하게 일어나며, 학생들이 가장 두려워하는 학교폭력은 또래로부터 따돌림을 당하는 것이다. 새학기가 되면 자녀가 집단따돌림을 당할까 두려워 마술학원, 연기학원 등을 보내 웃는 법을 배우게 하는 등(조선일보, 2016년 3월 30일자), 학부모들도 내 자녀가 학교에서 따돌림을 당할까 두려워하며 촉각을 세우게 하고 있는 것이 작금의 상황이다.

집단따돌림이란 "한 집단 내에서 한 학생이 둘 이상의 학생에 의해, 반복적이고 지속적으로 구타와 폭행, 소외, 심리적 배척의 형태로 이루어지는 부정적인 행동에 노출되는 현상"이다(이춘재 · 곽금주 1999).

집단따돌림에 대한 곽금주(2008)에 의하면 한국사회의 집단따돌림은 집단성, 지속성, 일반성이라는 세 가지 특성을 가진다. 한국에서 집단 따돌림은 적극적으로 피해학생을 따돌리고 괴롭히는 주동자 외에도 이러한 행위를 적극적, 소극적으로 동조하는 동조자, 그리고 모르는 척하는 방관자까지 포함해 집단에 의해 이루어지고 있으며 많은 경우 피해학생의 '왕따'라는 낙인에 대해 학급은 물론 학년 학생들이 모두 알고 있는 것으로 나타났다.

한번 따돌림을 당한 학생은 완전히 새로운 환경이 주어지지 않는 한 따돌림에서 벗어나기 힘들며, 학년 진급이나 전학 또는 새로운 학교 급으로 진학하는 경우에도 인터넷이나 SNS로 인해 '왕따'라는 사실이 드러나 다시 따돌림의 피해를 입게 되는 경우도 있어 따돌림이 지속되는 피해라는 사실을 알 수 있다.

마지막으로 집단따돌림 현상은 일부의 비행학생이나 문제 학생에 의해 발생하는 것이 아니라 청소년들 사이에 흔히 일어나는 일반적인 현상으로 학업에 대한 부담과 좌절, 스트레스가 이러한 경향을 증가시키고 있는 것으로 보인다.

6) 성폭력

2012년 광주에서 고등학생 A군은 동급생들의 폭행에 시달렸을 뿐 아니라 성기까지 촬영 당했으며, 이 영상을 빌미로 동급생에게 지속적인 협박을 당했으며(세계일보, 2016년 3월 15일), 2007년 한 여중생은 술에 취한 중학생 6명에게 집단 성폭행을 당한 후 근처 움막에 방치되어 사망에 이르렀다(2007년 2월 언론보도).

이와 같이 언론에 종종 보도되는 학교 내 성폭력은 나날이 수위를 더해가며 그 심각성을 드러내고 있다. 성폭력이란 상대방의 동의 없이 일어나는 성을 매개로 한 모든 행위를 뜻하는 것으로, 성폭력 특례법에 따르면 강간, 강제추행, 통신매체 이용 음란, 카메라 등 이용 촬영 등이 이에 속하며, 13세 미만에 의해 발생하는 성폭력의 형사처벌 또한 정해져 있다. 또한 성적인 말과 행동으로 성적 굴욕감과 수치감을 느끼도록 하는 것 또한 성폭력에 속한다.

7) 사이버 및 매체폭력

정보통신망법 제70조에 따르면 사이버 명예훼손이란 “비방할 목적으로 정보통신망을 통하여 공공연하게 사실 · 허위의 사실을 드러내어 다른 사람의 명예를 훼손하는 행위”이며, 사이버폭력이란 “공포심이나 불안감을 유발하는 문자, 음향, 영상 등을 휴대폰 등을 이용하여 반복적으로 보내는 행위” 등으로 정의하고 있다.

학교폭력에서 사이버폭력이란 사이버 명예훼손과 사이버폭력을 포함하는 것으로, 학생들이 SNS 등으로 그룹채팅을 하면서 특정학생을 비방하는 행위나, 헛소문을 퍼뜨리는 행위, 악성 댓글 달기, 문자 메시지를 통한 협박, 욕설, 사이버 머니나 게임 아이템 훔치기 등이 모두 사이버폭력에 속한다(김광수 외, 2014).

8) 폭력서클

무리를 지어 다니며 이름을 짓고 위화감을 조성하는 것, 자신들의 서클에 가입하도록 다른 학생들에게 강요하는 것 등이 있다. 폭력서클을 만들고 이를 통해 하는 많은 비행행동은 학생 개인의 성장에 악영향을 미침이 자명하다. 폭력서클을 통해 이루어지는 신체폭행 및 금품갈취와 같은 폭력행위 등은 가중처벌 규정에 따라 특수폭행에 해당되어 더 큰 민 · 형사상의 책임을 지게 된다(김광수 외, 2014).

위와 같은 다양한 유형의 학교폭력은 피해자에게는 신체적 · 심리적 상해와 재산상의 손해를 가져오며, 가해자는 어린 나이에 법적 처벌을 받음으로써 일반적인 사회화의 기회를 잃게 되는 결과를 초래한다(2015년 2차 학교폭력 실태조사 결과, 교육부).

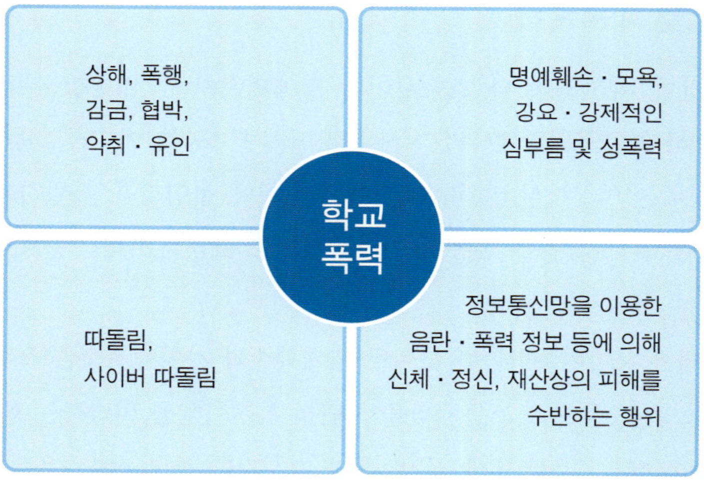

그림 2-1 학교폭력의 유형

3 학교폭력의 특징

학교폭력을 근절하기 위하여 범국가적인 차원에서 선도와 단속활동을 행하고 있지만, 학교폭력은 해마다 증가하는 추세를 보이고 있다. 또한 학교폭력 가해 · 피해학생들의 연령이 점차 어려지고 있으며, 점차 학교 주변 범위를 넘어 광범위해져 가고 있으며 점점 조직화되어가고 있다. 더욱 심각한 문제는 학교폭력이 성인범죄를 모방하면서 그 수법이 매우 잔인해지고 있으며, 점차 청소년들에게 일반적인 비행으로 일상화되어 가고 있다는 것이다.

청소년은 다양한 폭력에 심각하게 노출되어 있다. 한국 청소년들의 폭력에 대한 피해는 시간이 지남에 따라 늘어나고 있으며 다양한 종류의 학교폭력이 학교나 학교 주변에서 빈번하게 일어나고 있다. 이러한 학교폭력의 특징을 살펴보면 다음과 같다.

첫째, 학교폭력이 일반적인 비행과 단순한 탈선의 차원을 넘어 심각한 범죄의 단계에 이르고 있다.

둘째, 폭력이 특별한 비행학생에게만 국한된 것이 아니라 일반학생에게서도 쉽게 발견될 수 있는 일반화된 비행 유형으로 근래에 들어 중류층, 상류층의 자녀계층으로 확대되어가고 있다.

셋째, 학교폭력의 대상이 되는 가해자 및 피해자의 연령이 낮아지는 저연령화를 보이고 있다.

넷째, 여학생들이 가해자 또는 피해자가 되는 비율이 커지고 있다. 남학생들의 전유물이라 여겨지는 학교폭력이 여학생들에게까지 파급되어 남학생을 능가할 만큼 잔인해지고 있다.

다섯째, 가해학생이 같은 학우인 학생들에게 폭력을 행사하거나 괴롭히고도 자신의 폭력행위에 대해 죄의식이나 책임감을 크게 느끼지 못한다.

여섯째, 학교폭력에 대한 자구책을 강구하기 곤란한 문제점이 나타나고 있다. 피해학생들은 대부분 가해자가 시키는 대로 하는 경우가 대부분으로 무서워서 가만히 있거나 도망치는 것과 같은 소극적인 대응이 고작이고 대항, 항의, 소리 지르기 등과 같은 보다 적극적인 대응은 거의 하지 못하고 있다.

일곱째, 학교폭력이 성인범죄를 모방하여 점차 흉포화, 조직화, 집단화되고 있다. 각종 매스컴에 보도되는 범죄와 TV 드라마, 영화, 게임 등의 영향으로 그 형태가 흉포화되고 있으며, 단순히 학생들 간의 폭력이 아니라 불량 서클과 연결되어 조직 간의 힘의 대결로 이어지고 있는 실정이다.

여덟째, 학교폭력이 뚜렷한 목적이나 동기도 없이 충동적으로 발생한다.

아홉째, 학교폭력의 피해자이면서 가해자인 동시성이 나타나고 있다. 학교폭력의 가해학생이나 피해학생이 같은 생활공간에서 생활하고 있고, 일부 청소년은 학교폭력의 피해자이면서 동시에 가해자가 되기도 하는 특성을 지닌다.

열번째, 학교폭력의 폭력 유형이 다양화되어 가고 있다.

열한번째, 심리적 · 정신적 폭력이 증가추세를 보인다. 집단적인 따돌림과 놀림, 시험지 보여 주기를 강요한다거나 숙제 빼앗기 등의 새로운 형태의 심리적 · 정신적 피해가 심각한 문제로 대두되고 있다.

이를 통해 학교폭력의 심각성은 더욱 심해지고 학교폭력의 유형은 다양화되어 가는 것을 알 수 있으며, 학교폭력을 일으키는 가해학생들의 범위가 중 · 고등학생에서 초등학생으로, 남학생에서 여학생으로 확대되어 가는 현상을 알 수 있다. 이는 폭력의 만성화가 되어가고 있는 사회 단면을 보여 주고 있다고 생각되며 이를 해결하기 위한 다양한 정책이 필요해지는 이유이다.

4 학교폭력의 발생원인

1) 가정 · 학교 · 사회에서 폭력에 대한 직접적인 경험

학생들은 성장해 가면서 가정에서는 부모로부터, 학교에서는 선생님으로부터, 사회에서는 불량배나 어른으로부터 폭력을 당해 왔다. 학교폭력은 가해자와 피해자가 무관하지 않으며 긴밀한 관계를 유지하고 있다.

폭력을 당한 경험이 있는 경우에는 피해자가 자기 스스로 폭력을 행사할 수가 있으며 가족으로부터 학대나 폭행을 받은 경험이 있거나 지역사회 내에서 폭력에 노출된 상황에서 자라온 청소년은 폭력 행사 빈도가 높게 나타나고 있다. 가정, 학교, 사회로부터 폭력을 경험하며 성장한 학생의 경우 그것이 폭력 발생의 원인이 되고 있다.

2) 매체를 통한 폭력의 간접 경험

청소년기 이전부터 TV, 영화, PC 등의 영상매체나 폭력묘사 만화와 소설 등의 인쇄매체를 자주 접촉하면서 성장한 학생은 폭력 행사 빈도가 높게 나타나고 있다. 학생들의 성장과정에서 매체로부터 폭력 행사를 간접 경험한 학생이 폭력 행사가 많아 폭력 발생의 원인이 되고 있다.

3) 학생들의 문화시설과 여가 프로그램 부족

우리나라 청소년들은 학교 내의 여가 프로그램과 청소년을 위한 문화시설을 확충하는 것이 학교폭력을 근절시킬 수 있는 예방책이라고 응답하고 있다. 학교에서 친구, 선배, 후배와 이야기를 나누고 공동활동을 전개하여 상호 간의 신뢰를 쌓지 못하므로 소속감의 연대가 형성되지 않고 우정과 인정이 생성되지 않는 현실이다. 학생 문화시설 부족과 학생들의 여가 프로그램 부족이 학생폭력 발생의 한 가지 원인이 되고 있다.

4) 교우관계의 불만

가해자를 대상으로 왜 폭력을 행사하는가의 질문에 많은 학생들이 교우에 대한 불만이라고 응답하였다(이종복, 1997). 친구들의 성적, 경제력, 문화적인 차이를 이해하지 못하거나 또는 이것에 대한 상대적 박탈감을 느낄 때 불만을 갖게 된다. 이 불만이 학교폭력 발생의 한 가지 원인이 되고 있다.

5) 개인과 집단의 대립에서 오는 소외감

학생들은 학교 안에서 다양한 생활을 하는 가운데 발생되는 대립문제를 해결하지 못하므로 소외감이 생기고 이 소외감에 의해서 폭력이 발생되기도 한다. 이를테면 친구에 대하여 차별의식을 갖거나 편견을 갖기도 하고 멋대로 행동하는 학생은 그렇지 않은 사람과 대립하게 되며 이 과정에서 소외감이 생기기 마련이다. 특히, 한 개의 학교에 평균 1~2개의 폭력집단이 있는데, 이들과 대다수 학생과의 대립에서 소외감을 느끼게 된다.

6) 학생인성 및 사회성 함양을 위한 교육적 실천 미흡

청소년 핵심역량 국제비교 결과에 따르면 언어적 · 수학적 소양은 1~2위를 차지하는 반면, 타인관계와 협력능력은 22위라는 결과에서 보여지듯 높은 학업성취 수준에 비해 타인과 원만한 관계를 맺고 협력하는 사회적 상호작용능력이 부족하다. 또한 학업 스트레스를 해소할 수 있는 감성교육, 신체활동 참여의 기회가 부족한 상황이다.

Chapter 3

학교폭력 관련 이론

1 생물학적 이론

20세기 초 Lombroso 등의 초기 생물학적 범죄원인론은 방법론상의 결함과 그로 인한 타당성의 결여 등으로 크게 주목받지 못했다. 그러던 중 1970년대 초 E.O.Wilson이 『사회생물학』을 출간한 이래 생물학적 범죄원인론이 다시 고개를 들게 되었다. 사회생물학은 생물학적 · 유전적 조건이 인간의 사회행위에 대한 인식과 학습에 영향을 미치며, 또한 이것이 환경구조와도 연관이 있다는 사실을 강조하는 점에서 초기의 생물학적 접근과는 차이가 있다.

이들은 모든 인간은 무엇을 학습하고 성취하는 데 있어서 동일한 잠재력을 가지고 태어난다고 보고 있으며, 그에 따라 그들의 행동은 사회적 세력에 의해 통제되지 않는다고 가정한다. 또한 범죄행위를 포함한 모든 인간행위는 학습되는데, 이는 모든 인간이 학습에 대한 독특한 잠재력을 지니고 있다는 것이다.

1) 유전적 영향 – 이상염색체

Y염색체가 남성상징을 결정하기 때문에 Y염색체가 하나 더 있는 XXY염색체를 가지고 있는 사람은 '초남성적'이고 보다 공격적이며 범인성의 소지가 많다고 가정되고 있다. 이상염색체가 발견된 것은 1961년이었지만 이상염색체와 범인성과의 관계를 처음 연구한 것은 197명의 재소자를 조사한 결과 실제로 정상집단의 경우 100명당 1.5명꼴로 존재하는 XYY이상염색체 분포보다 훨씬 많은 상당수의 재소자가 XYY이상염색체의 소지자라는 것을 발견한 Patricia Jacobs이었다.

그러나 그 이후의 모든 연구결과가 XYY염색체가 범죄자가 될 확률이 높다는 사실을 입증하지 못했으며, 많은 조사결과 XYY남성의 수용률이 높았던 것은 그들이 장신의 남성적 체형 때문에 의사나 판사가 편견을 가질 수 있기 때문이거나, XYY염색체가 하층계급에 많고, 이들 하층계급출신자들이 시설에 많이 수용되기 때문이라고 설명되고 있다.

2) 신경생리학적 연구

범죄학에 관련된 또 하나의 사회생물학 분야는 신경생리학, 즉 두뇌활동에 관한 연구이다. 중앙신경계통은 인간의 자의적인 근육활동을 통제하는데, 신경생리학적 연구는 이 중앙신경계통의 비정상적 활동이 범행과 관계 있을 것이라고 가정하는 것이다. 그런데 이러한 중앙신경계통의 문제는 두뇌의 전자파(electro pulses)를 측정하는 EEG(electro encephalo graph)를 이용하는 경우가 가장 대표적이다.

3) 생화학적 요인

생화학적 지식에 기초하여 소위 말하는 신범죄학에서는 범죄가 인체 내의 생화학적 결핍이나 불균형으로 인한 감정적 장애에 기인하는 것으로 주장되고 있다. 이들의 주장은 인체 내의 화학적 결핍이나 불균형이 사람들의 사고형태와 동작의 통제에 영향을 미치며, 이러한 불균형이 직접적으로 비행 또는 범죄와 연결되기도 하고, 간접적으로는 사회규율을 지키고 학습하는 것에 영향을 미친다는 가설에 기초하고 있다.

그리고 이런 신체 내부의 생화학적 불균형은 여러 가지 이유로 야기될 수 있는 것이지만 범죄학적인 측면에서는 대체적으로 체중감량과 환경오염물질, 알레르기 등에 주로 기인하여 다루어지고 있다.

2 심리학적 이론

1) 정신분석이론

Freud에 의하여 주장된 정신분석이론에 따르면 인간에게는 성애적인 충동, 즉성, 공격 등의 본능이 있기 때문에 인간의 내부는 이 충동에 의하여 끊임없이 흔들리고 있다. 따라서 자연인으로서의 인간은 충동에 따라서 움직이고 있지만, 현실사회에 있어서는 그와 같은 즉흥적 움직이는 만족을 얻을 수 있는 길이 되지 못하고 오히려 고통을 불러들이는 결과가 되는 일이 많기 때문에 만족을 증가시키고 고통을 감소시키도록 행동을 통제하는 작용이 필요하게 된다. 자아나 초자아는 전술의 생득적인 충동의 측면과 같이 세 개의 인격구조로 형성되어 있으며 항시 갈등상태에 놓여져 있다 .

범죄는 이 갈등 상황 속에서 본능의 힘이 자아나 초자아의 통제 기능을 능가했을 때 발생하는 것으로 어떤 이유에 의하여 자아의 현실적 음미력이 강화되거나 초자아의 형성이 불충분한 경우에 범죄가 발생한다고 본다. 비행을 설명하는 심리학적 이론으로 가장 대표적인 것이 정신분석이론이다.

Freud에 의하면 성격은 원초아(id), 자아(ego), 초자아(superego)로 이루어져 있으며, 특히 비행행동은 자아의 통제기능이 결여되었기 때문으로 해석할 수 있다고 한다. 비행에 대한 정신분석학적 접근의 기본 전제는 비행이나 범죄 그 자체보다는 원초아와 자아, 초자아 간의 심리적 갈등의 증후로서 나타나는 결과라는 것이다. 비행이나 범죄는 비정상적 성장이나 본능의 통제, 부모와의 좋지 않은 초기경험, 정서적 발달단계에서의 고착, 억압된 성과 죄의식에서 유발된다는 것이다. 냉정하고 애정이 없는 부모에 의해 양육되면 즉각적인 만족을 추구하고 타인 배려가 부족하여 공격적이며 충동적 행동 그리고 심하면 정신병질의 발생을 유발할 수도 있다는 것이다. 또한 Erickson은 청소년기의 중요성을 강조하였는데 이 시기에는 정체감이 형성되는 시기이기 때문이라고 하였다.

청소년기의 발달은 이전 발달의 경험과 밀접한 연관이 있으며 이후의 발달에도 지속적인 영향을 행사하기 때문에 중요하다고 하였다. 특히, 배변훈련시기에 양육자가 충분한 반응을 해주고 스스로 문제해결을 할 수 있는 자율성을 키우고 주도적인 역할을 충분히 경험하게 해준다면 정체감의 형성에 긍정적인 영향을 주지만 그렇지 않은 경우에 불신감과 열등감, 죄책감을 경험하여 정체감의 혼미에 빠지게 되어 결국 왜곡된 정체감을 형성하게 된다는 것이다. 이러한 왜곡된 정체감은 절도 및 폭력과 같은 행위를 시도한다든지 또래관계에서 자신의 권력을 과시하려는 방법으로 발현된다고 한다.

2) 인지발달이론

Piaget에 의해 발달한 인지발달이론은 청소년들의 의식적인 사고의 중요성을 강조하는 것이라고 할 수 있는데, 이 이론은 인지발달에만 초점을 두고 사회적 환경과 관계 등에 대해서는 간과했다는 단점이 있다. 인지발달은 네 단계를 거치게 된다.

첫째, 감각운동기로써 모방과 기억, 사고의 시작단계이며 대상영속성을 인식하고 단순 반사행동에서 목적을 가진 행동으로 발전하는 단계이다.

둘째, 전조작기는 언어가 점차적으로 발달하고 상징적인 형태로 사고하며 사고와 언어가 자아중심적인 특징을 보인다고 한다.

셋째, 단계인 구체적 조작기는 논리적으로 구체적인 문제를 해결할 수 있고 보존개념의 이해, 유목화와 서열화 가능, 가역성을 습득할 수 있는 단계이다.

넷째, 형식적 조작기는 논리적으로 추상적인 문제를 해결할 수 있으며 사고가 점차 과학적으로 변화하고 복잡한 언어 과제나 가설적인 문제해결이 가능한 단계이다.

청소년기에 해당하는 발달단계는 마지막 단계인 형식적 조작기라고 할 수 있는데, 각 단계의 발달은 생물학적인 성숙과 더불어 적절한 환경조성으로 이루어지며 전 단계의 발달을 토대로 형식적 조작기에 이른다고 하였다. 따라서 형식적 조작기는 개인의 이전 경험에 따라 많은 차이가 생길 수 있고 그 발달의 폭이 가장 크며 개인차가 크게 나타날 수 있는 단계라고 할 수 있는 것이다.

형식적 조작기의 발달이 제대로 이루어질 수 있는 것은 학교 생활을 통한 추상적 사고능력의 확장일 것인데 비행청소년들은 이전 경험의 결손으로 인해 충분한 학습 인지적 자극이 이루어지지 않으며 학교생활을 제대로 수행하지 않아 형식적 조작기의 과업을 제대로 이루어 내기 어렵게 되는 것이다. 따라서 이러한 학습 이외에 누적된 결손에 영향을 받지 않고 관계를 이룰 수 있는 방법은 외모에 신경을 쓰는 것이나 싸움, 학교 밖의 절도, 폭력 등과 같은 비행이라고 한다.

3) 도덕성발달이론

Kohlberg(1984)는 인지발달이론을 토대로 도덕적인 발달에 대한 깊이 있는 이론을 제시했는데, 아동 후기부터 성인에 이르기까지 도덕성발달을 인지이론에 바탕을 두고 크게 세 가지 단계로 제시하고 있다. 첫째는 전인습적 수준으로 주관적 감정이 판단을 좌우하는 단계이며 이 단계에는 복종이 강조되며 권위자의 위력을 인지하고 벌을 피하기 위해 행동하는 벌과 복종 중심의 단계와 자신에게 필요하고 원하는 것을 얻기 위해 행동을 하게 되는 쾌락주의적이고 이기적인 도덕성단계로 나누어질 수 있다.

두 번째 수준인 인습적 수준은 타인들의 인정을 받거나 사회질서를 유지하기 위해 규칙 및 사회적 규범에 복종하려고 노력하는 단계라고 한다. 인습적 수준의 3단계는 타인들에게 착한 사람으로 인정을 받기 위해서 도덕적인 행동을 보이는 단계이고 4단계는 사회적 질서를 유지하는 단계로 합법적인 권위를 가진 규칙들을 따르고자 도덕적 행동을 수행하는 단계이다.

마지막 수준인 후인습적 수준은 성별과 문화의 차이에 따라 도달하는 정도가 다른데, 이 단계에서는 성문법과 권위자의 명령에 대립되어 방대한 정의들의 원리에 의해 도덕적 행동이 결정되는 단계이다. 후인습적 수준의 5단계인 사회적 계약 지향단계는 법을 존중해야 할 사회적 계약으로 생각하지만 인간의 권리 혹은 존엄성을 손상시키는 법은 부당한 것으로 여기는 단계이며, 마지막 6단계인 개인적인 양심원리의 도덕성 단계는 가장 높은 도덕단계로 양심에 대해 자신이 선택한 윤리적 원리에 기초하여 행동의 잘잘못을 정의하는 단계이다.

청소년기를 도덕성발달이론에 비추어 해석하면 인습적 수준의 중반 이후부터라 할 수 있는데, 합법적인 권위에 대한 충분한 숙지 없이 4단계에 도달하는 것은 불가능하며 따라서 청소년의 비행행동은 합법적인 권위에 대한 충분한 인식이 부재하기 때문인 것이라고 할 수 있다고 한다.

4) 지능이론

비행행위를 하는 청소년들의 대표적인 특성 중 하나는 낮은 지능일 것이다. 지능이 낮은 자가 범죄를 저지르게 되는 경우 그 원인은 낮은 지능으로 인해 법규를 잘못 이해하거나 자신이 저지른 행동의 결과를 예측하지 못하기 때문이라고 한다.

경험적 이론에 의하면 낮은 지능과 비행은 상관이 있는 것으로 나타났으나 해석에 주의를 기할 필요가 있는데, 지능과 범죄의 상관은 범죄 종류별로 다르게 나타나며 체포된 범죄자가 전체 범죄자를 대표한다고 할 수 없다는 해석의 한계를 지닌 데다 범죄자 중에는 높은 지능을 가진 자들도 꽤 있는 것으로 보이기 때문이다.

하지만 낮은 지능과 범죄행위는 어느 정도 상관이 있는 것으로 나타나고 있다. 또한 비행청소년들은 동작성 지능에 비해 언어성 지능이 낮은 것으로 나타나는데, 그 이유는 문제를 취급하는 방법이 비체계적이기 때문에 실패하는 일이 많으며 추상적 사고가 뒤떨어지기 때문에 언어성 지능이 낮게 나타나는 것이라고 한다.

5) 정서이론

자신과 타인의 정서상태를 잘 파악하고 합리적으로 사고하고 행동하여 환경에 대처할 수 있게 해주는 능력인 정서지능을 사회에 적응할 수 있는 중요한 개인적 변수라고 보고하고 있다. 정서는 적응적이고 기능적이어서 인지활동과 후속행동을 구성하고 조직하는 역할을 한다고 보았고 높은 정서지능의 소유자는 적응을 잘하고 정서적으로 성숙되었으며 사회생활이나 대인관계에서 유능한 사람이라고 하였다.

이와 같이 정서지능을 자신과 타인의 정서를 정확하게 평가하고 표현하며 긍정적인 방향으로 정서를 조절하는 능력이라고 한다면 같은 스트레스 자극이라고 해도 받아들이는 사람의 정서지능 차이에 따라 대처하는 방식도 다를 것이라고 추측할 수 있다. 특히, 청소년들은 스트레스 상황에서 효과적으로 대처하는 능력이 부족하며 스트레스에 상황에 직면했을 때 아무런 대처방식 없이 그래도 내버려두는 비현실적인 대처방식을 가장 많이 사용한다고 한다.

비행청소년들은 부정적 경향을 가지고 있고 이러한 인지의 특성으로 인해 문제상황을 해결 지향적으로 다룰 수 없기 때문에 비행 및 정서상의 문제가 발생하게 되고 자신들이 충동적으로 저지른 비행에 대해 좌절하거나 위축될 뿐만 아니라 미래에 대한 부정적 측면이 많이 형성되고 이는 다시 사회적 기능을 수행하는 저해요인이 된다고 한다.

우울, 불안과 걱정은 스트레스의 하위개념으로 볼 수 있는데, 비행청소년 집단에서 이들 부정적 정서의 수준이 높게 나타나며, 스트레스 상황에서 걱정에 불안이 수반되는 경우에 문제 중심적인 해결방안을 생각해내긴 하지만 이 해결방안이 효율적이라고 수용하기 어려워지고 따라서 적절한 대처를 할 수 없게 되어 불안과 걱정의 악순환에 빠지게 된다는 것이다.

또한 사이코패스 성향을 가진 청소년들은 타인의 정서를 공감하는 능력이 현저하게 저하되어 있다고 한다. 타인의 기쁨이나 슬픔과 같은 긍정적인 정서는 일반인들과 별반 차이가 없이 공감하지만 고통이나 슬픔, 화(분노)와 같은 부정적인 정서는 일반인들에 비해 공감하는 능력이 현저히 저하되어 있다. 이러한 까닭으로 사이코패스 성향을 가진 청소년들은 타인이 두려워하는 정서를 감지하지 못하며 죄책감을 덜 느낀다고 한다.

6) 성격이론

성격이론의 기본 가설은 비행과 범죄가 비정상적이거나 부적절한 성격적 특성을 지닌 사람에 의해서 일어나는 것으로 보는 것이다. 즉, 충동성, 공격성, 감각추구, 반항, 적대성 등의 일탈적 특성의 표출로 보고 있는 것이다.

비행청소년의 상당수가 충동적인 경향을 특징으로 하고 있는데, 이러한 충동적인 특징을 설명할 수 있는 것으로 주의력 결핍 및 과잉행동장애(ADHD)를 들 수 있다. 이들은 매우 산만하고 부주의한 행동을 할 뿐만 아니라 자신의 행동을 통제하지 못한다. 이러한 특징은 시간이 지나면서 학업 부진, 반사회적 행동 야기 등의 청소년문제를 일으키는 원인이 되기도 한다. 일반적으로 ADHD는 유전적 요인이나 뇌 손상 등의 생물학적 요인과 부모의 성격이나 양육방식과 같은 심리사회적 요인이 복합적으로 작용하여 유발되는 것으로 여겨지고 있다. 특히, 청소년기까지 장애가 지속되는 경우 품행장애로 발전될 가능성이 농후하다고 한다. 결국 이러한 행동은 학교나 사회에 적응할 수 없게 하며 어른들에게 인정받지 못하게 하여 다시 품행장애를 일삼는 등의 악순환을 하게 되는 것이다.

최근 들어 반사회적 성격장애를 가진 사람이나 사이코패스 등에 의해 범죄행동을 설명하는 것이 매우 타당하게 받아들여지고 있는데, 이는 매우 지속적인 특징으로 청소년기의 비행행동을 설명하는 데 있어 제한적이지만 평생지속형 범죄자의 청소년기의 범죄를 설명하는 데에는 유용한 것으로 사료된다. 이들은 매우 어린 시절부터 문제행동을 보였기 때문에 대인관계 기술을 학습할 기회가 없었으며 학교나 또래 친구들과의 생활에서도 부적응적인 행동을 보여 그들의 대인관계는 자신과 유사한 비행청소년으로만 제한되게 되는 것이라고 한다.

청소년기 제한형은 정신병리학적 문제가 없어 아동기에는 정상적인 대인관계를 맺고 문제를 보이지 않다가 청소년기에 들어서 비행을 저지르게 되는데, 이는 성인과 유사한 성숙에도 불구하고 제한된 행동양식에 따른 불만 등의 표출이라고 볼 수 있을 것이다. 하지만 이들은 성인이 되면 더 이상 갈등을 겪지 않기 때문에 비행을 하지 않게 되는 것이다. 이들은 어린 시절 정상적인 사회화를 거쳤기 때문에 쉽게 사회에 적응할 수 있는 것이다.

7) 욕구좌절이론

욕구의 좌절은 분노를 불러일으키고 공격과 폭력을 초래할 수 있다. 욕구의 좌절이란 바라는 목표의 달성이 방해되거나 막히는 경우를 말한다. 욕구의 좌절이 폭력행동에 미치는 영향은 사회심리학적 연구에서 이미 밝혀진 바가 있다. 예를 들어, Barker, Dembo, Lewin의 고전적 연구에서 눈앞에 있는 장난감들을 가지고 노는 것을 저지당한 아동들은 나중에 장난감을 가지고 놀도록 허용되었을 때 장난감을 바닥에 다 박살내고 벽에다 집어던지는 등의 매우 파괴적인 행동을 보이는 것으로 나타났다. 또한 Mintz는 1882~1930년 사이에 미국 남부지방에서 목화 값과 린치의 발생 빈도 간의 관계를 조사하였는데, 목화 값이 비쌌을 경우에는 린치가 적었으나 목화 값이 쌌을 경우에는 린치의 빈도가 높았음을 발견하였다.

욕구좌절 이론가들은 공격행위는 늘 좌절에서 비롯되는 결과로 생각하였다. 즉, 좌절감에서 공격적인 행위가 유발되고 공격적인 행위는 반드시 좌절감을 전제로 한다. 좌절감이란 일련의 행위과정에서 목적한 반응이 적절한 시기에 나타나는 것이 방해받는 것을 의미한다. 좌절감은 외부적으로 개인이 좌절을 느끼도록 하는 조건 그 자체를 의미하는 것으로 어떤 외부조건에 대한 개인의 반응을 가리키는 것은 아니다. 좌절감이 생겨남으로써 공격행위가 유발되는 것으로 이때 공격적인 반응은 처벌을 통해 약화될 수 있다. 상대를 공격하게 되면 처벌이 반드시 수반된다는 사실을 배우게 되면 그 공격적인 반응의 정도는 줄어든다.

우리나라 청소년들은 많은 경우 급격한 사회변화의 와중에 입시 위주의 학교교육에 매진해야 하는 반면 이들이 누려야 할 문화적 혜택이나 청소년 문화의 부재로 인해 이중의 어려움을 겪고 있다. 또한 가정의 기능 약화로 인한 심리적 갈등은 우리 청소년들의 욕구불만과 좌절을 더욱 크게 느끼게 하고 이러한 원인은 학교폭력의 증가에도 영향을 미치고 있다.

3 사회학적 이론

1) 사회학습이론

Bandura(1977)와 Mischel(1979)에 따르면 아동은 성장하면서 자신에게 있어 적합한 행동과 부적합한 행동에 대한 개념을 계속 발전시킨다고 한다. 즉, 아동은 부모로부터 직접 받은 상과 벌, 다른 사람들이 어떤 상황에서 하는 여러 반응과 그 결과를 관찰하는 것, 교사, 부모, 또래, 집단 및 기타 다른 사회화 수행자로부터 받은 언어적 지시 등 여러 정보를 통합하여 반응-결과의 유관성 규칙을 형성한다.

인간은 사회적 동물이고 사회를 통해서 학습하고 사회 속에서 살아가므로 인간 행동의 대부분이 학습된 행동이라고 보는 것이 사회학습이론의 초점인데, 이 이론에 의하면 아동은 타인의 행동을 관찰하고 모방함으로써 새로운 행동을 획득하게 된다. 타인을 모방하려는 경향성이 강한 청소년들은 모방 대상이 폭력적 행동을 하게 되면 그것을 쉽게 모방하는 경향이 있다. 특히, 모방의 대상이 되는 타인이 더 중요하고, 힘이 있고, 성공적이고 호감이 가는 것으로 지각될수록 모방의 경향은 더 강해진다. 이 같은 모방 경향성은 폭력의 전념과도 밀접한 연관이 있다.

청소년은 다른 사람의 폭력적 행동을 관찰하고 모방하여 새로운 폭력행동의 기술을 습득하고, 폭력행위에 대한 자제력이 떨어져서 양심의 가책이나 죄의식 없이 폭력을 사용할 수 있게 된다. 즉, 타인의 공격적 행동을 모방하여 그 수준을 높이게 되면 그 행동은 더욱더 가속화되어 문제해결방법으로 폭력적 행동을 지속적으로 사용하게 된다. 그러므로 어린 시절의 폭력행동의 모방과 관찰 경험은 기본적 인격 형성에 영향을 주어 자신의 학교 생활에 매우 큰 영향을 미친다.

2) 아노미이론

아노미이론은 Durkheim에 의해 아노미라는 개념이 정립되기 시작하여 Merton에 의해 일탈행위, 즉 문제행동에 대한 일반 이론으로 발전하였다. 아노미이론은 청소년의 문제행동의 원인을 사회구조적 측면에서 찾고 있는데, 무규범 상태인 아노미를 사용하여 문제행동의 사회적 요인을 분석한 이론으로서, 문화적으로 규정된 성공과 행복이란 삶의 목표와 그 목표를 합법적으로 달성할 수 있는 제도화된 수단과의 모순, 불일치가 문제행동의 동기를 부여한다고 설명한다.

문화적 이상 혹은 목표와 이를 실현할 수 있는 경제적 기회구조가 통합되지 않은 사회에서는 개인적 목표와 수단의 괴리가 불가피하고 이와 같은 목표, 수단 간의 고리를 규범체계의 와해 혹은 문제행동을 저지르게 하는 구조적 압력으로 작용한다고 본다.

Durkheim은 범죄 또는 일탈행위를 "모든 인간사회에서 보편적으로 일어나는 정상적인 현상"으로 보았다. 더 나아가 범죄에 대한 처벌은 사회성원들의 행동범위를 한정시켜 주고 사회 결속력을 증진시켜주는 기능도 수행하기 때문에 어느 한 사회의 범죄율이 일정한 상태에 있다면 그것은 오히려 그 사회가 건강하다는 표시이다. 그러나 아노미상태가 되면 범죄율, 일탈률이 증가하고 사회를 유지시켜 주는 규범들이 약화되거나 효과적으로 작용하지 않는다.

Durkheim은 현대사회는 사회통합력이 약화되어 구성원의 감정에 대한 억제력이 상실되고 무규범에 가까운 상태가 되는데, 이런 상태가 바로 범죄를 유발하는 원인이 된다고 한다. Durkheim의 이론은 미국범죄사회학의 업적으로 평가되는 아노미이론의 실질적인 모티브가 되었다. 이에 대한 비판으로는, ① 범죄가 정상적 현상이라면 어느 정도까지 용인해야 하는가, 이에 대한 실질적 기준이 있는가, ② 형사정책의 가치평가문제를 경험적으로 기술하고 그 기능을 분석한다고 해서 그 가치평가가 현실적으로 실현되는 것은 아니라는 점 등이 있다.

많은 사회학자들은 이와 같은 Durkheim의 이론을 바탕으로 일탈행위를 설명하려는 이론으로 발전시켰다. 그중 가장 대표적인 것이 Merton의 아노미이론이다. 학생들의 비행의 원인을 설명하기 위하여 자주 대두되는 이론으로 Merton의 아노미이론은 비행의 원인이 되는 무규제한 상태, 즉 아노미의 원인을 자본주의가 크게 발달한 미국사회의 병폐에서 찾았다.

아노미라는 말은 원래 무규범이라는 뜻을 가지고 있으나 사회학적인 관점에서 아노미란 다양한 규범들의 갈등으로 사회규범의 규제력이 결핍된 상태를 말한다. 이러한 아노미의 원인을 Merton은 문화적인 목표와 합법화된 수단 간의 불일치 때문이라고 설명하고 있다. 예를 들면, 자본주의사회에서는 어느 계층을 막론하고 물질적인 부, 경제적 성공이 사회적 목표로 내면화되어 있는 반면, 이 목표를 달성하기 위한 합법적인 수단이 일부 계층에는 한정되어 있다.

즉, 교육을 제대로 못 받았거나 기존의 소유재산이 적은 하류계층 사람들은 살아가면서 합법적인 방법으로는 사회 · 경제적 성공의 좋은 기회가 오는 것 등이 자기들에게는 구조적으로 불가능하다고 판단될 때에 이들은 규범에 저항하게 된다. 이들은 비행이나 범죄를 통해서라도 소기의 목적을 달성하려고 한다는 것이 아노미이론이다. 현재 한국사회에는 어느 계층을 막론하고 부모들은 자녀들의 학문적 · 직업적 성취만을 강조하고 있다. 따라서 우리나라는 청소년의 경우 문화적 목표는 학업성취이며 합법화된 수단은 학업성적이 된다.

Merton은 사회구조적인 입장에서 가난과 범죄는 연관이 있다는 사실을 밝혀내고 있으며, 사회를 구성하는 기본적인 기둥을 문화구조와 사회구조의 개념으로 파악하고 있다. 비교적 안정된 사회에서는 문화구조와 사회구조 사이에 괴리가 없으나, 안정되지 못한 사회에서는 두 구조 사이에 괴리가 발생한다. 특히, 위계서열에서 불리한 위치를 차지하고 있는 사람들은 이러한 괴리를 더욱 많이 느낄 수 있다는 것이다. 이런 괴리를 Merton은 아노미라고 불렀으며 이는 가장 거시적인 이론이다.

이 이론에 따르면, 가난한 집안에서 태어났기 때문에 사회구조적으로 매우 불리한 입장에 있는 청소년들은 그들이 원하는 지위를 사회적인 배경 때문에 성취할 기회가 상대적으로 제약되어 있어, 목적을 비행과 범죄라는 수단을 통해서 얻어내려고 한다.

3) 사회적 통제이론

인간의 공격성과 폭력을 설명하는 이론 중 사회적 통제이론은 인간의 공격과 폭력행위는 사회적 통제를 통하여 더욱 강화되거나 조장될 수 있다는 견해이다. Hirschi는 "개인이 사회에 대한 유대가 약해졌거나 끊어졌을 때 비행행위가 발생한다"고 가정한다. 즉, 모든 사람은 규범을 준수하기보다는 규범을 위반할 가능성을 가지고 있다. 이는 성악설적인 입장의 인간관에서 사람이 규범을 어기고 싶은 충동은 항상 누구에게나 있으나 사회통제와 유대를 가지고 있기 때문에 어기지 못한다는 것이다.

어떠한 이유에서든 이러한 유대가 약해지거나 끊어지면, 즉 사회통제가 개인에게 영향력을 행사하지 못하게 되면 그 개인은 거의 자동적으로 규범을 어기게 된다는 이론이다. Hirschi는 어느 특정한 소년이 비행을 범하게 됨은 개인에게 있어서 비행을 강요하는 신념보다는 사회와의 유대의 결여로 인하여 개인의 비행을 금지시키지 못한다고 보고 있다. 즉, Hirschi는 비행은 개인의 젊은 시절에 그를 사회에다가 묶어두는 결속이 약했기 때문이라는 것이다.

또한 Hirschi는 모든 사람은 잠재적인 법률위반자라고 보고 있다. 그러나 비합법적인 행동이 친구, 부모, 이웃 그리고 학교, 직장 등과 같은 사회제도들과의 관계에 회복할 수 없는 해(害)를 가져다 줄 수 있다는 두려움에 의해서 통제를 받는다고 확신하고 있다. 사회의 결속이 없고 다른 사람에 대한 관심이 없을 때 개인의 비행행위가 자유롭게 이루어진다는 것이다. 특히, Hirschi는 각기 다른 사회의 요소들이 관습적인 규범과 행동을 배제하는 별개의 독특한 가치제도를 유지한다고 믿지 않고 오히려 사회의 모든 요소들 속에서 사람들이 사회규칙과 가치에 반응을 보이는 식으로 다양성이 존재한다고 믿고 있다. 따라서 하류계급뿐만 아니라 중산 및 상류계급도 사회에 대한 결속력이 약한 사람은 비행을 하게 된다는 것이 이 이론의 핵심내용이다.

Hirschi는 개인의 사회에 대한 유대를 네 가지 차원으로 본다. 네 가지 사회적 결속은 애착(attachrnent), 위탁(commitment), 참여(involvement), 신념(belief)으로 부르고 있으며 각각의 사회적 결속이 강할수록 비행을 하지 않게 될 것이라고 설명한다.

첫째, 애착은 개인이 다른 사람이나 집단의 견해와 감정에 대해서 관심을 기울이는 한도와 개인이 다른 사람이나 집단에 대해서 느끼는 심리적 · 정서적 관심을 말한다. 즉, 부모, 학교 및 친구와의 관계를 말하는데, 특히 부모와의 애착이 가장 중요한 것은 부모의 행동이 그들 자녀의 역할 모델이 되고 사회화를 배우게 되기 때문이다.

둘째, 위탁은 대학에 가고 싶은 열망과 높은 지위의 직업을 얻는 것과 관련된 것으로, 관습적인 규범에 대한 확실한 투자를 말한다. 다시 말해, 만약 사람들이 생활번영 및 평판에 대해서 강력히 위탁을 할 경우에 그들은 자기네 지위를 위태롭게 할 제반행동에는 별로 신경을 쓰지 않게 된다. 즉, 인습적인 규범에 대한 위탁 부족이 비행과 같은 위기를 끌어들이는 행동 대안이 된다는 것이다.

셋째, 참여는 사회적으로 성공과 지위를 확보하는 데 필요한 인습적인 활동에 참여하는 것을 말한다. 이러한 인습적인 활동에 깊이 참여하면 비합리적인 행동을 할 여유를 갖지 않게 된다는 것이다. 예를 들면, 학교생활과 각종 레크리에이션 및 가정생활에 적극 참여하거나 장래의 목표에 대한 그들의 부단한 활동이 비행을 예방하게 된다.

넷째, 신념은 중심사회 가치관인 인습적 가치관의 수용을 말하는 것으로 통제론의 논리상 아무리 이성이 강해도 관습적인 신념이 약해지면 비행의 가능성이 증대되는 것이다. 그러므로 사회통제이론은 인간이 어떤 문화에 구속되어 행위를 강요받게 된다는 점을 부인하면서 청소년을 둘러싸고 있는 사회통제가 약화되었을 때 폭력과 같은 일탈행위가 일어난다고 설명할 수 있다.

예를 들어, 사회유대를 강조하는 이론에 의하면 청소년은 규범을 어기고 싶은 충동이 항상 있으나 사회유대에 의해 이러한 충동이 억제된다. 그러나 사회유대가 약해지거나 끊어지면 거의 자동적으로 폭력과 같은 일탈행위가 발생하는 것으로 설명할 수 있다.

4) 차별적 접촉이론

차별접촉이론은 미국의 Sutherland(1996)에 의해 창안된 이론으로서 지금까지의 비행이론 중 가장 많은 주목을 받고 있고 실제 적용도가 높으며 비행 사회화에 관한 문화전파이론 중 가장 영향력이 있는 이론이다. 이 이론에서는 인간의 행동은 환경이나 상황에 따라 달라지는 유동적인 것으로 보며 모든 행동을 학습된 것으로 파악한다. 따라서 비행도 학습된 것으로 보며 비행의 학습은 초기에는 사소한 비형식적인 집단에서 이루어지다가 나중에는 집단적 경험의 형태로 발전해 간다는 것이다.

Sutherland 이론의 핵심은 어느 개인이나 비행 행위에 대한 정의가 준법행위에 대한 정의보다 유리하게 내려질 때 비행 행위를 하게 된다는 것이며, 그 비행은 사회구조적인 조건이 아닌 사회적 학습의 결과로 파악한다는 것이다. 즉, 비행은 유전되거나 행위자에 의해 고안되거나 발명되는 것이 아님을 의미하는 것이다.

Sutherland 이론의 주장을 요약해 보면 다음과 같다.

첫째, 모든 비행행위는 학습된 것이다.

둘째, 비행행위는 다른 사람들과 의사소통하는 과정에서 상호작용을 통하여 학습된다.

셋째, 비행행위에 대한 학습과정의 주된 기회는 사적인 잡단 내에서 이루어진다.

넷째, 학습되는 비행행위 내용은 비행 행위에 필요한 기술뿐만 아니라 비행에 대한 충동, 동기, 추진력, 합리화 그리고 태도까지 포함된다.

다섯째, 자신의 비행 행위를 합리화해 주는 태도와 동기의 학습은 법규범에 대한 긍정적, 혹은 부정적 정의의 관념으로부터 방향지어진다.

여섯째, 인간은 법위반에 있어서 법률 위반을 억제하는 분위기보다 법률위반을 촉구하는 분위기가 더 팽배할 때 청소년은 비행자가 된다.

일곱째, 정상적 행위 양식과 비행적 행위 양식과의 접촉 차이에 있어서 비행의 빈도, 지속기간, 우선순위, 그리고 강도는 비행에 있어서 결정적인 요인이 된다.

여덟째, 비행적 양식과 정상적 행위 양식과의 접촉을 통해서 비행행위를 배우는 과정은 다른 모든 인간의 학습과 마찬가지로 복잡한 학습과정을 포함한다.

아홉째, 비행에 대한 욕구나 가치가 반드시 정상 행동의 욕구나 가치에 의해 설명되지는 않는다.

결론적으로 비행행위란 다른 사회적 행위와 마찬가지로 사회적 상호작용의 과정에서 학습된 행위이며, 인간은 비행 문화 또는 위법적 기회와의 접촉을 정상적인 문화의 접촉을 능가할 때 비행자가 된다는 것이다.

Sutherland는 가난과 범죄 사이의 관계를 Merton보다는 문화적인 맥락에서 접근하였다. 가난한 지역에는 범죄를 조장하는 문화가 있다는 것이다. 또한 인간의 행동은 그것이 정상적인 행동이든 일탈적인 행동이든 모두 학습된다고 가정한다. 즉, 가난한 사람들이 살고 있는 지역의 문화가 그 지역의 청소년들에게 학습된다는 것이다. 이를 차별적 접촉이론이라고 한다. 따라서 범죄행위란 범죄적인 행동양식에 동의하고 이를 지지하는 집단 내에서 정상적인 학습을 통하여 터득한 행동양식의 표현이며, 이는 합당한 이유가 있고 이해할 수 있는 행위라고 하였다.

실제에 있어서 이 이론은 Merton의 아노미이론과 더불어 오늘날 범죄사회학 분야에서 가장 자주 인용되는 범죄이론 중의 하나이다. 또한 Short는 Sutherland의 차별적 접촉이론을 일컬어 '가장 사회학적인 비행이론'이라고 찬양하였다. 이 이론에 의하면, 범죄청소년들이 살고 있는 주변 환경이 하층민들이 모여 사는 열악한 빈민가라는 점에 착안하여 빈민가에 만연되어 있는 범죄에 대하여 비교적 우호적이고 동질적인 가치를 가진 친밀한 집단, 즉 가까운 또래친구들을 통해 배울 기회가 많아 범죄 소년이 된다는 것이다.

차별적 접촉이론은 학습을 통하여 이루어지는 범인성 인격형성의 과정을 사회심리학적 측면에서 분석한 것으로서, "어찌하여 지역 사회 간에 범죄율의 차이가 있으며, 왜 하필이면 어느 특정 개인이 범죄자가 되는가" 라는 명제에 대한 해답을 제시한 이론이라고 할 수 있다. 이러한 차별적 접촉이론은 인간의 학습 측면만을 지나치게 강조하는 단점이 있다. 즉, 인간본성의 차이를 무시하여 같은 원인에 의해서도 어떤 사람은 범죄자가 되고 어떤 사람은 범죄자가 되지 않는다는 점을 간과하고 있다. Short는 실증적 검증으로서 이 이론의 가설을 비판하였다.

차별적 접촉이론은 사회해체론과 마찬가지로 차별조직과 갈등의 상호관계에 대한 설명을 하지 않음으로써 갈등의 다양한 차원과 사회적 갈등에 대한 국가의 기능, 집단 규범의 법제화 등의 중요한 문제를 도외시하는 문제점도 안고 있다. 우리나라의 경우 정상적인 가정에서 자란 학생들 중에서도 범죄학생이 나타나는 것이 이 이론의 한계이다.

5) 하위문화이론

하위문화이론은 Cohen이 대표적인 학자로서 반대문화로서 하위문화를 이해하려는 입장이다. 즉, 청소년이 어떤 집단의 기대에 부응하려는 노력에서 비행행위 속으로 이끌려지거나 사회화된다는 것으로 하층사회의 문화적 특성이 어떻게 비행행위에 영향을 주는가에 초점을 두고 있다.

Cohen에 의하면 사회에는 각 계층의 모든 성원들이 공유하는 중심문화가 있으며 중류층의 가치관을 중심으로 형성된 중심문화와 하층계층의 소년들이 문화와는 의미 있는 갈등이 일어난다는 것이다. 이런 중간계급의 가치관이 지배하는 제도는 학교인데, 학교에서의 경쟁에 실패한 사람과 중심문화에 귀속되지 못한 하층계급의 청소년들은 심각한 긴장상태를 나타내게 된다. 결국 그들은 중심문화에 반발하여 자신들의 가치관을 합리화, 정당화하기 위해 집단을 형성하게 되고 그 집단을 강화하여 중간계급의 가치관에 대항하게 되며 이것이 곧 비행집단을 형성하게 된다는 것이다.

하위문화이론은 사회구조를 강조하면서도 인간은 그가 속한 집단의 문화, 즉 하위문화를 학습하는 것으로 볼 수 있으며, 폭력 역시 이러한 하위문화의 학습에 그 원인이 있는 것으로 여겨질 수 있다는 것이다. 하위문화이론은 비행을 특정 하위문화에 대한 순응 및 접촉기회의 결과로 설명한다. 즉, 청소년이 어떤 집단의 기대에 부응하려는 노력에서 비행행위 속으로 이끌려지거나 사회화된다는 것으로 하층사회의 문화적 특성이 어떻게 비행행위에 영향을 주는가에 초점을 두고 있다.

비행문화와 관련된 특정집단을 하층으로 보고 주로 그 계층에서 비행이 발생함을 강조하였는데, 이것은 중류층에서 발생하는 비행을 설명하지 못한다. 사람이 곤란한 상황에 처할 때에 대응하는 방법에는 폭력적인 것과 비폭력적인 것이 있을 수 있다. 같은 상황이 문화적 환경에 따라 폭력적인 대응을 취하는 방향으로 해석될 수 있다는 것이 하위문화의 주요한 골자라고 한다면, 폭력적인 하위문화에서 해석되는 폭력의 의미는 비폭력적인 문화에서 해석되는 것과는 다를 수 있다.

예를 들면, 친구 간의 사소한 말다툼 끝에 주먹이 오갔다고 하자. 폭력적인 하위문화가 지배적인 사회에서는 그 정도의 주먹질은 폭력이라고 해석되는 것이 아니며, 오히려 남자다운 행동으로 해석될 가능성이 있다. 한편, 비폭력적인 문화에서는 어디까지나 말로써 해결이 되어야 하지 아주 사소한 주먹질이라도 육체적인 싸움은 야만적이고 비합리적인 해결방법으로 간주될 가능성이 높은 것이다. 즉, 같은 행동이 문화에 따라 다르게 해석된다는 것이며, 더 나아가 합리화 및 정당화되는 가치 및 규범이 존재한다는 것이다.

Cohen을 비롯한 학자들이 Merton의 아노미이론과 Sutherland의 차별적 접촉이론을 하나로 통합하려는 노력에서 다양한 하위문화이론이 출현되었다. Cohen은 차별적 접촉이론의 약점이라고 볼 수 있는 왜 가난한 지역에 하위문화가 존재하는지에 대한 설명부족을 아노미이론으로 보완하려 하였다. 그는 가난한 지역의 청소년들은 중산층의 문화가 지배적인 미국사회에서 자신들의 지위를 획득하기가 힘들어 자기들에게 유리한 문화를 형성하게 되었다고 주장하였다.

즉, Cohen에 의하면 사회에는 각 계층의 모든 성원들이 공유하는 중심문화가 있으며 중류층의 가치관을 중심으로 형성된 중심문화와 하류계층의 소년들의 문화와는 의미 있는 갈등이 일어난다는 것이다. 이런 중간계급의 가치관이 지배하는 제도는 학교인데, 학교에서의 경쟁에 실패한 사람과 중심문화에 귀속되지 못한 하층계급의 청소년들은 심각한 긴장상태를 나타내게 된다. 결국 그들은 중심문화에 반발하여 자신들의 가치관을 합리화 · 정당화하기 위해 집단을 형성하게 되고 그 집단을 강화하여 중간계급의 가치관에 대항하게 되며 이것이 곧 비행집단을 형성하게 된다는 것이다. 결국, 아노미라는 구조적 기회의 불균형 이외에 하위문화에서의 비행가치의 습득을 모두 비행의 원인으로 상정한다.

Miller는 중류층 가치에 대한 반발로 인하여 집단화된다는 Cohen과는 달리 하류계층의 문화가 비행을 발생하게 한다고 보았다. 즉, 하층계급의 오랜 존속은 그들 나름대로의 행위양식 및 규범을 갖게 하였고, 이렇게 형성된 하층문화는 중류계급 가치에는 벗어난 것이므로 그 하층문화에의 적응은 비행을 발생시키기도 한다고 하였다.

하위문화이론은 사회구조를 강조하면서도 인간은 그가 속한 집단의 문화, 즉 하위문화를 학습하는 것으로 볼 수 있으며 폭력 역시 이러한 하위문화의 학습에 그 원인이 있는 것으로 여겨질 수 있다는 것이다. 그러므로 빈곤계층의 청소년들은 가정이나 또래집단에서 배운 행동양식과 학교나 사회에서 요구하는 행동양식 사이에서 긴장과 갈등을 느끼며 이것이 폭력 등의 일탈행동으로 연결된다는 것이므로 행동양식 사이의 긴장을 해소시켜주는 중요한 폭력예방대책이 될 수 있다.

이 이론에서 Miller는 하층계급은 지배적인 중산층과 다른 독자적 문화규범을 가지고 있다는 것을 전제로, 이들이 가지고 있는 가치체제가 서로 다르다는 것을 강조한다. 그리하여 하층계급의 가치질서에 따른 행위가 중산층 내지 상류층의 규범질서에 위반될 때 범죄로 평가된다는 것이다. 그는 청소년범죄의 경우에도 사회의 지배적 규범을 부정하는 행위로 보지 않고 오히려 하층계급에 존재하는 가치질서를 추종한 행위로 해석한다.

Miller의 이러한 결론은 미국 대도시 빈민가의 소년 범죄자를 대상으로 하여 얻은 것이기 때문에 처음부터 이론적 한계가 있다. 그리고 Miller의 독자적 하층계급문화이론을 따르는 경우에도 하층 출신의 모든 청소년이 범죄자가 되는 것은 아니라는 점은 설명하기 어렵다. 미국의 특별한 상황을 고려하더라도 Miller의 명제는 아직까지 경험적으로 입증되지 않은 상태이다.

6) 낙인이론

사회적 상호작용론(Social Interaction Theory)에 기초한 낙인이론(Labelling Theory)은 비행행위 자체보다는 어떤 행위가 비행으로 낙인찍히는 과정에 초점을 둔 이론이다. 즉, 비행은 객관적으로 존재해 있는 것이 아니고 어떤 사람이 저지르는 행위를 비행으로 규정하는 사람들의 낙인행위로부터 비롯되는 것이다.

이처럼 낙인이론은 비행에 대한 사회적 반응을 중시하므로 사회반응이론(Social Reaction Theory)으로 불리기도 한다. 낙인이론의 가정은 첫째, 최초의 비행은 다양한 요인들에 의해 야기되며, 둘째, 비행을 반복하게 되는 근본요인은 비행이라는 공식적인 낙인에 의해서고, 셋째, 공식적인 낙인이 자아상을 비행자로 변경시키기 때문에 계속 비행을 하게 되며, 넷째, 낙인은 비행 자체보다 연령, 성별, 인종, 사회계급 등의 기준에 의존한다. 낙인이론은 1950년대의 사회구조 원인론자들에 대한 비판에서 출발하였으며 Lemert(1951)와 Becker(1973)의 이론이 대표적이다.

Lemert는 비행 그 자체에선 악이 내재된 것이 아니며 비행은 그 행동에 대한 사회적 반응에 의해 만들어진 것으로 본다. Becker는 Lemert의 견해를 계승하여, 범죄행위로 낙인을 찍는 것은 사회적 지위와 같은 효과를 낳게 하여 낙인찍힌 자에게 사회적 상호작용에 가장 직접적이고 중요한 주지위(主地位, master status)와 같은 작용을 한다고 한다.

낙인이론이 범죄학에 미친 영향은 매우 크다. 지금도 미국과 유럽의 많은 범죄학자들은 이 이론을 추종하고 있다. 범죄자와 일반인이 본질적으로 구별되는 것이 아니라, 범죄자는 다만 '운 없게' 낙인찍힌 사람이라는 인식은 범죄인에 대한 보장적 측면에 더 많은 형사 정책적 에너지를 투입할 것을 요청하는 논거가 되기 때문이다.

낙인이론에 대해서도 다양한 비판이 제기되고 있다. 공통된 비판 논거는 기존 형법과 형사정책체계의 순기능에 대한 것이다. 즉, 범죄와 비범죄를 형법에 의해 정확하게 규정할 수 없다고 하여 범죄에 대한 사회적 규정이 전적으로 자의적이라는 결론은 무리라는 것이다. 이러한 비판에 의하면, 구성요건 표지의 귀속이나 일정한 행위의 해석을 위해 비교적 세밀한 해석지침 도그마틱이 마련되어 있고, 이러한 지침에 의해 행위와 규범 사이의 귀속은 일정한 법칙을 준수하는 절차가 된다고 한다. 따라서 법률가는 상황에만 의존하여 평가하는 것이 아니라 일정한 합의에 바탕을 두고 미리 마련된 도그마틱에 따른 평가를 하기 때문에 범죄귀속이 결코 자의적일 수만은 없다.

낙인이론은 비록 공식절차에 의해 범죄로 규정되지는 않았지만 사회적으로 원하지 않는 행위가 분명히 존재한다는 사실에 대해서 어떤 설명도 할 수 없는 단점이 있다. 사법기관이 범죄로 선언하지 않았지만 사회적으로 유해한 법률 위반 행위는 얼마든지 있을 수 있기 때문이다. 낙인이론은 이러한 상황을 변화시키려는 뜻이 없다.

낙인이론은 연구대상을 회피하는 성향을 가지고 있다. 이 명제는 말하자면 범죄사회학의 마지막 시도라고 할 수 있다. 이제 연구대상은 범죄사회학 영역을 떠나서 다른 방향으로 나가게 된다. 행위자가 어떤 행위를 하였는가는 전혀 중요한 사항이 아닌 것이다. 범죄행위 자체가 완전히 사라져 버리고 남는 것은 행위자에 대한 형식적 사회통제기관의 작용뿐이다. 그렇다고 통제기관이 범죄를 만들어 낸다고 보는 것은 지나치고, 처벌대상을 확인하는 과정에서 범죄화에 대해 일정한 공동작용을 하는 부분이 있다고 파악하는 것이 옳다. 이것은 범죄원인에 대한 일반적 설명이 되기는 어렵다. 범죄원인에 대한 부분 설명으로 낙인은 형벌집행의 실패로 이어지고 경우에 따라서는 오히려 범죄성을 강화시킬 수도 있다는 위험성을 알려주어야 한다.

낙인이론은 개인의 어떤 행위를 일탈 · 비행 행위라고 낙인하는 사회집단의 반응과정이 무엇인지에 대한 분석에 연구의 초점을 맞추고 있다. 일탈 · 비행 현상은 그 행위 자체에 의해서 일탈 · 비행성이 결정되는 것이 아니다. 일탈 · 비행은 사회집단이나 제3자가 한 개인이나 특정집단의 행위를 일탈이라고 명명 부과해 놓은 사회적 지위이다.

낙인이론은 범죄나 일탈을 행위에 내재되어 있는 속성으로 파악하는 것이 아니라 그 행위에 대해서 타자로부터 부여된 특성으로 파악한다. 다시 말해서, 낙인이론에 의해서 설명될 수 있는 현상은 행위의 원인이나 발생과정이 아니고 어떤 행위가 일탈이라고 인지되거나 규정되어 일탈자라는 낙인을 부여받게 되는 일련의 과정에 중점을 둔다. 낙인은 일종의 사회적 지위와 같은 역할을 하며 일탈자는 처음에 인정하지 않지만 사회적으로 낙인의 반응이 계속되면 그 사람은 범죄를 저지를 가능성이 높아지는 곳이다. 학교폭력 역시 비슷하게 생각할 수 있다.

예를 들어, 심각한 폭력이 아니더라도 사회나 학교에서 폭력을 저지르는 학생으로 낙인찍히면 그렇게 부여된 학생은 정말로 폭력을 행사하는 학생이 된다는 것이다. 이러한 낙인이론은 청소년의 폭력행동에 대한 지도에도 중요한 시사점을 줄 수 있다. 사실 학교 생활에서 대부분의 경우에 일어나는 폭력적 행동에 대해 깊은 이해 없이 해당 학생을 폭력학생으로 낙인을 찍게 되면 그 학생은 정말로 폭력학생이 될 가능성이 커지게 된다. 이렇게 생각하면 폭력학생의 지도에서 폭력이라 규정할 때에는 신중해야 하며 학생들의 폭력행동에 대해 깊은 이해가 있어야 함을 알 수 있다.

Chapter 4

학교폭력의 가해자, 피해자, 방관자

1 학교폭력의 가해자

학교폭력의 가해학생은 공격적인 성향과 충동조절이 잘되지 않는다는 특성을 가지고 있다. 또한 권력과 지배에 대한 욕구가 강하여 남을 지배하고 굴복시키는 것을 즐긴다. 폭력행위에 대한 책임을 부정하고 원인의 제공은 피해학생에게 있다고 강변하며, 주변 환경에 대해 다소 적대감을 품고 있는 경우가 많다.

학교폭력이 사회문제로 대두되기 시작한 후 학교폭력은 피해자의 입장에서 정의되어 왔으며, 가해자는 피해학생에게 끔찍한 고통을 가한 문제학생으로 치부되는 경향이 있었다. 하지만 학교폭력 가해행동에 대한 연구에 따르면 학교폭력 가해 경험 또한 피해 경험 못지않게 학생의 발달에 부정적 영향을 미친다. 학교폭력 가해 경험은 학생들이 반사회적 규범에 대해 지속적 학습을 야기하며, 이는 학생들이 잘못된 가치관을 내면화하여 성인이 된 후 범죄를 저지를 가능성을 높인다. 학교 내에서 저지르는 폭력 및 반사회적 행동은 가해학생들이 부정적인 평가를 받게 하며, 이는 학업능력 저하는 물론이고 학교 부적응을 초래하여 바람직한 사회화의 기회를 놓칠 가능성을 높인다(박경일 · 박태숙, 2006).

학교폭력의 가해 경험이 있는 학생의 자살충동은 학교폭력 경험이 없는 학생에 비해 약 2.9배 높았는데, 이는 피해학생이 느끼는 자살충동(약 2.8배)과 비교해도 큰 차이가 나지 않는 수치이며, 결론적으로 학교폭력으로 인한 대처방안을 피해학생뿐 아니라 가해학생에게도 확대 적용해야 한다는 것을 시사한다(김경미, 염유식, 박연민, 2013).

자기중심성, 과시욕구, 지배욕구가 높은 학생은 가해학생 범주에 많이 나타나며 이러한 아동은 또래관계에서 다른 사람에 대한 배려가 부족하고, 자신의 폭력적 행동을 단순히 장난으로 인식하고 있는 경우가 많다. 대인관계가 어렵고 학급 내에서 소외당하는 경우가 있으며, 이에 대한 분노가 더욱 폭력적 행동을 증가시킨다(신동업, 2012).

학교폭력 가해학생의 특징에 대한 연구에 따르면(한소은, 2006 ; 김미숙 · 신현주, 2013) 학교폭력의 가해자는 자기 자신에 대해서 별로 높은 기대를 하지 않고, 그 개인의 행동이 적극적이거나 부정적인 경향이 있으며, 불안한 심리상태를 가지고 있다. 또한 자기가족에 대한 불만족, 불화, 적대감을 가지고 대인관계에 있어서도 성공하지 못하였으며, 소외되어 불행한 인간관계를 형성하고 있다. 부정적인 경향이 강하며, 폭력적인 성향과 반사회적인 행동특성을 가진다.

또 다른 연구에 따르면(김미영, 2007 ; 김순혜, 2007 ; 장덕희, 2007) 비행경험이 많은 친구들과 어울리는 정도가 높을수록, 또래집단 내에서 폭력을 허용하는 정도가 높을수록 학교폭력을 행할 가능성이 높은 것으로 나타났다. 특히, 최운선(2005)은 '또래 폭력 허용도'가 학교폭력 가해 경험에 영향을 미치는 요인임을 제시하고 있다.

Lock wood에 따르면, 청소년기에 발생하는 폭력행위의 경우 가해학생들이 폭력행동을 하는 데 크게 4가지 목적이 있다. 첫째, 적대적 관계에 있는 학생들에 대한 징벌이다. 둘째, 상대학생으로부터 굴복을 얻어내기 위함이다. 셋째, 자신 또는 다른 학생을 위한 방어이다. 넷째, 자신의 체면, 자존감의 수호 명성을 유지하기 위해서이다. 이들은 대부분 다른 비행문제를 동시에 가지고 있으며, 비행하위집단에 소속되어 동료들과 함께 폭력행위에 가담하는 경우가 많다.

2 학교폭력의 피해자

학교폭력이 심각한 사회문제로 대두되고 난 후 이루어진 학교폭력에 대한 연구의 대다수는 학교폭력을 피해자의 입장에서 정의한 것이었다(홍종관, 2012). 이는 학교폭력의 피해자가 학교폭력의 영향으로 인해 겪게 되는 신체 · 재산 · 정신적 고통이 매우 크며, 급기야 피해 청소년의 자살과 같은 극단적인 결과까지 초래하기 때문일 것이다. 실제로 김경미 외 2명(2013)의 연구에 따르면 학교폭력 피해경험이 있는 학생의 자살충동은 학교폭력을 경험하지 않은 학생에 비해 약 2.8배 높으며, 우울감 또한 무경험집단에 비해 높을 뿐 아니라 주관적 행복감 또한 학교폭력 무경험 학생집단에 비해 유의미하게 낮은 수치를 나타낸다.

학교폭력 피해학생은 피해 경험 후 부정적인 자아개념을 형성할 가능성이 높으며, 성추행 및 폭력을 당한 학생은 성에 대한 부정적인 태도를 가지게 된다. 학교에 대한 두려움을 갖게 되어 학업능력이 저하되며, 학교생활에 적응하는 것을 어려워하고 장기적으로는 대인관계의 단절 또는 부적응까지 야기하게 된다(박경일 · 박태숙, 2005).

학교폭력 피해학생의 특징에 대한 연구를 살펴보면(문용린 외, 2008 ; 김미숙 · 신현주, 2013) 피해학생들은 신체적으로 약하고 불안 수준이 높으며, 자존감이 낮고, 우정, 협동심, 사회적 기술 및 유머 감각과 같은 사회적 능력이 부족한다. 또한 자신을 타인에게 귀찮은 존재로 생각하고 행복과 만족 수준이 낮으며, 스스로 인기가 없다고 생각한다.

또한, 자기주장을 잘 내세우지 못하고 낮은 자존감으로 인해 불안하고 위축된 모습으로 포현되며, 가해자와 마찬가지로 타인에 대한 공감능력 부족이 언급되기도 한다. 한편, 정서장애, 낮은 자아존중감, 부정적 자아개념 등은 피해학생에게서 많이 나타난다. 이러한 피해요인들은 학교생활의 여러 면에서 부적응으로 나타날 수 있으며, 낮은 자기존중감이나 정서 결핍으로 학교에 적응하지 못하는 청소년도 많다. 이와 같은 특성을 가진 학생들은 또래집단과 잘 어울리지 못함으로 인해 학교생활에서 다른 경향의 폭력을 초래한다.

3 학교폭력의 방관자

한국사회에서 일어나는 학교폭력의 특징 중 하나는 가해자와 피해자의 구분이 불분명하다는 것이다(홍종관, 2012). 즉, 피해를 당했던 학생이 후에 학교폭력의 가해자가 되기도 하고, 학교폭력의 가해자였던 학생이 훗날 피해자가 되는 경우가 빈번하다는 것이다. 이러한 중복 경험을 한 학생들은 피해 혹은 가해와 같은 단일 경험을 한 학생들보다 심리적 안정감이 떨어지고 더 심각한 부작용을 겪는다.

학교폭력의 피해 경험과 가해 경험을 모두 겪은 학생들의 자살충동은 학교폭력을 경험하지 않은 학생들에 비해 7.1배나 높으며, 주관적 행복감 또한 현저하게 낮은 것으로 연구되었다(김경미 외, 2013). 또한 피해 경험과 가해 경험이 모두 있는 학생이 가해 경험만 있는 학생보다 다시 폭력을 행사할 가능성이 더 높으며, 피해만 경험한 학생과 비교했을 때도 다시 피해를 겪을 확률이 더 높은 것으로 나타났다. 심지어 폭력의 심각성을 고려해 보았을 때도 중복 경험 학생이 단일 경험 학생에 비해 더욱 심각한 폭력에 노출되었을 가능성이 높다(신혜섭, 2005).

김준호 등(1997)의 연구에 따르면 "폭력에 대한 우호적 태도"가 강하고, 주변에 비행친구가 많으며, 학교 부적응이 강한 학생들일수록 학교폭력 중복집단에 속할 가능성이 높다.

괴롭힘과 같은 학교폭력이 발생하는 상황에서는 가해자, 피해자뿐만 아니라 주변인의 역할이 중요하다. 주변인은 '괴롭힘 상황에서 괴롭힘 행동을 목격한 사람'으로 가해자를 옆에서는 돕는 '가해조력자'와 부추기는 '가해강화자', 피해자를 돕고 가해행위를 저지하려는 '방어자', 그리고 괴롭힘 행동에 전혀 신경을 쓰지 않는 '방관자'로 구분할 수 있다. 괴롭힘 상황에서 이러한 주변인들은 거의 70%에 달하는 것으로 알려져 있다(오인수, 2010).

학교폭력은 특히 괴롭힘은 가해자와 피해자의 양자관계가 아니라, 힘의 불균형과 집단 내 역동에 의해 발생하고 지속되는 집단 현상이기 때문에, 괴롭힘을 목격했을 때 대다수 주변인들이 어떤 행동을 취하느냐가 학교폭력의 해결에 결정적인 역할을 하게 된다(오인수, 2010).

오인수(2010)는 괴롭힘을 목격한 주변인의 행동에 영향을 미치는 심리적 요인 분석 연구에서 괴롭힘 상황에서 결정적인 역할을 할 수 있는 주변인의 행동에 영향을 미치는 요인 중 공감과 공격성의 영향 정도를 분석하였다. 그리고 주변인이 보이는 방관적 태도가 가해집단의 괴롭힘 행동을 간접적으로 강화할 수 있기 때문에 괴롭힘 상황의 목격 시 동조자, 강화자 및 방관자 등 주변인이 보이는 반응에 대한 교육적 지도가 매우 필요하다고 강조하고 있다.

Chapter 5

청소년문화와 학교폭력

1 학교폭력의 요인

학교폭력은 청소년기의 발달과정에서 나타나는 일반적인 특성과 더불어 가해 · 피해학생의 개별적인 차원의 특성, 가정의 교육기능 약화와 입시 위주의 학교교육, 비교육적인 사회환경 등의 여러 원인이 복합적으로 작용하여 발생하는 경우가 많다.

학교폭력 요인을 개인 · 심리적 요인, 가정적 요인, 학교교육적 요인, 사회구조적 요인으로 구분하여 설명하고 있다.

1) 개인 · 심리적 요인

폭력행위를 하는 학생에게서 가장 많이 나타나는 개인 · 심리적 요인은 공격적 성격장애이다. 사람은 누구나 폭력행동의 경향성을 가지고 있다. 정상적인 사람들은 양심과 도덕의 기준이 자기통제력에 강하게 작용하여 폭력행위를 하지 않는다. 그러나 폭력적인 성향과 반사회적 행동특성을 가진 학생들은 반사회적 행동을 하고도 반성하거나 고민하지 않는다. 이들은 자기조절능력이 부족하다. 그리고 윤리의식이나 도덕의식이 제대로 형성되어 있지 않다. 그러므로 죄책감이나 수치심을 느끼지 못하고 행동한다.

이들은 공격성이 강하기 때문에 자기의 욕망이나 감정이 작동하면 사회질서나 규범을 고려하지 않고 감정대로 행동한다. 이들의 공통점은 한결같이 정서불안 요소를 가지고 있다는 것이다. 정서불안은 욕구가 충족되지 않으면 모든 생활에 대한 불신과 좌절이 거듭되어 가정 · 학교생활에 대한 의욕 상실이 생기는 것으로, 국내 · 외 많은 학자들은 정서불안을 학교폭력의 한 원인으로 보고 있다.

그리고 정서불안은 정서장애로 이어져 반항적 · 충동적 · 파괴적 행동을 하며 다른 사람을 괴롭힌다. 또한 이들은 타인을 의식하지 않고 자기중심적이고 이기적인 행동을 하며, 지적 판단력이나 표현력도 부족하여 폭력을 휘두른다. 이들은 아주 작은 문제도 해결하고자 하는 노력은 시도하지 않고 쉽게 폭력을 선택하여 자신의 인생을 내던진다. 이러한 행동이 결국에는 공격행동과 폭력행동으로 이어진다.

공격행동을 하는 청소년의 심리적 특징은 자아기능의 약화, 욕구불만의 누적, 문제해결능력의 부족, 지각의 비현실성, 동기 유발의 결여, 목적의식 결핍, 발달과 부조화 등으로 요약될 수 있다.

이상과 같은 원인에 의해서 학교 내·외에서 폭력을 저지르는 학생들은 이러한 폭력의 반복으로 인한 자학적인 자아상의 형성과 주변의 멸시로 인하여 결국 부정적인 자아개념이 형성되어 자기 자신을 필요 없는 존재, 무능한 존재, 약한 존재로 규정하며 그러한 방향으로 삶을 이끌어 간다(김순식, 2001).

2) 가정적 요인

학교폭력의 원인 중 가장 중요하며 근본적이라 할 수 있는 것은 가정적 요인이다. 그것은 학생들이 자라서 사회생활을 하기 전에 가장 근본적인 성격형성에 영향을 미치는 것이 가정이기 때문이다. 즉, 인간은 가정 속에서 태어나 성장하고, 육성되어 가기에 가정은 가장 작은 집단으로 개인에게 가장 많은 영향을 주는 것은 당연한 일인 것이다. 따라서 가정환경에 문제가 있을 때 인격형성에 나쁜 영향을 주며 가정 내의 불만이나 그것들로 인한 정신적 압박이나 도피가 폭력행위의 원인이 될 수 있다. 그 원인으로는 대체적으로 핵가족제도와 결손가정, 폭력적인 부모, 그리고 부모들의 인식부족으로 볼 수 있는데, 정리하면 다음과 같다.

첫째, 대가족제도에서 핵가족제도로 변화하면서 대가족제도에 비해서 가정 내에서 부모가 아이들에게 교육시켜야 할 내용들이 양적으로 더욱 증대되었다. 이에 반해서 부모들의 사회적 활동의 양도 상대적으로 증대되어서 아이들에게 가정 내에서 가르쳐야 할 예절교육이 제대로 되지 못하고 있다. 이로 인하여 아이들의 인격이 제대로 형성되지 못하고, 윤리적인 인식체계도 제대로 자리 잡지 못하게 되는 것이다.

둘째, 결손가정이다. 요즘 이혼율의 증가로 인하여 결손가정이 증가되고 있다. 결손가정은 가정 내의 자녀교육의 주체자가 부모밖에 없는 현대의 핵가족제도 내에서 자녀교육을 더욱더 어렵게 하고 있다. 이로 인하여 자녀의 인성교육이 제대로 이루어지지 못하고 있다. 또한 주위의 사람들이 이러한 아이들을 더욱 따스한 관심으로서 대해주어야 하는데, 자신의 아이들만 생각하는 이기적인 행동이 폭력의 원인이 되는 것이다.

셋째, 부부 사이의 폭력과 자녀에 대한 학대를 들 수 있다. 이러한 것을 보고 자라난 아이들은 대화보다는 폭력적인 방법으로서 모든 것을 해결할 수 있다는 인식이 자리 잡게 된다. 이런 아이들이 학교에 가서 생활하면서 어떠한 문제에 부딪혔을 때 그 해결방안으로서 폭력을 사용하고 그 폭력을 정당한 것으로 여긴다.

넷째, 부모들의 인식 부족이 학교폭력의 원인이 될 수 있다. 단지 공부만 잘하는 아이가 최고라는 생각으로 공부에 대한 관심만을 가지고 아이들의 인성교육을 무시해 버리는 자녀양육으로 인하여, 아이들의 사고방식 또한 단지 공부만 잘하면 된다는 식의 사고방식에 빠지게 된다. 그로 인하여 인격형성이 제대로 되지 못하게 된다. 그리고 공부에서 소외된 학생들은 반발적인 행동으로서 폭력을 행하게 된다. 또한 내 아이는 아니겠지 하는 생각과 자신의 아이만을 무조건 믿고 친구의 탓으로만 돌리려는 생각들이 학생들의 사고를 해이하게 만들어, 학교폭력을 행하는 학생들이 제대로 반성 하지 않고 계속해서 그것을 반복하게 된다(백운학, 1998).

여기서 우리는 학교폭력의 원인 중 가정 내의 문제를 가장 중요하게 생각해야 하며 실제로 가장 큰 요인으로 나타나고 있다. 건전한 가정에서 건전한 자녀가 커가기에 많은 사람들은 건전한 가정을 꾸미는 데 가장 많은 투자를 한다. 건전한 가정은 건전한 가치체계를 가지고 있다는 것을 알 수 있다. 즉, 부모와 자녀들이 애정에 의해서만 결속될 것이 아니라 이상과 가치관에 의해서 서로 이해하고 협동하는 공동체가 되어야 한다.

3) 학교환경적 요인

학교는 전통적으로 지 · 덕 · 체의 조화로운 발달이나 지식과 인격을 겸한 전인적 인간의 형성을 추구하는 사회의 조직체이다. 그러나 오늘날의 학교교육은 많은 문제점과 역기능을 야기하고 있다. 특히, 현재의 학교환경은 시험성적에 의한 단선적인 인간평가, 창의성과 탐구적인 교육풍토보다는 획일화 교육, 그리고 입시 위주의 교육과 연계됨으로써 진학하기 위한 통과의례로서 제도화된 학교 내 수용된 청소년들에게 많은 부정적인 교육효과를 가져오고 있다. 학교폭력의 교육 환경적 원인도 매우 다양하게 세분할 수 있으나, 몇 가지 중요한 요인만을 제시하면 다음과 같다.

첫째, 학교 생활에 대한 적응문제를 들 수 있다. 진학을 위한 학력 중심의 교육현장은 인간성 교육을 거의 할 수 없는 실정이다. 이에 따라 많은 학생들은 학교부적응 사태로 몸살을 앓고 있다. 무단결석, 중도퇴학, 등교거부, 진학실패 등으로 열등감과 소외감을 느끼면서 무기력증 또는 자포자기에 빠지게 되며 성격이 비뚤어진다. 그리하여 이에 대한 보상심리로 비행을 저지르게 된다(지광준, 1999).

둘째, 입시 위주의 시험체제이다. 학교교육이 시험을 준비하는 한쪽 방향의 교육을 강요하고 있기 때문에 고등학교는 대학교 진학을 목표로 하는 준비과정에 불과하다. 따라서 진학을 하지 못하는 학생들은 들러리 학생이 되고 소외당하게 마련이다. 이러한 진학 · 입시체제에서 가출, 장기결석, 퇴학, 학교폭력이 나타나는 것이다. 또한 시험에 대한 교사의 기대, 부모의 기대는 잔인하며 폭력적이다. 청소년기는 심신의 발달, 단련을 필요로 하는데, 우리 교육은 기억 중심, 암기 중심, 지식 중심의 교육으로 인간은 왜곡될 대로 왜곡되어 있다(백운학, 1999).

셋째, 정서 · 감성교육의 소홀이다. 학교교육은 학생들의 심신이나 조화된 교육, 건전한 정서함양교육, 예절교육 등을 우선적으로 실시하여야 하는데, 실제 교육현장에서는 오직 지식의 전수에만 총력을 기울인다. 그 결과 학생들의 심신 수련이나 건전한 정서함양, 가치관 형성, 예절지도 등의 정의교육이 소홀히 됨으로써 인간교육이 경시되고 있다. 특히, 공부에 흥미를 잃거나 인정받지 못하는 학생들이 욕구를 발산할 기회와 장소가 없기 때문에 결국 같은 고민을 가진 학생들끼리 서클을 조직하여 서로 위로하고 힘이 되어 자신을 괴롭히는 모든 권위에 대항하는 폭력행동을 유발하게 된다(권이종, 1997).

넷째, 인간관계의 신뢰 결여이다. 입시체제문제, 교육과정문제, 학교 내에서 교사와 학생, 학생과 학생 간의 인간적인 신뢰의 결여를 가져오고 있다(권이종, 1997).

다섯째, 처벌과 문제 중심의 생활지도에 원인이 있다. 문제학생에 대한 생활지도에서 지도의 내용보다 지도방법이 더 중요한 의미를 가진다는 것을 우리는 잘 알고 있다. 그런데 학교에서 문제학생이 생겼을 때 그 문제를 놓고 생활지도를 한다는 것은 이미 늦었다고 볼 수 있으며, 문제학생이 생기기 전에 예방지도를 하기에는 너무나 어려웠고 이로 인하여 정신적, 육체적으로 미약한 청소년들은 더 큰 비행을 저지르고 말았던 것이다. 즉, 부적응학생의 지도에서 여러 가지 미흡한 점이 많았으며 사랑과 관심으로 감싸 안아 주지 못했던 것이 사실이다(윤진근, 2002).

오늘날 학교에서 교사 · 학생 간에는 사회적 거리감이 있어서 마음과 마음의 교류나 인격적인 교류가 거의 없는 실정이다. 바람직한 청소년 및 학생 지도의 최선의 방법은 뭐니뭐니 해도 교사와 학생 간의 인간적인 따뜻한 정일 것이다. 그러나 우리 교육환경은 교사와 학생 간의 인간적인 만남을 가로 막고 있다. 또한 교우관계도 서로가 경쟁의 상대로만 인식하기 때문에 진정한 우정을 쌓기가 힘들다. 청소년기는 교우관계가 심화 · 확대되어야 할 시기이다. 왜냐하면 연령이 비슷하고 상호 대등한 입장에서 의사소통이 잘 되며, 서로의 입장과 처지를 이해한다고 생각하여 가정보다는 친구와 더욱 밀착되어 모든 문제를 의논하고 해결해 나가는 등 친구를 통해 가장 많은 영향을 받을 수 있기 때문이다.

4) 사회적 요인

가정과 학교 이외에도 청소년의 성장환경으로 접하는 곳이 사회이다. 사회는 아직 미숙한 청소년이 성인의 세계로 나가기 위해 내딛는 새로운 환경이다. 따라서 이 새로운 환경이 청소년들에게 주는 모든 사회적 · 심리적 자극은 그들의 태도에 많은 영향을 미친다.

우리나라의 급격한 도시화는 최근의 청소년 폭력의 양적 증가는 물론 질적 변화를 가져오는 요인으로 지적되고 있다. 도시화에서 파생되는 문제들로 사회의 상대적 빈곤과 계층 차에서 오는 부모 권위의 무기력, 빈곤, 교육에서의 소외, 직업 및 생활 수준의 심한 격차에서 오는 심리적인 열등감, 다른 계층으로의 전환 시도의 실패에서 오는 좌절과 포기 등이 있다. 지역사회문제에서 오는 요인으로는 유해환경 · 불량주택지 · 빈민가 등을 들 수 있다. 그리고 사회변동 및 가정의 고립, 공동체 해체 등을 들 수 있는데, 여기서 사회적 요인을 산업화로 인한 지역사회의 해체, 불건전한 광고 및 대중매체의 범람, 학교 주변 유해환경, 청소년 비행을 방관하는 사회적 풍토를 중심으로 살펴보면 다음과 같다.

첫째, 산업화로 인한 지역사회의 해체를 들 수 있다. 급격한 산업화는 지금까지 통용되었던 가치체계를 변화하게 만들었고 가치관의 동요와 갈등은 학생들에게 적용 곤란의 문제를 가져왔다. 물질만능주위가 만연되었으며, 정당한 질서의식이 정착되기보다는 권력과 부를 우선시하고, 편법을 써서라도 출세하고 보자는 한탕주의, 극단적인 이기주의가 성행하고 있다. 보통 사람들은 누구나 사회의 규범을 지켜서 모범적인 시민이 되려고 노력한다(김준호, 1996).

둘째, 불법적인 광고 및 대중매체의 범람이다. 소비 지향적이고 말초적인 감정에 호소하는 불건전한 광고로 잡지의 지면이 채워지고 있다. 텔레비전과 비디오 및 컴퓨터 등은 청소년들의 폭력과 공격성향에 일정한 영향을 끼친다. 이와 관련된 연구결과를 통해 얻어진 결론은 대중매체가 청소년들의 공격행위를 조장하여 개인적인 문제로 해결하는 수단으로 폭력적 행위를 선택하게 한다. 이러한 대중매체에는 선정적이고 폭력적이며 외설적인 내용뿐만 아니라 보편적인 윤리의식을 마비시키는 내용이 곧잘 등장하여 청소년들에게 유해한 영향을 미친다(김준호, 1996).

셋째, 학교 주변 유해환경의 문제이다. 학생비행에 직접적인 영향을 미치고 있는 학교정화구역 내의 유흥음식점 · 당구장 · 전자오락실 · 만화가게 · 비디오방 등을 들 수 있는데, 학교폭력의 대부분이 유흥비 마련을 위한 금품갈취와 폭행행사라는 사실이 이를 말해주고 있다.

특히, 이들이 즐기는 영상매체의 대부분은 음란물인 경우가 대부분이다. 중 · 고등학생의 대부분이 이러한 음란물에 접한 경험이 있을 뿐만 아니라, 요즈음은 컴퓨터 게임 · CD 등도 음란 퇴색화되고 있다. 이러한 불법적인 영상 음란물에 더하여 일본 만화를 중심으로 한 음란만화, 음란주간지, 심지어는 공영방송인 텔레비전 프로그램까지도 폭력물을 여과 없이 방영하고 있다. 학교 밖에서 받은 여러 가지 유혹이 결국은 불량학생으로 전락시키는 요인이 되고 있는 것이다. 이들은 학교 재학 시 일순간의 잘못으로 대부분 따돌림 당하기 때문에 곧바로 사회에 적응하고자 학교공부와 거리가 먼 일자리를 찾기 쉬운 주유소 · 음식점 · 호프집 등에서 일하면서 육체적으로 성인화가 되어버린다. 또 일이 끝나면 그네들끼리 모여서 밤늦게 오토바이를 타며 폭주족이 되곤 한다(전대양, 1994).

넷째, 청소년 비행을 방관 묵인하는 사회풍토가 문제이다. 학교폭력의 피해학생이나 학부모의 신고정신의 부재가 문제를 더욱 심각하게 만든다. 상당수의 학교폭력 가해자들을 상담해 본 상담교사들에 의하면 문제 청소년들은 그들의 폭력행위를 간혹 해보는 '모험'과 같은 행위로 다분히 '장난기'가 어린 행위로 '자기들만의 문화에 안주하고 싶거나 이유 없는 반항의 표현'으로 인식하고 있으며, 그 동기를 친구들이 폭력행사를 하기에 자기 또한 '비겁하지 않고 용기가 있음을 증명하기 위해서'라고 답하는 것으로 나타났다(김경안, 1996).

다섯째, 청소년들을 위한 문화시설이나 여가시설이 없다. 청소년들이 건전하게 자신들의 스트레스를 풀고 여가를 즐기거나 문화생활을 할 수 있는 장소나 시설이 별로 없다. 어쩌다 청소년을 대상으로 하는 시설이 생기면 약삭빠른 상흔이 먼저 들어와 퇴폐 향락적인 풍조를 부추긴다. 그래서 전용시설은 바로 청소년 비행의 온상이 되는 경우가 비일비재하다(한국청소년개발원, 1993).

따라서 이러한 청소년의 일탈행위를 보았을 때 단호하게 질책하고 깊은 이해로 상대해 줄 수만 있다면 문제는 더욱 호전될 수 있을 것이다. 결국 이들에게 건전한 가치관과 규범감각을 가르쳐 줄 우리 사회의 '어른 부재현상', '아버지 부재현상', '선생님 부재현상'이 가장 큰 문제이다.

2 청소년 놀이문화

1) 놀이에 대한 개념

놀이는 문화보다는 더 오래된 문화의 원형이다. 놀이가 무엇을 의미하는지에 관한 이야기들은 이것이 인간의 삶 자체임을 잘 보여 주고 있다. "놀이" 그 낱말에 표현되어 있는 개념을 분석하고 정의하려 할 때 염두에 두어야 할 것은, 인간의 생각이나 개념은 그것에 사용되는 낱말에 의하여 정의되고 한정되어 있다는 사실이다.

놀이의 개념을 조금 더 조직적으로 정의해 보면, 대표적인 놀이론인 Homo Ludens를 쓴 요한 호이징가(Johan Huizinga)는 놀이의 특성과 기능을 다음 몇 가지로 설명한다.

① 놀이는 인간의 근원적인 자유를 누리는 쾌활하면서 해방적인 활동이다.

② 놀이는 순수한 유희적 행위로서 보수나 이해관계와는 무관하다.

③ 놀이는 일정한 규칙과 질서에 따라 조직되어 있다.

④ 놀이는 인류사회의 문화발전의 촉진제가 되어 왔다.

캐서린과 로렌 브로더스(Catherine & Loren Broadus)가 정리하는 특성들도 도움이 된다.

① 놀이는 활동 자체에 함몰하게 된다.

② 성공의 강박관념에 빠질 필요가 없다.

③ 자유롭게 선택한다. 강요받지 않는다.

④ 임의롭고 자연적인 특발성(spontaneity)을 갖는다.

⑤ 기쁨과 내적 조화를 가져다준다.

2) 문화요소로서의 놀이 개념

놀이는 문화 그 자체가 존재하기 이전부터 일정한 크기로 존재해 왔으며, 태초부터 현재 우리가 살고 있는 문명기에 이르기까지 항상 문화현상 속에 함께 있었고 그 속에 충만해 왔음을 우리는 문화 속에서 발견할 수 있다. 인간사회의 중요한 원형적 행위로는 처음부터 전부 놀이가 스며들어 있다. 그 예로서 인간이 의사소통을 하고, 가르치고 지시하기 위하여 만든 최초의 최상의 도구인 언어를 생각해 보면, 언어에 힘입어 인간은 사물을 구별하고, 입증하고, 진술한다.

3) 청소년 삶에 대한 놀이의 기능

(1) 탈일상성의 추구

① 스트레스 해소와 자유감

현대사회라는 무한경쟁 체제 속에서 청소년들은 종종 삶의 무게로부터 도피할 수 있는 시간과 탈일상성의 공간을 꿈꾸곤 한다. 청소년들이 놀이를 통해 원하는 것은 공부로 인한 스트레스를 해소하고 잠시나마 자기 나름대로 즐기고 싶다는 절실한 욕구이다. 즉, 놀이에 참여, 몰입함으로써 청소년들은 현실의 어려움과 고통, 위계적인 질서나 피지배적 지위로 인한 괴로움과 갈등으로부터 벗어나 존재로서의 자유감의 느낌을 회복하고자 한다.

② 흥분과 재미 : 최적각성의 추구

젊음 자체가 에너지의 분출이라는 점에서 볼 때 청소년들은 성인에 비해 놀이를 통해 강렬한 흥분과 재미를 추구하고자 하는 경향성이 상대적으로 더 높다. 흥분과 스릴을 추구하는 청소년기 특유의 놀이 욕구를 어른의 잣대로만 가늠할 수는 없는 일이다. 청소년들에겐 놀이의 긍정적, 부정적 가치 이전에 재미있고 신나게 놀았다는 느낌이 더 중요하다. 놀이가 청소년의 역동적 삶을 위한 활력소로 작용한다는 점에서 놀이활동에는 '새롭게 만든다(making anew)', '재창조한다'라는 의미의 레크리에이션(re – creation)의 기능이 포함된다고 볼 수 있다.

(2) 공동체의식의 경험

청소년의 놀이행동은 사회 통합적이며 문화적인 기능을 가지고 있다. 놀이활동은 상당부분은 말 그대로 몸으로 부딪치며 함께 노는 과정을 통해 놀이 구성원들 간의 일체감을 높여줄 뿐 아니라 놀이집단에 공동의 가치를 부여함으로써 자연스럽게 공동체의식을 고양시키게 된다.

개인적 자아정체감이 확립되기 이전인 청소년 시기에는 집단정체감 형성을 위해 집단적 놀이 경험은 매우 중요한 의미를 갖게 된다. 이렇듯 청소년들은 놀이활동을 통해 또래 간의 공감대를 확인하면서 특유의 문화를 만들어 나가게 된다.

(3) 멋과 수월성 추구 : 자기표현 욕구와 자기향상의 욕구

근래 청소년들은 미래지향적인 목적 달성을 중시하기보다는 현재의 행복한 생활을 더 중요시하는 현실 만족주의적 경향성을 나타내고 있다. 이들은 현재의 자신을 희생하면서까지 큰 목표를 달성하고자 하는 노력보다는 우선 자신에게 충실하고자 한다.

변화된 청소년 가치관은 '자기표현 욕구'와 '자기향상의 욕구'를 통해 강하게 색깔을 드러내고 있다. 자기표현중심주의(expressivism)는 '지위보다 자기표현에 충실', '쾌락추구의 중시', '창조성의 발휘', '권위를 배척하는 태도', '자기내면적 성장의 힘' 등의 특성으로 나타난다.

① 차별화를 통한 타인의 인정과 주목

놀이의 경우 청소년들은 자신이 주체가 되는 경험을 통해 자신을 표현할 수 있는 기회를 최대화하면서 스스로를 인정받고자 한다. 이는 놀이활동의 주된 목표의 하나가 자기표현과 동시에 타인인정에 있음을 함축한다. 결국 놀이상황이야말로 청소년들에게는 자유감 속에서 자기표현 욕구를 충족할 수 있는 시간인 동시에 타인들로부터 관심과 인정을 받을 수 있는 절호의 기회가 된다.

② 저항과 상징의 도전

청소년 시기는 자아정체감 확립의 과정에서 과잉자아의식의 발달로 자기주장성이 강해지기 때문에 종종 현실만족주의나 표현중심주의 성향이 기성세대나 기존의 가치에 대한 상징적 도전이나 저항의 형태로 표출될 수 있다. 즉, 청소년들이 그들 특유의 놀이에 동참하고 몰입하며 상징적으로 저항하는 것은 자신들이 어른들과는 차별화되는 청소년집단의 소속원임을 확고히 하려는 무의식적 노력이자 자신들의 존재위치에 대한 의도적 선언이기도 하다. 이 점에서 청소년의 놀이활동은 자신들의 독자성의 선언인 동시에 기성세대에 대한 저항성의 전략까지 함축하게 된다.

4) 청소년 놀이문화의 저해요인

① 학력 위주의 인력선발 풍토, 전인적 여가관의 부재

청소년활동을 근본적으로 위축시키는 문화적 · 제도적 토양을 말한다.

② 상업적 대중매체

대중매체는 독자적이고 창조적 문화를 형성하려는 데 목적이 있는 것이 아니라 상업주의적인 이윤추구를 일차적인 목적으로 해서 만들어진 이른바 '상품문화'로 부정적인 요소를 많이 내포하고 있다. 상업적인 대중매체로 인한 인간소외와 획일화 경향은 청소년의 건전한 성장이나 육성에도 지대한 영향을 미친다. 사회 전체적인 획일화 경향과 인간의 수동화 현상 속에서 청소년들이 성장하게 되므로 이런 경향이 더욱 심화되고 창의성과 적극성이 부족한 청소년들이 양산될 수도 있다.

③ 여가시간과 놀이공간의 부족

사방 그 어디를 둘러보아도 청소년들을 위한 공간은 전무한 상태이다. 이것은 청소년들이 밖에서 자연스럽게 행동할 수 있는 공간이 없다는 것을 의미하기도 한다. 청소년들이 찾을 수 있는 곳은 기성세대와 공유하는 공간이다. 또는 관중의 입장에서 수동적으로 참여하는 각종 경기장 등 몇 곳뿐이다. 이때 가장 문제가 되는 것은 청소년과 기성세대 간의 혼합된 놀이문화의 문제이다. 기성세대의 문화와 청소년문화가 꼭 거리를 유지해야 한다는 것은 아니지만 이를 통해서 청소년들에게 해로운 문화가 여과장치 없이 흘러 들어감으로 인해서 그들이 무비판적으로 수용하게 되는 데 문제가 있다.

5) 청소년 놀이문화의 다양화

① 청소년의 놀이에 대한 성인들의 의식변화

일반적으로 대부분의 성인들은 '청소년의 놀이'를 하지 말아야 할 것으로 규정하고 있는데, 이러한 의식을 버려야 한다. 청소년의 놀이는 청소년의 발달을 위해 중요한 행위이며 이러한 놀이를 제대로 수행하는 것이 청소년들의 건전한 신체적 · 정서적 · 사회적 발달에 꼭 필요하다는 것을 인식하고, 청소년들의 놀이를 당연한 것으로 받아들이는 것에서부터 건전한 청소년 놀이문화 형성이 시작될 것이다.

② 건전한 가족 놀이문화를 통한 사회 전체 놀이의 변화

우리 사회 성인들의 여가관은 휴식, 기분전환, 자기계발 중에서 여가를 휴식이라고 생각할 정도로 여가의 의미를 매우 수동적이고 소극적으로 받아들이고 있으며, 놀이가 마땅히 시간을 들이고 돈을 들여야 하는 것으로 생각하는 경향이 있다. 그러므로 전체 가족이 누구나 즐길 수 있는 가족의 놀이문화 형성과 함께 전체 사회의 놀이가 적절한 시간 여유 속에서 최소한의 비용으로 즐길 수 있는 것으로 변화되어야 한다.

③ 청소년에게 적합한 우리의 놀이를 다양하게 제공하여 청소년들의 놀이접촉 경험 확대

청소년들의 놀이는 이제 거의 서양화되어 있으며 우리의 전래놀이는 거의 없다. 우리의 놀이는 자연과 공감하는 놀이(예 : 연날리기 등)이거나 공동체적인 놀이(예 : 강강술래 등)인 경우가 대부분으로 자연과 인간이 서로 조화를 이루는 놀이를 중심으로 이루어졌다. 그러나 최근의 놀이는 이러한 우리의 놀이 전형을 유지하지 못하고 인위적인 놀이나 개인적이거나 소집단적인 놀이로 변질되고 있다. 그러므로 우리의 전통놀이의 원형을 찾고 그것을 오늘날의 청소년에게 적합하도록 변형시켜가는 일이 필요하다.

④ 학교, 주택가 등 지역적 특성에 맞는 바람직한 청소년 놀이문화공간과 시설이 필요

골목길과 공터를 아스팔트 도로와 차들에게 내준 이후로 청소년들은 마땅히 놀 공간이 없으며, 이렇게 마땅히 놀 공간이 없다는 것이 그들의 놀이가 일탈적인 밀폐형 놀이로 변형되고 있는 한 이유가 될 것이다. 그러므로 정확한 청소년의 요구조사에 기초하여 그들의 흥미와 기호를 고려한 청소년시설의 설치 및 운영이 확대되어야 할 것이다.

⑤ 청소년이 스스로 자신들의 생활문화를 표출할 수 있는 공동체적인 놀이공간을 제공

요즘 청소년들은 대중매체의 영향으로 패션이나 음악 등의 면에서 자신을 표현하는 것에 별로 두려움이 없고 그런 활동을 선호하는 경향을 보인다. 그러므로 청소년들의 이러한 성향을 양성화시키기 위해서 학교나 지역사회에서 청소년의 생활문화와 관련하여 자신을 드러낼 수 있는 청소년 노래자랑 마당이나 청소년 패션쇼 등을 실시해 볼 수 있다.

⑥ 청소년 수련활동의 다양한 프로그램의 자료와 소개 부족

수련활동의 프로그램과 효과를 정확히 알지 못하고 있기에 대중매체나 컴퓨터를 통한 동호회의 모임을 적극 장려한다.

⑦ 저소득 청소년들의 문화향수 기회를 넓힐 수 있는 지역별 문화공간의 균형적인 배분

⑧ 학생들 스스로가 놀이문화에 대한 주체의식을 함양

청소년 놀이문화의 주체인 학생들이 스스로 자신들의 건전하고 바람직한 문화를 형성할 때 그들이 바라는 거리로 변할 수 있을 것이다.

⑨ 전문적인 청소년 지도자들을 확보하기 위하여 지도자 양성과정을 운영

3 또래집단

1) 또래집단의 개념

놀이를 중심으로 비슷한 나이의 어린이들이 형성한 집단이다. 같은 지역이나 공동체 속에서 생활하는 비슷한 나이의 어린이들이 친밀한 관계를 형성하며 맺어진 동아리를 말한다. 집단의 형태는 각각 다르지만, 공통되는 점은 집단의 형성이 자발적이라는 데 있다. 특정한 또래집단에 같이 속해 있는 사람들은 일반적으로 평생을 통해 밀접하고 친밀한 연대관계를 유지한다. 청소년의 또래집단은 크게 "군집(Crowd)"과 배타적인 "끼리 집단(Clique)"으로 나누어 볼 수 있다. 끼리 집단은 배경과 관심사가 비슷한 소수의 집단으로 친밀성과 응집성이 높다. 반면, 군집은 끼리 집단의 3배 정도 크기로서 응집성은 높지 않으나 활동에 대한 공통적 관심사 때문에 구성되며, 여기서 청소년들은 자신과 가치관이나 배경이 다른 사람을 이해하고 상호 작용하는 방법을 배우며 이성 친구를 사귀는 기회를 얻는다.

2) 청소년 또래관계의 특성

(1) 청소년기에는 인간관계가 확대

청소년들은 가족과 함께 있기보다는 친구들과 보다 많은 시간을 보낸다. 이렇듯 교제하는 친구들이 많아지고 다양한 친구들을 만나기 때문에 아동기에서 청소년기로의 전환을 '사회적 세계의 확장'이라고 부르기도 한다. 청소년들은 확장된 사회적 세계에서 많은 갈등과 혼란을 겪게 되나 그러한 관계에서 만족감을 경험하기도 하며, 이러한 관계를 유지시키고 발전시키는 능력을 발전시키기도 한다.

(2) 청소년들은 자발성을 기초로 교우관계를 형성

청소년의 또래관계는 다른 대인관계에 비해 상호의존성이 높으며, 이 상호의존도 자발성에 기초하고 있다. 교우관계는 가족이나 직장에서의 대인관계와 달리 그 속성상 특별한 사회적 압력 없이 자발적으로 선택되기 때문에 자기가 원하는 또래들과 선택적인 또래관계를 유지하려는 경향이 있다.

(3) 청소년들의 또래관계의 주목적은 수단적이기보다 사회적-정서적

친구관계는 어떤 배후의 동기를 충족시키기 위해서라기보다는 그들의 상호작용 자체에서 만족을 얻는다. 친구들끼리 서로 도움을 주기도 하지만, 그들은 도움을 주기 때문에 친구가 되는 것이 아니라 또래관계 그 자체에서 즐거움을 경험한다.

(4) 청소년들은 또래관계를 통해 자신의 가치를 확인

청소년들은 우의, 가치 확인, 친밀감 등의 욕구를 충족시키기 위해 친구들에게 의존한다. 또래 친구들은 자기 자신을 측정하고 점검하는 하나의 커다란 투사 스크린의 역할을 하며, 자기 존재 가치를 확인할 수 있는 귀중한 준거가 된다.

(5) 또래집단에 대한 강한 동조 경향

같은 집단에 속하는 청소년들은 서로의 가치관이나 태도, 취미나 흥미 등이 같을 것이라고 기대하며, 또한 또래들과 어울리면서 그렇게 되려고 한다.

(6) 청소년들은 자신들의 또래관계를 부모로부터 인정

대부분의 청소년들은 여전히 부모들과 긍정적인 관계를 유지하고 있으며, 부모들이 자신들의 친구들을 인정해줄 것을 기대한다. 자기 친구들을 부모가 인정해주면, 부모-자녀의 관계가 더욱 돈독해지며, 자기를 더 긍정적으로 생각한다. 반면, 부모로 부터 자신의 또래들이 수용되지 못하면 청소년들은 자신이 거부당한 것으로 알고 강한 부정적 정서반응을 보인다.

(7) 청소년들의 친밀하고 안정적인 또래관계 발달은 부모와의 관계 질이 중요

개방적이고 상호존중하며 친밀한 가정에서 자란 청소년들은 그들의 또래 친구와도 친밀한 관계를 가질 준비가 되어 있다. 그러나 그렇지 못한 가정에서 자란 청소년들은 또래 친구들부터 거부되고 반사회적 또래집단에 속하기 쉽다.

3) 또래관계의 중요성

청소년기의 중요한 심리, 사회적 발달과업은 자율성과 친밀감의 획득이다. 이 과업은 분화와 개별화 과정을 성공적으로 거쳐야 가능한데, 분화를 위해서는 부모와의 의존관계에서 또래와의 의존관계로 변화되어야 하며, 개별화를 위해서는 보다 상보적으로 동등한 관계로의 전환이 이루어져야 한다. 이런 점에서 청소년기의 친구관계는 매우 중요한 의미를 지닌다.

스위스의 심리학자 Piaget의 이론은 또래집단의 중요성을 정확하게 강조하고 있다. Piaget에 의하면, 또래집단에서의 구성원 상호 간의 관계는 아이들과 그 부모 사이의 관계보다 민주적이다. '또래'라는 말은 '평등'이라는 것을 의미하며, 어린이들 사이에 수립된 친구관계에는 나름대로의 평등주의적 경향이 있다. 물론 힘이 세거나 육체적으로 강한 어린이가 어느 정도 다른 어린이들을 지배하는 경우는 있을 수 있다. 그러나 또래 관계는 상호 합의의 기반 위에서 성립하는 것이므로 그들 사이에서는 서로 주고받는 것이 많다. Piaget는 부모들은 그들의 지배력 때문에 자녀들에게 여러 가지 행위 규칙들을 일방적으로 강요한다는 점을 지적하였다.

이와는 대조적으로 또래집단에서는 어린이들이 서로 다른 상호작용의 맥락 위에 놓이게 되며, 거기에서는 행위 규칙에 대하여 검토를 하고 그 수용 여부를 결정하게 된다고 한다. 또래관계는 종종 한 개인의 전 생애를 통틀어 가장 중요한 관계로 남아 있기도 한다. 특히, 이동이 별로 없는 지역에서는 개인들이 그들 삶의 대부분 또는 평생 동안 동일한 비공식집단의 구성원들로 남아 있거나 동일한 친구 집단을 유지한다. 그렇지 않은 곳에서도 또래관계는 어린 시절과 사춘기를 지나서도 그 사람의 생활태도와 행동양식 등에 중요한 영향을 끼친다.

4) 또래집단의 긍정적 영향

또래집단의 긍정적인 영향을 살펴보면 다음과 같다.

첫째, 친구는 함께 시간을 보내고, 활동도 할 수 있는 친근한 대상이 된다.

둘째, 친구를 통해 흥미로운 정보, 신나는 느낌, 즐거움 등 자극을 받게 된다.

셋째, 시간, 자원과 도움 등 물리적 지원을 받게 된다.

넷째, 친구들이 지지와 격려를 해줌으로써 자기 자신이 유능하고 매력적이며 가치 있는 존재라는 느낌을 갖게 된다.

다섯째, 친구를 통해 자기 자신이 어느 수준에 와 있는지, 제대로 하고 있는 것인지에 관한 사회적 비교준거를 얻게 된다.

여섯째, 청소년은 또래집단 속 친구관계를 통해 따뜻하고 신뢰적인 관계를 이루면서 그 속에서 자신에 대해 개방할 수 있는 친밀감 및 정서적 유대감을 얻게 된다.

5) 부적절한 또래관계의 유형과 원인

(1) 지배적이며 조종하는 유형

힘센 아이들 중 자신보다 약한 아이들을 조정하여 자신의 욕구를 충족하려는 유형의 청소년이다. 이들은 리더의 기질을 보이나 또래들을 배려하고 돌보는 진정한 리더십은 없다. 이들 중 공부를 잘하거나 모범생으로 평가받는 경우도 있다. 교사나 부모들은 이들이 자신의 또래들을 괴롭히는 주범이라는 사실을 알아차리기가 매우 어렵다.

(2) 공격적이고 가학적 유형

이들은 또래들과 일상적인 관계를 회피한다. 그러나 자신의 기분이 나쁠 때 또래에게 폭력을 휘두르거나 괴롭힌다. 무법자이지만 평소에는 또래들을 괴롭히는 일이 드물다. 어떤 경우에는 또래들을 어린아이 취급하기도 한다. 하지만 그의 심기를 불편하게 하면 또래들은 피해를 당하게 된다.

(3) 기생적 유형

속칭 똘마니 유형이다. 독립적인 힘도 없으면서 힘센 아이 밑에서 그들의 힘을 믿고 또래들을 괴롭히는 아이들이다. 또래들 사이에서 갈등을 많이 만들고, 학교폭력을 주도하기도 한다. 자존감이 낮으며 강자에게는 약하고, 약자에게는 강자로 군림하는 비굴한 또래관계를 보인다.

(4) 고립적 의존 유형

또래들에게 정서적으로 의존하는 아이들이다. 대체로 이들은 친구가 1~2명뿐이며 다른 또래들과 친밀한 관계를 맺지 못한다. 이들 중 1~2명의 또래에게 과도하게 의존하며, 그 관계가 위협받으면 심각한 부적응현상을 보인다.

(5) 경쟁적 질투 유형

누군가와 끊임없이 비교하며 그와의 경쟁에서 승리하려고 한다. 대인관계는 피상적이며 내적 갈등과 불안이 많다. 경쟁에서 지는 것을 못 참아 하며 미워하는 또래들이 많고, 사소한 일에 적대감을 표출하기도 한다. 끊임없이 관심의 대상이 되고 싶어 하기 때문에 또래들로부터 배척을 당하기 쉽다.

(6) 좌절에 따른 회피 유형

또래관계를 두려워하며 피해의식을 가지고 있다. 이들은 또래관계를 원하나 오랜 대인관계에서의 좌절로 인해 또래관계를 회피한다. 상습적인 폭력 피해자의 경우가 많다. 심한 경우 정신질환을 겪는 경우도 있다.

(7) 나홀로 유형

이들은 또래관계를 맺으려 하지 않고 혼자만의 생활을 유지하려 한다. 이들은 늘 외롭고 우울하다. 흔히 또래들로부터 관계에서 분위기 파악이 느려 '형광등'이란 별칭이 붙는다. 또래들은 그를 답답하거나 재미없는 아이로 취급한다.

부정적 또래관계의 원인

개인적 요인에 초점을 두고 살펴보면 다음과 같은 원인이 있다.

첫째, 낮은 자존감과 성공 정체감이 부족하다. 자기에 대한 왜곡된 평가나 사회나 자신에 대한 근본적인 불신으로 인해 대인관계가 어렵게 된다.
둘째, 공감능력, 자기개방능력의 부족 등 세련된 사회적 기술이 부족하다. 이들은 자기개방에 대해 두려워하고, 자기개방의 속도를 적절히 조절하지 못하며, 또래에 대한 비현실적 기대를 가지거나, 대인관계에서의 감정관리능력이 부족하다.
셋째, 지나친 이기적 경쟁심이 대인관계를 어렵게 만든다.
넷째, 자신에 대한 부정적 신체이미지가 특히 청소년의 또래관계를 어렵게 한다. 자신이 자기를 보는 것처럼 남들도 볼 것이라는 청소년기의 독특한 사고 특성으로 인해 더욱 대인관계에서의 불안이 가중된다.
다섯째, 왜곡된 사회학습이 청소년들의 또래관계를 어렵게 한다. 매스컴에서 볼 수 있는 과장되어 그려진 비행집단의 행동은 청소년들의 또래관계를 왜곡시키기도 한다.

4 교실 내 학생 간 상호작용

1) 교우관계의 불만

이종복 교수는 가해자를 대상으로 조사한 왜 폭력을 행사하는가의 질문에서는 교우에 대한 불만이라는 응답이 제일 높다고 하였다. 친구들의 성적, 경제력, 문화적인 차이를 이해하지 못하거나 또는 이것에 대한 상대적 박탈감을 느낄 때 불만을 갖게 된다. 이 불만이 학교폭력 발생의 한 가지 원인이 되고 있다.

2) 개인과 집단의 대립에서 오는 소외감

학생들은 학교 안에서 다양한 생활을 하는 가운데 발생되는 대립문제를 해결하지 못하므로 소외감이 생기고 이 소외감에 의해서 폭력이 발생되기도 한다. 이를테면 친구에 대하여 차별의식을 갖거나 편견을 갖기도 하고 멋대로 행동하는 학생은 그렇지 않은 사람과 대립하게 되며 이 과정에서 소외감이 생기기 마련이다. 특히, 한 개의 학교에 평균 1~2개의 폭력집단이 있는데, 이들과 대다수 학생과의 대립에서 소외감을 느끼게 된다.

3) 학생인성 및 사회성 함양을 위한 교육적 실천 미흡

청소년 핵심역량 국제비교 결과에 따르면 언어적 · 수학적 소양은 1~2위를 차지하는 반면, 타인관계와 협력능력은 22위라는 결과에서 보여지듯 높은 학업성취 수준에 비해 타인과 원만한 관계를 맺고 협력하는 사회적 상호작용능력이 부족하다. 또한 학업 스트레스를 해소할 수 있는 감성교육, 신체활동 참여의 기회가 부족한 상황이다.

Chapter 6

사이버폭력

1 사이버폭력의 개념 및 특성

1) 사이버의 의미

사이버(Cyber)의 개념을 이해하기 위해 해당 용어가 함축하고 있는 의미를 한번 살펴볼 필요가 있다. 사이버라는 용어는 본래 인공두뇌를 의미하는 사이버네틱스(Cybernetics)라는 말에서 유래되었다. 이 사이버네틱스의 어원은 그리스어인 'kubernetes'에서 왔는데, 이는 '키잡이'를 의미한다. 즉, 배의 키를 잡고 항해를 하며 먼 바다로 나아가는 개척의 의미를 담고 있다고 하겠다. 이것이 이후 라틴어에서는 'gubernetes'라는 조종과 통제를 의미하는 단어로 옮겨가게 된다. 그러므로 기본적으로 사이버라는 개념에는 그리스 어원에 따른 '개척'이라는 적극적인 측면과 라틴어 어원에서 유래하는 '조종과 통제'라는 수동적인 측면이 모두 담겨져 있다(이원상, 2008).

사이버공간과 관련해서는 유사한 개념들이 함께 사용되고 있다. 따라서 '사이버'란 개념과 함께 '온라인(online)'이나 '인터넷(internet)', '버추얼(virtual)' 등과 같은 개념이 함께 사용되기도 한다. 그러나 '사이버'라는 개념은 그런 개념들보다는 더 넓은 범위를 가지고 있으며, 독자적인 개념이다. 그러므로 사이버공간은 "가상공간, 유 · 무선 인터넷 공간, 인트라넷 공간뿐 아니라 앞으로 새롭게 만들어질 공간"까지도 포함하는 개념이라고 할 수 있다.

2) 사이버폭력의 개념

(1) 사이버폭력의 개념

사이버폭력은 사이버공간에서 일어나는 다양한 공격현상과 권리 침해현상을 일컫는 말로 사이버폭력, 사이버비행, 인터넷 일탈행동, 사이버 권리 침해, 사이버불링 등 다양한 용어로 사용되고 있다(두경희, 2013). 「학교폭력 예방 및 대책에 관한 법률」 제2조에 의하면 '사이버 따돌림'이란 "인터넷, 휴대전화 등 정보통신기기를 이용하여 학생들이 특정 학생들을 대상으로 지속적, 반복적으로 심리적 공격을 가하거나 특정 학생과 관련된 개인정보 또는 허위사실을 유포하여 상대방이 고통을 느끼도록 하는 일체의 행위를 말한다"고 규정하고 있으며, 학교폭력의 정의에서도 정보통신망을 이용한 음란 · 폭력 정보 등에 의하여 피해를 수반하는 행위도 학교폭력으로 규정하고 있어 사이버폭력의 개념이 매우 광범위함을 알 수 있다. 또한 방송통신심의위원회(2013)는 '사이버권리침해'라는 용어를 "정보통신망을 통해 부호 · 문언 · 음향 · 화상 또는 영상을 이용하여 타인의 사생활 침해 또는 명예훼손 등 권리를 침해하는 행위"라고 정의하고 있다.

사이버폭력에 대한 개념적 정의는 다소 다르기는 하지만, 디지털 기기나 정보기기를 활용한 타인에 대한 괴롭힘 행위라는 점에서는 어느 정도 일치를 보고 있는 듯하며, 국내의 연구에서는 사이버폭력, 사이버따돌림, 사이버불링, 사이버 비행, 인터넷 일탈행동, 사이버 왕따 등의 다양한 용어를 사용하고 있다. 초기에는 인터넷 일탈행동이나 사이버 비행 등 청소년에게 초점을 맞춘 용어가 사용되었으나 최근 들어 용어 사용에 있어서 다양한 사회적 현상을 반영하는 등 그 양상이 변화되고 있다(박옥식, 2015). 외국의 경우 Cyber Bulling, internet harassment, online harrassment 등의 용어가 쓰이고 있는데(두경희 외, 2012), 사용되는 사이버폭력의 용어 정의에는 대부분 컴퓨터, 휴대폰 등의 정보통신기기를 이용하며, 개인과 집단이 다른 사람을 대상으로 하는 고의적이고 반복적인 가해행위라는 공통점을 내포하고 있다.

사이버불링이 학계에서 더 보편적으로 사용되는 용어이긴 하지만 연구대상자인 청소년들의 이해를 돕기 위해 '불링'이라는 외래어보다는 '사이버폭력'이라는 용어를 선택하게 되었다고 서론에서 밝히고 있다(신나민 외, 2013). 정부 주무부처

(교육부, 여성가족부) 공식자료에서 지칭하고 있고, 학계에서의 취지를 감안하여 가장 일반적인 개념인 사이버폭력으로 명명하기로 한다.

방송통신위원회 · 한국인터넷진흥원(2013)은 인터넷, 휴대폰 문자 서비스 등을 통해 욕설, 거친 언어, 인신 공격적 발언 등을 하는 행위인 '사이버 언어폭력', 사실 여부에 상관없이 다른 사람이나 기관이 명예를 훼손하는 글을 인터넷, SNS 등에 올려 아무나(불특정 다수) 볼 수 있게 하는 행위인 '사이버 명예훼손', 특정인이 원치 않음에도 반복적으로 공포감, 불안감을 유발하는 이메일이나 쪽지를 보내거나, 블로그/미니홈피, SNS 등에 방문하여 댓글 등의 흔적을 남기는 행위인 '사이버 스토킹', 특정인을 대상으로 성적인 묘사 혹은 성적 비하 발언, 성차별적 욕설 등 성적 불쾌감을 느낄 수 있는 내용을 인터넷이나 휴대폰을 통해 게시하거나 음란한 동영상, 사진을 퍼뜨리는 행위인 '사이버 성폭력', 개인의 프라이버시에 해당하는 내용을 언급 또는 게재하거나 신상 정보(이름, 거주지, 재학 중인 학교 등)를 유포시키는 행위인 '사이버 신상정보 유출', 인터넷상의 소셜 미디어 사이트 핸드폰 텍스트 메시지, 채팅 사이트 등의 전자통신수단을 이용한 왕따를 지칭하는 신종 따돌림인 '사이버 왕따(사이버불링)'를 총칭하는 개념으로 사이버폭력을 정의하고 있다.

스마트폰의 확산으로 다양한 앱 이용이 가능해지면서 채팅서비스나 소셜네트워크 서비스 등 멤버십에 기반을 둔 연결망에서 사이버폭력 사례가 빈번히 나타나고 있으며, 2012년 말 사이버폭력을 견디다 못한 일부 청소년들이 자살하는 사건이 발생하면서 사이버폭력에 대한 관심이 높아졌다. 사이버폭력은 오프라인 공간에서 일어나는 폭력과는 달리 사이버공간을 통해 발생한다는 면에서 물리적, 신체적 폭력과는 큰 차이가 있다. 즉, 면대면 상황이 아닌 온라인공간에서 발생하기 때문에 시 · 공간 제약을 받지 않고 언제 어디서든 일어날 수 있으며, 그 영향 또한 오프라인 폭력 못지않게 심각하며, 최근 들어서는 디지털 기기가 진화하면서 사이버폭력의 양상 또한 다양해지고 교묘해지는 추세다. 이처럼 사이버폭력은 오프라인 폭력과 구별되는 뚜렷한 특징을 가지고 있지만 학교폭력과도 밀접히 연관된 것으로 나타나고 있다(한국정보화진흥원, 2013).

사이버폭력은 매우 광범위하고 판단기준이 급변하고 있기 때문에 학자마다 정의를 내리고 그 하위영역을 구분하려는 시도가 매우 다양한데, 사이버폭력의 경우 디지털기기를 통해 이루어지기 때문에 그 유형은 단문문자를 통한 유형, 사진 혹은 동영상을 전송하는 유형, 보이스메일을 통한 유형, 이메일을 통한 유형, 채팅방을 통한 유형, IM(Instant Messaging) 서비스를 통한 유형, 블로그나 SNS를 통한 유형, 온라인 게임의 상호작용 공간을 통한 유형 등 8가지로 분류된다(임상수, 2011).

사이버폭력이 발생하는 매체 유형에 초점을 두면서 이메일, 소셜네트워크 서비스, 문자메시지, 스마트폰 채팅, 온라인 게임 등으로 그 유형을 구분하고, 사이버폭력의 피해 · 가해 유형으로는 놀림이나 무시, 욕설이나 협박, 허위사실이나 소문 유포, 신상정보나 사생활 노출, 몰래 촬영한 사진이나 동영상 및 합성사진 유포 등을 제시하였다(신나민 · 안화실, 2013).

경찰청 사이버테러대응센터(2013)에서는 해킹과 악성 프로그램을 이용한 사이버 테러형과 사기, 불법복제, 불법유해사이트, 명예훼손, 개인정보침해, 사이버 스토킹, 사이버 성폭력, 협박, 공갈을 포함한 일반범죄형으로 사이버폭력(범죄)을 구분하고 있다. 한국인터넷진흥원(2013)은 최근의 온라인 피해 상담사례를 검토하여 우리나라의 사이버폭력(사이버불링)을 사이버 스토킹, 사이버 비방, 이미지 불링, 아이디 도용, 사이버 갈취, 사이버 성폭력, 사이버 감옥, 사이버 따돌림, 플레이밍(Flaming), 사이버 명령, 안티 카페, 사이버 왕따 놀이 등 12가지 유형으로 분류하였다.

다시 말하면, 카카오톡을 중심으로 벌어지는 최근의 사이버폭력 유형을 오프라인에서의 왕따 행위를 모바일 공간으로 옮겨와서 자행하는 '카카오톡 왕따(카타, '카카오톡 왕따'를 뜻하는 10대들의 은어)', 스마트폰의 테더링 기능을 이용하여 피해학생의 스마트폰을 와이파이 공유기처럼 사용하는 것으로 무선데이터 갈취를 통해 금전적 피해를 주는 '와이파이 셔틀', 게임을 하기 위해서 필요한 아이템을 피해학생에게서 상납받는 행위인 '게임아이템 셔틀'로 제시하였고, '카카오톡 왕따'는 다시 채팅방에서 피해학생에게 단체로 욕을 퍼붓는 '떼카', 채팅방에 피해학생을 초대한 뒤 한꺼번에 나가버려 피해학생만 카톡방에 남게 하는 '카톡방폭', 피해학생을 채팅방으로 초대하여 괴롭히는 '카톡감옥' 등으로 구분하여 제시하였다.

(2) 유사 개념과의 구별

사이버폭력은 앞에서 개념정의한 것처럼 "컴퓨터 등 정보통신기기를 활용하여 사이버공간에서 타인에게 글, 이미지, 음성 등 적대적 표현 등으로 상대에게 정신적 · 물질적 피해를 입히는 행위"라고 할 수 있다.

사이버폭력의 개념에 대하여 안성진(2015)은 "사이버범죄의 일종으로 인터넷이나 인터넷과 관련된 기술상에서 고의적 혹은 반복적으로 다른 사람에게 피해를 입히는 행위"로, 법률적 용어라기보다는 인터넷이 일반화되면서 나타나기 시작한 역기능현상 중 사이버공간 내에서 발생하는 폭력을 표현하는 용어라고 보기도 한다.

사이버폭력이 "정보통신망을 통해 부호, 문헌, 음향, 화상 등을 이용하여 타인의 명예 또는 권익을 침해하는 행위"라고 파악하고 있다. 그리고 컴퓨터를 매개로 한 정보통신망을 통해 타인의 명예 혹은 권익을 침해하여 신체적 · 정신적 고통을 유발하는 행위라고 보고 있다.

현재 국내에서는 '사이버폭력(Cyber Violence)'과 관련하여 다양한 표현들을 사용하고 있다. '사이버폭력'과 '사이버불링(Cyberbullying)'을 거의 구별하고 있지 않고,

'사이버따돌림' 등 다양한 용어를 사용하고 있다.

① 사이버불링

국내에서 사이버폭력과 사이버불링을 거의 동일시 개념으로 사용하고 있다. 불링(우리 사전에는 '집단따돌림'이란 용어로 사용하기도 함)이란 "상습적으로 힘없는 개인에 대한 집단 공격(group attack)이 지속적으로 이루어지는 학대"이다. 가해학생과 피해학생 간의 힘의 불균형(예를 들어, 연령, 신체 크기나 힘 등)에서 발생하는 부정적 행동이다.

여기에서 부정적인 행동은 의도적으로 해를 가할 목적으로 공격하는 행동을 의미하는 것으로, 폭행이나 위협, 못살게 굴기, 놀리기, 소외시키기 등을 포함하는 포괄적 행동을 말한다. 사이버공간의 게시판, 대화방, 채팅, 이메일 등 커뮤니케이션이 가능한 프로그램을 이용하여 다수가 상대방에게 인신공격을 하거나 인격모독을 하는 행위를 통해서 엄청난 고통을 가하는 행위이다.

Olweus는 '불링'을 "힘의 불균형으로 이루어지는 공격적인 행동의 하나이고, 한 학생이 반복적이고 지속적으로 한 명 또는 그 이상의 학생들로부터 부정적인 행동을 당하는 것"이라고 정의한 바 있다.

그런데 사이버불링에서 불링이라는 개념이 다소 모호하여 아직 우리나라에서는 불링을 정확하게 표현하고 있는 용어는 없다고 할 수 있다. 관련 문헌들을 볼 때, 불링은 집단따돌림이나 집단괴롭힘, 왕따, 구박, 이지메, 폭력 등의 용어로 대체되어 사용되며, 주로 약자를 괴롭힌다는 의미로 사용되고 있다. 이에 반해 독일에서는 불링(bullying)과 모빙(mobbing)이라는 개념을 구분해서 사용하는데, 불링은 주로 학교에서 청소년들 사이의 괴롭힘을 언급할 때 사용되는 데 반해 모빙은 직장에서의 괴롭힘에 사용되고 있다.

미국에서는 '사이버불링'이라는 개념만이 존재한다. 사이버불링이란 용어는 2000년 미국 뉴햄프셔 대학의 연구에서 사이버불링이 등장하면서 비롯되었고,

2006년 미국 미주리에서 13세 소녀 메간 마이어(Megan Meier)가 인터넷 메신저를 통한 시달림을 견디다 못해 자살한 사건을 계기로, 캘리포니아의 민주당 하원의원인 산체스(Linda Sanchez)가 주도한 '메간 마이어법안' 혹은 '사이버불링방지법안'이 2008년과 2009년 두 차례에 걸쳐 연방법으로서 입법 시도되었다가 실패하면서 사회적 이슈가 된 용어이다.

사이버불링이란 개념은 미국사회에서는 일반적으로 사이버불링을 "E-mail이나 채팅룸, 소셜네트워킹 웹사이트를 이용하여 친구들을 괴롭히는 행위"로 보고 있다. Willard(2007)에 따르면 "피해자의 거부의사에도 불구하고 협박메시지를 이메일이나 문자로 보내거나 다양한 디지털 매체를 활용해 누군가를 정신적 · 심리적으로 괴롭히는 행위"라고 하기도 한다.

사이버불링이란 개념을 그대로 사용하면서 "청소년이 컴퓨터나 휴대전화 등의 정보화기기를 매개로 온라인상에서의 커뮤니케이션 활동 중 남에게 해를 끼치기 위한 의도적인 목적으로 욕설, 모욕적인 글이나 이미지를 통해 허위정보나 소문 퍼뜨리기 등 일회적 행위뿐 아니라 지속적인 행위를 포함하는 개념"을 말한다.

② 사이버따돌림

사이버따돌림은 학교폭력 예방법이 2012년 3월 개정되면서 그 개념이 추가되었다. 학교폭력 예방법 제2조에서 따돌림은 "학교 내외에서 2명 이상의 학생들이 특정인이나 특정집단의 학생들을 대상으로 지속적이거나 반복적으로 신체적 또는 심리적 공격을 가하여 상대방이 고통을 느끼도록 하는 일체의 행위"를 말하며, 사이버따돌림이란 "인터넷, 휴대전화 등 정보통신기기를 이용하여 학생들이 특정 학생들을 대상으로 지속적, 반복적으로 심리적 공격을 가하거나, 특정 학생과 관련된 개인정보 또는 허위 사실을 유포하여 상대방이 고통을 느끼도록 하는 일체의 행위"를 말한다(학교폭력예 방법 제2조 1의3호).

사이버따돌림은 학교폭력의 범위로 한정되어 있고, 학생들 사이의 폭력을 전제로 하는 반면에, 사이버폭력은 학교 내외의 폭력이자 학생과 성인 간의 폭력도 포함하고 있기 때문에 사이버따돌림은 사이버폭력보다 협의의 개념이라 할 수 있다. 그리고 학교폭력 예방법상 학교폭력의 범주에 사이버폭력이 포함되어 있지만 사이버따돌림으로만 규정되어 있어 사이버감금, 사이버성폭력, 사이버언어폭력 등 다양한 형태로 나타나는 학생들의 사이버폭력에 대하여는 적절한 대응을 하지 못하고 있다.

3) 사이버폭력의 특징

(1) 일반적 특징

사이버폭력은 가상공간의 폭력행위와는 달리 사이버라는 가상공간에서 이루어지기 때문에 다양한 특성을 가진다. 일반적인 폭력행위를 기반으로 하여 가상공간에서의 폭력행위 및 특성에 관한 연구들이 있었다. 사이버폭력은 상대방과 비대면으로 이루어지므로 언어나 문자, 사진 등을 이용하여 은밀하게 발생되며, 사실과 다르거나 과장된 형태로 폭력을 가하는 경향이 높은 것으로 나타났다(Stamoulis & Fareley, 2008 ; Varjas & Henrich, 2009). 사이버폭력에 대한 특성을 정리하면 다음과 같다(정한호, 2012 ; 한종욱, 2001 ; 박옥식, 2015에서 재인용).

첫째, 사이버폭력은 익명성으로 가해자를 쉽게 구분하기가 어렵다는 특성을 가진다. 사이버공간에서 이루어지는 행위를 다수가 공유하기는 쉽지만(Beard, 2000) 이러한 것들을 통제하고 제한하기는 쉽지 않다(Jones, 2007). 최근 이메일이나 스마트폰의 카카오톡, 카카오스토리, 메신저 등을 통한 사이버폭력이 급속하게 증가하고 있지만 실명을 쓰지 않고 별명 또는 가명을 사용할 경우 가해자가 누구인지 파악할 수 없으며, '퍼나르기'와 같은 행위가 지속적으로 발생하면서 무수히 많은 공범자들이 개입하기 때문에 특정한 가해자를 선별하여 신고하는 것이 매우 어렵다(남재성 · 장정현, 2011 ; 정완, 2005).

둘째, 사이버폭력은 그 범위가 광역적으로 넓게 분포되어 있고 횟수도 반복적으로 이루어지는 특성을 가진다. 사이버폭력의 결과로 나타나는 내용들은 급속하게 불특정 다수에게 전파되기 때문에 피해자들이 당하게 되는 폭력의 범위와 정도를 파악하는 것이 현실적으로 불가능하다(정완, 2005). 특히, 무제한적으로 이루어지는 복사와 공유로 인하여 피해자가 당하는 폭력의 횟수나 피해 정도를 확인하기는 더욱 어렵다. 이와 같이 개인이 사이버공간과 같은 가상공간에서 폭력을 당하게 된다면 그 피해의 정도는 예측하기 어려울 정도로 매우 광범위하게 이루어진다고 할 수 있다(Kowalski, Limber & Agatston, 2008).

셋째, 사이버폭력은 아무런 통제 없이 무분별하게 행사되기 때문에 죄의식 없이 행해진다는 특성을 가진다. 사이버폭력은 가해자들의 물리적 상황 또는 시 · 공간적인 제약을 받지 않고 폭력행위가 발생될 수 있다. 뿐만 아니라 피해자로부터의 즉각적이거나 물리적인 대응이 거의 없으며, 발각될 가능성도 일반적인 폭력행위에 비해서 상대적으로 낮기 때문에 무분별하게 발생될 수 있다(이성식, 2008). 이와 같이 사이버폭력의 무통제성과 무분별성은 청소년들로 하여금 아무런 죄의식이나 자책감 없이 폭력적인 행위를 행사할 수 있도록 조장하는 결과를 초래하게 될 수 있다.

넷째, 사이버폭력은 기존의 폭력에 비해서 물리적 · 심리적 피해의 강도가 매우 강력하여 그 충격과 고통의 정도가 크다는 특성이 있다. 사이버명예훼손과 같은 폭력의 경우 짧은 시간 내에 가해자의 수가 폭발적으로 증가하게 되므로 수많은 불특정 다수로부터 공격을 받을 수 있기 때문에 피해자는 심각한 물리적 · 심리적 손상을 입게 되어 극단적인 선택을 하는 행동으로 나타날 수 있다(정여주 · 김동일, 2012). 최근 스마트폰을 통해 따돌림을 당한 청소년들이 큰 충격과 고통을 겪으며 극단적 선택을 하게 되는 사례들이 빈번하게 발생하는 등 사이버폭력의 피해 강도는 직접적으로 나타나는 기존의 폭력행위보다 더욱 심각하다고 볼 수 있다(정완, 2005).

다섯째, 사이버폭력은 얼굴을 맞대지 않고 비대면으로 이루어지기 때문에 피해자에게 더욱 큰 상처와 고통을 줄 수 있다는 특성이 있다. 사이버폭력은 기존의 폭력과 같이 피해자와 가해자가 대면하지 않는 상황에서 이루어지기 때문에 무분별한 욕설과 폭언 등 언어적 표현이 과장되거나 거칠게 왜곡될 수 있으므로 피해자에게 더욱 심각한 문제가 야기될 수 있다(박옥식, 2015).

여섯째, 사이버폭력은 저연령화되는 특성을 가진다. 최근 인터넷과 같은 사이버공간을 이용하는 세대는 점점 저연령화되고 있으며, 많은 시간을 인터넷 사용으로 소비하는 10대들에게서 사이버폭력이 빈번하게 나타나고 있다. 이러한 현상은 청소년들 사이에서 스마트폰이 빠르게 보급되면서 나타나는 역기능으로서 저연령화는 더욱 가속화되고 확대될 가능성이 있으며, 그 피해 또한 심각해질 것으로 예상된다(박옥식, 2015).

마지막으로, 사이버폭력은 중독적 특성이 강하다. 초고속 통신망이 급속도로 발전하고 스마트폰의 보급이 빠르게 진행되고 있다. 이에 따라 청소년들이 사이버공간에서 많은 시간을 보내게 되면서 인터넷 중독, 게임 중독, 스마트폰 중독 등 각종 중독에 대한 우려가 커지고 있다. 다양한 폭력적 채팅, 음란물 검색, 사이버스토킹이나 해킹에 이르기까지 일탈적 행위가 반복되면서 점차 중독적인 성향이 강해짐에 따라 중지하려고 하지만 지속적으로 탐닉하게 되는 결과로 나타나고 있어 심각한 사회문제로 부각되고 있다(박옥식, 2015).

(2) 청소년기별 사이버폭력의 특징

청소년의 경우 사이버공간의 특징이 어른과 다르게 어떻게 작용할 수 있을지가 의문이다. 사이버공간의 특징을 비대면성, 익명성, 무경계성, 집단성, 기술지배성, 빠른 전파성, 영구성, 비물질성을 중심으로 각 단계별 특징을 살펴보면 다음과 같다고 생각된다.

청소년 1기(11세 미만의 초등학교 저학년)의 경우를 보면 사이버공간의 특성이 큰 영향을 미치지 않을 것으로 예상된다. 1기에 속하는 연령대에서는 사이버공간에 대한 개념과 현실공간의 개념이 크게 구분되지 않고, 사이버공간은 단순히 현실공간의 의사소통의 연장으로 생각하고 있기 때문에 사이버공간에서의 행위가 현실공간에서의 행위와 큰 구분이 없게 된다. 그러므로 청소년 1기의 경우에는 사이버공간의 특성이 모두에 걸쳐 가장 낮게 나타나게 될 것이다.

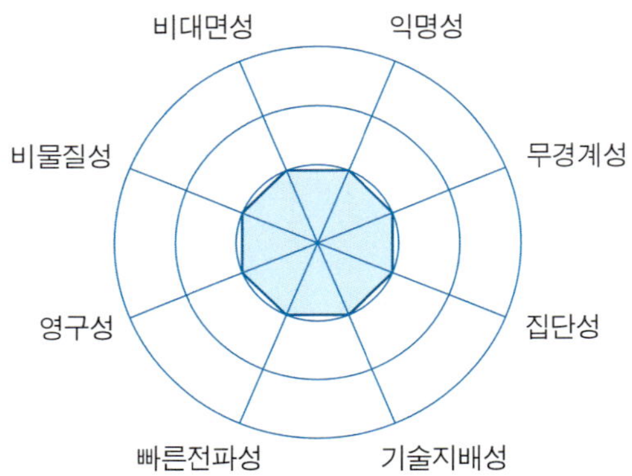

그림 6-1 청소년 1기의 사이버폭력 특징

청소년 2기(14세 미만까지의 초등학교 고학년)의 경우에는 사이버공간의 특성이 조금씩 영향을 미치기 시작할 것으로 보인다. 이 시기부터 학원 등 사교육이 증가하기 시작하므로 사이버공간의 비대면성과 무경계성의 비중이 점차 높아질 것이다. 또한 청소년 1기의 경우보다 또래집단을 형성하는 비중이 높아지며, 또래집단끼리 사이버공간에서 정보 등을 공유하는 정도도 높아질 것이기 때문에 집단성도 보다 높아지게 될 것이다. 친구들끼리 신속하게 의사전달을 하는 비중이 높아지며, SNS를 사용하는 비중도 많아지게 되어 빠른 전파성의 영향도 다소 높아질 것이다. 하지만 익명성에 대한 인식은 여전히 다소 낮게 나타나게 될 것이며, 영구성과 기술지배성, 비물질성 등도 큰 영향을 미치지 못할 것이다.

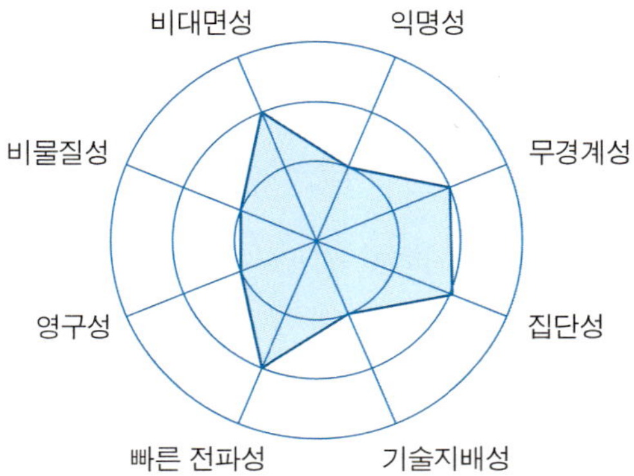

그림 6-2 청소년 2기의 사이버폭력 특징

청소년 3기(17세까지의 중등학교)가 되면서부터 영구성을 제외한 모든 특징들의 영향력이 급격히 높아질 것으로 보인다. 이는 청소년 3기의 경우에는 가장 반항이 심한 시기이기도 하며, 사이버공간의 의존도가 급격히 높아지는 시기이기 때문이다.

일상생활이 주로 학원 등 위주로 이루어지기 때문에 비대면성과 무경계성, 빠른 전파성이 여전히 높을 것이며, 사이버공간에서의 익명적인 활동과 비물질성에도 익숙해지기 때문에 높게 나타날 것이다. 또한 기술지배성이 높아지게 될 것인데, 이는 중학생부터 스마트폰이나 컴퓨터의 여러 가지 툴을 사용하는 것에 익숙해지기 때문이 다. 특히, 우리나라 중학생들의 특성을 고려해 볼 때, 집단성의 경향이 매우 높게 나타나게 될 것이다. 하지만 영구성에 대한 인식은 여전히 크지 않을 것으로 보인다.

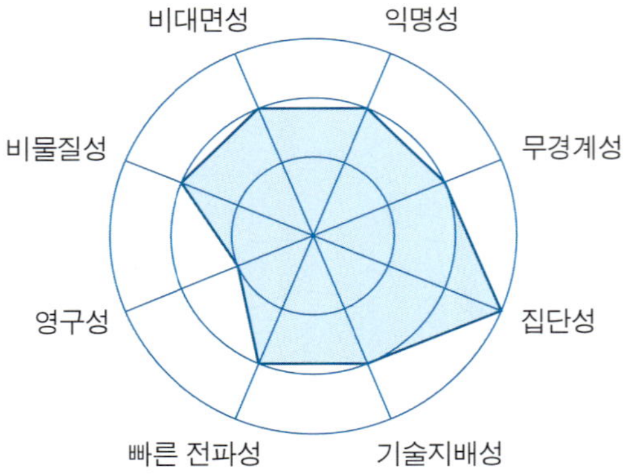

그림 6-3 청소년 3기의 사이버폭력 특징

청소년 4기(19세 미만의 고등학교)의 경우에는 대학입시라는 관문이 있기 때문에 현실공간에서는 공부의 압박이 심해지기 때문에 사이버공간에 대한 의존도는 더욱 높아질 것이다. 또한 기술지배성의 영향도 높아지게 되는데, 청소년 3기보다도 복잡하고 어려운 앱이나 툴 사용이 보다 친숙해지기 때문이다. 하지만 자아가 어느 정도 정립되기도 하고, 수험이라는 특수성이 작용하여 집단성은 오히려 감소할 것으로 여겨지며, 영구성에 대한 인식은 다소 올라갈 것이다.

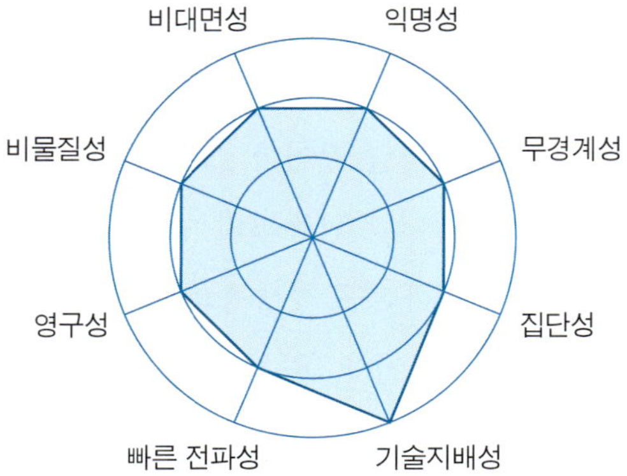

그림 6-4 청소년 4기의 사이버폭력 특징

2 사이버 언어폭력

1) 개념

PC통신, 인터넷 등 사이버공간은 현실세계에 상당한 영향력을 발휘하는 매체로 성장했다. 하지만 사이버공간에서도 본래의 기능을 악용해 이용자 개인의 편의만을 주장하는 부정적인 현상이 발생하고 있다. 욕설과 비방, 유언비어, 선정적 표현 등 사이버 독버섯이 퍼지고 있는 것이다. 네티켓(PC통신, 인터넷예절)이라 불리는 사이버공간의 예절은 네티즌 스스로 다져가야 할 통신문화다.

사이버 언어폭력은 최근 많은 사회적 문제가 되고 있으며 이러한 사이버 언어폭력이 특히 청소년들 사이에서 만연하고 있다. 사이버 언어폭력의 정의에 대한 기존 선행연구의 정의를 살펴보면, 김현진(2013)은 인터넷 게시판, 채팅, 메신저, 이메일 등 타인과 소통할 수 있는 사이버공간에서 욕, 막말, 비하, 명령, 협박, 비방, 험담이나 무시 등으로 타인의 자아개념을 손상시키고 인격적으로 모욕감을 주는 언어적 행위라고 정의하였다.

조아라(2010)는 사이버 언어폭력을 욕설, 비방, 성적 욕설, 도배, 유언비어 유포 등 사이버공간에서 행해지는 언어적인 폭력으로 정의하였다. 이처럼 사이버 언어폭력은 의사소통이 이루어지는 인터넷 사이버공간의 어디에서든지 일어날 수 있는 언어적 폭력의 형태를 말한다.

사이버 언어폭력은 법적으로는 폭력 범죄에 해당하는 것으로서 첫째, 상대방에 대한 단순한 욕설과 비속어의 사용, 둘째, 허위정보나 유언비어 유포와 명예훼손 행위, 셋째, 음란한 대화나 글을 올리는 등의 형태를 포함하고 있다.

사이버 언어폭력을 욕설, 비방, 성적 욕설, 도배, 유언비어 유포 등 사이버공간에서 행해지는 언어적인 폭력으로 정의하고, 현재 가장 일반적으로 사이버 언어폭력이 발생하는 사이트를 중심으로 청소년들은 사이버 언어폭력을 사용하고 있다.

2) 사이버공간이 지니는 특징

(1) 익명 상황과 사이버공간

익명성이란 자신의 본래 이름을 숨기는 특성으로, Diener(1976)는 타인에 의해 자신의 신원이 파악될 수 없는 상태라고 정의하였다. 사이버공간에서 사람들은 자신이 누구인지 드러내지 않고 익명성을 유지할 수 있다. 즉, 자신의 정체(모습, 실명, 나이, 신분, 성별 등)의 일부 또는 전부를 상대방이 모르게 하거나 변조할 수 있다. 물론 이 익명성은 참여자가 자신을 드러내기 원한다면 실명으로도 바꿀 수 있지만, 대개의 경우 익명성이란 타인과 직접 대면하지 않고 상호 교류한다는 의미로 표현된다. 이러한 익명의 상황은 여러 면에서 개인에게 표현의 자유로움을 허락하고 있어 많은 사람들이 사이버공간에서 익명성을 누리고 있지만 그만큼의 위험성도 포함하고 있다.

익명 상황에서 개인의 행동에 대한 많은 선행연구들이 수행되었다. Diener, Beaman, Fraser와 Kelem(1976)는 할로윈 데이 장난 시에 분장을 한 아이들이 다른 사람들이 자신을 알아보지 못하는 익명의 상황이라고 생각했을 때 더 많은 양의 사탕을 가져갔으며, Silke(2003)가 북아일랜드의 범죄 통계를 분석한 결과에서 얼굴을 가린 범죄자들이 피해자들에게 더 많은 폭력을 사용하였고 기물 파손과 같은 범죄에 관련되었다고 하였다.

최근에는 사이버공간의 익명 상황에 대한 연구들이 주를 이루었다. Suler(2004)는 익명성이 보장되는 사이버공간에서 개인은 구속감을 덜 느끼고, 개방적으로 자신을 표현하는 경향이 있다고 하였다. 또한 현실에서보다 좀 더 공격적인 표현을 하기도 하는데, 이러한 것을 익명의 문제점이라고 보았으며 탈억제 효과 때문이라고 설명하였다. 탈억제란 실제 상황에서보다 사이버공간에서 익명의 상황에서 감정의 조절이나 표현에 대한 억제가 풀리는 것을 말하며, 익명성과 아울러 발생하는 것으로서, 탈억제현상으로 인해 사이버공간에서는 면대면 의사소통 상황에서보다 욕설이나 비난이 매우 직접적이고 노골적으로 표현된다(Kieslerb & Siegal, 1984). 사이버공간에서 이러한 탈억제는 자신이 느끼는 공격성 보다 더 많은 것을 표출한다고 보기도 하고 혹은 자신의 공격적 성향대로 거르지 않고 표현한다고도 볼 수 있다.

반대로 생각하면 현실 상황에서나 사이버공간의 실명 상황에서는 자신이 드러나기에 공격적 성향을 있는 그대로 드러내는 것이 어렵고 억제시키거나 혹은 걸러서 표현한다고 볼 수 있다. 김경원(2000)은 사이버상의 개인은 심리적 해방감을 느끼며 사이버공간에서 더욱 감정조절 및 표현에 대한 억제가 풀리는 경향이 있음을 밝혔다.

또한, 사람들은 자신이 익명의 상황에 있다고 인식하면 사회적으로 바람직한 방향으로 행동하려 하기보다는 탈규범적이고 비억제적인 행동을 하려는 경향이 있다는 것을 말해주고 있다.

(2) 사이버공간의 개방성

인터넷은 자유롭게 어디서든 접속할 수 있는 개방성을 특징으로 한다(정철호, 2009). 사이버공간은 물리적 공간의 제약을 받지 않고 모니터 앞에 앉아서 전 세계인들과 교류할 수 있는 공간이다. 따라서 사이버공간에서는 국가, 지역, 인종 등이 아무런 장벽이 되지 않기 때문에 상대가 자신의 바로 옆집에 사는 사람일 수도 있고, 지구 반대편에 사는 외국인일 수도 있다.

사이버공간은 물리적 공간으로부터 자유롭기 때문에 자신의 공격적인 행동에 대해 즉각적인 물리적인 보복이 가해지지 않을 뿐만 아니라 어떠한 통제나 제약을 받지 않고 자유롭게 자신의 의견을 표현할 수 있다. 누구에게나 자유롭게 개방되고 공유할 수 있는 평등한 공간이기 때문에 현실과 같은 위계적 권위가 통하지 않는다(이해춘, 2004). 이러한 개방성으로 인해 현실에서 제한하던 감정의 표현을 스스로 느끼는 만큼 자유롭게 표현하게 된다고 할 수 있다.

(3) 양방향성

인터넷은 쌍방적인 전달과 수용의 구조를 가짐으로써 그 작용이 양방향적 이라고 한 것처럼 사이버공간은 또한 양방향성이라는 특징을 갖는다. 양방향성은 사이버공간의 이용자들을 정보의 수신자이면서 동시에 송신자가 될 수 있게 한다. 기존의 일방향적인 미디어와는 달리 자신의 생각이나 의견을 자유롭게 게시하며 게시물을 보는 상대와 상호작용할 수 있기 때문에 게시자의 의도대로 정보의 조작과 왜곡이 일어나고 폭력적이고 공격적인 글들이 오갈 수 있다(이해춘, 2004).

그리고 댓글과 퍼나르기를 통해서 집단적이고 무수히 많은 간접적인 가해자가 존재할 수 있으며 댓글 간의 욕설, 비방 등 명예훼손의 발신지와 수신지가 복잡하게 얽혀 폭력의 양상이 증폭된다(박종현, 2008). 양방향성의 역할이 의미 있는 상호작용이라기보다 관계를 유지해야 하는 현실의 대인관계와는 다르게, 상대를 고려하지 않고 불특정 다수에 대해 자신의 정서를 있는 그대로 표출하고 그에 대해 즉각적으로 반응을 볼 수 있는 역할을 한다고 볼 수 있다. 이는 얼굴 없는 가해자의 형태로 상대를 고려하지 않고 상대의 반응에 대해 무차별적인 공격성을 드러낼 수 있음을 말한다. 이러한 상호간 욕설이 지나치게 되면 현실로까지 이어져 폭력사태로 번지기도 한다.

(4) 전파성과 확장성

인터넷에 올라간 정보는 전송이 용이하기 때문에 일단 정보가 올려지게 되면 매우 신속하고 광범위하게 전파될 수 있다(정철호, 2009). 특히, 인터넷과 관련된 경우 정보의 공유(sharing)가 기본 특성이 되고 네트워크를 기반으로 빠르게 정보가 전파된다(천정웅, 2000).이처럼 빠르게 정보가 확산되기 때문에 사이버 언어폭력은 이미 피해가 심각하게 진행된 후에 그 피해를 인지하거나 유통경로도 모르는 경우가 많아 원상회복이 매우 어렵다(박종현, 2008). 최근에는 증권가 지라시 형태의 근거 없는 글들이 젊은이들 사이에서 유행처럼 번져 이곳저곳으로 옮겨지고 있으며, 그 피해자들의 경우 출처 없는 게시글에 대한 피해를 막지 못하고 큰 타격을 입기도 한다.

이와 같이 사이버공간이 지니는 특징들은 사이버 언어폭력이 발생하기 쉬운 조건들을 제공하고 있다. 또한, 사이버 언어폭력이 발생되고 난 이후에도 그 피해를 확산시키거나 결과를 증폭시키는 기능을 하고 있기 때문에 사이버공간의 특징은 사이버 언어폭력의 피해를 이해하는 데 있어 중요한 요소라 할 수 있다.

3) 사이버 언어폭력의 원인

우리 주변에는 e-메일, 인터넷 쇼핑, 사이버 주식거래, 인터넷 경매, 인터넷을 통한 이벤트, 전자상거래 등이 일상화되어 있다. PC통신과 인터넷을 통한 커뮤니케이션은 전화통화만큼이나 빈번해지고 일상화되면서 이들이 가져다주는 긍정적인 혜택 못지않게 역기능이 드러나고 있다. 여과되지 않은 채 범람하는 음란폭력물과 같은 유해정보도 문제지만 그보다도 익명, 차명으로 입에 담지 못할 욕설, 조직적 협박과 음해성 인신공격으로 인한 폐해가 더욱 크다. 그래서 사이버공간이 적절히 규제되고 통제되지 않으면 사이버공간이 아노미현상으로 빠져들 것이라는 위기론이 제기되고 있다.

인터넷이 말의 쓰레기장으로 변하고 있는 가장 큰 이유는 익명성과 비대면성 매체라는 특징 때문이다. 기성세대가 인터넷에 적응하지 못하고 있는 상황에서 인터넷 문화를 이끄는 10대와 20대들이 올바른 네티켓을 정립하지 못하고 있다는 지적도 많다. 사이버 언어폭력의 원인에 대해 좀 더 구체적으로 알아보도록 하겠다.

(1) 익명성으로 인한 통제의 어려움

'익명성'이란 자신의 신분이 드러나지 않는 특성을 의미하는데, 컴퓨터 통신을 할 때 상대방은 나의 ID만 알고 있을 뿐 내가 누구인지를 전혀 모르기 때문에 마음대로 행동하기가 쉬워진다.

(2) 가상세계와 현실세계를 구분할 수 있는 가치관 결여

통신상의 연결된 상대방이 실제 사람이라는 사실을 간혹 간과하게 되어 주고받는 메시지가 실제 사람의 음성이라기보다는 단지 스크린상의 문자정보로 생각하게 된다.

(3) 잘못된 행동에 대한 죄책감 결여

일부 청소년들은 자신의 잘못된 행동이 다른 사람에게는 마음의 큰 상처와 충격을 줄 수 있다는 것을 심각하게 인식하지 못하는 경향이 있다.

(4) 고립된 개인주의 발생

타인과의 직접적인 만남이 이루어지지 않는 가운데 자신만의 공간 속에서 컴퓨터에 몰입하다 보면 자신의 이익에만 관심을 가질 뿐 공익이나 공동체에 대해서는 점차 소홀해지기가 쉽다.

(5) 인간의 존엄성을 무시하는 경향

정보사회에서는 정보의 이용 가치나 효율성에만 매달리게 되어 목적과 수단이 뒤바뀌는 비인간적이고 비윤리적인 문제들이 발생하게 된다.

(6) 청소년을 보호할 수 있는 제도적 장치의 미비

청소년을 대상으로 하는 음란 정보의 유통행위에 대한 규제의 미흡과 인력부족으로 관리에 허점을 보이고 있다.

(7) 정보통신 예절교육의 소홀

네트워크로 연결되는 가상공간에서 지켜야 할 예절인 '네티켓'에 대한 교육 소홀로 정보화의 부작용을 최소화하지 못했다.

(8) 학부모의 정보화 교육 부재

인터넷상의 유해정보로부터 자녀들을 보호하기 위한 학부모의 정보화 교육이 실시되지 않아 가정에서의 대처능력을 갖추지 못했다.

사이버 세계에서의 익명성과 비대면성을 중심으로 사이버 언어폭력이 일어나는 원인을 좀 더 살펴보도록 하자. '익명성'의 사전적 의미는 집단의 거대화, 매스미디어의 발달, 분업의 세분화, 사회적 이동이나 격화(隔化) 가운데 도시사회의 성원은 구성의 톱니바퀴로서, 거대한 집단이 산출하는 권력에 의하여 부득이 획일적 행동양식을 취하게 된다. 또한 면식 있는 집단의 구속에서 벗어나게 되면 불특정 다수인들의 일원이 되어 개인의 행동은 감추어지게 되고 자기의 행동에 대한 개인적인 책임도 피할 수 있게 된다. 여기에서 익명성이 진행되고 대중화를 특징짓는 조건의 하나가 된다.

사이버상에서는 비대면(非對面) 커뮤니케이션이 갖는 속성 탓에 행동에 대한 책임감은 망각되고, 의견이 다르다는 이유만으로 곧바로 입에 담을 수 없는 욕설이 터져 나온다. 정치나 종교처럼 찬반 의견이 명확히 갈리는 주제일수록 온라인에서의 논쟁은 막말과 욕설로 점철되기 마련이다. 인터넷에서의 논쟁은 서로의 의견을 존중하고 이해하는 과정을 생략한 채 극단적인 언어로만 표출된다.

온라인에서의 극단적인 갈등 양상은 곧바로 오프라인으로까지 비화되어 우리 사회의 갈등을 더욱 심화시키고 있다. 인터넷의 보급은 정보의 자유로운 유통을 가능하게 했고 비슷한 의견을 가진 네티즌들이 집단을 형성해 어느 집단에도 속해 있지 않은 네티즌들까지 임의로 '편가르기'를 하는 지경에 이른 것이다. 이처럼 극단적인 '편가르기' 문화를 극복하기 위해서는 전문가들은 온라인상에서 지켜야 할 행동양식이나 규범에 대한 논의와 공감대 형성이 필요하다고 지적한다. 오프라인에서의 행동양식과 규범이 오랜 세월 동안 보편적인 공감대를 형성했던 것처럼 온라인에서 지켜야 할 규범에 대한 논의를 활성화할 필요가 있다는 주장이다.

4) 사이버 언어폭력의 유형 및 내용

(1) 욕설

자기와 생각이 맞지 않거나 싫어하는 사람이 있거나 그냥 단순히 재미로 욕설을 하는 경우이며 제일 흔하게 발생한다.

(2) 비방(명예훼손)

상대방의 약점을 들춰내고, 헐뜯는 행위, 특히 연예인, 정치인 등을 헐뜯는 글을 게시판에 게시하는 것이다. 상대의 명예를 손상하는 메시지를 게시판에 올리면서, 행위자는 마치 언론활동의 일종으로 행위한다고 생각하는 경우도 심심찮게 발견된다. 행위자는 메시지의 내용을 진실로 인식하는 수도 있으며, 아울러 실명으로 메시지를 올리는 경우가 많다.

(3) 도배

채팅방을 독점하는 경우이다. 같은 내용의 욕설이나 의미 없는 글들을 연속해서 게시하여 다른 사람이 말을 할 틈을 주지 않는 것이다.

(4) 성적 욕설(음담패설)

성에 대한 노골적인 욕설을 하여 상대방에게 불쾌감과 수치심을 주는 행위이다. 구애나 성적 모욕과 같은 메시지를 이메일로 계속 전송하는 경우를 들 수 있다. '집적대는' 행위로서 사이버 스토킹의 전형화된 초기적 징후이다. 좀더 심하게는 협박적인 내용을 이메일로 전송하는 경우도 있다. 성적으로 '집적대는' 수준을 넘어 생명 및 신체에 대한 위해를 메시지의 내용으로 한다는 점에서 첫째의 유형보다 범죄성의 강도가 더욱 강하다.

(5) 유언비어

사실이 아닌 거짓 소문을 인터넷상에 퍼뜨려 상대방을 당혹스럽게 하고, 정신적인 피해를 입히는 행위이다. 상대를 곤경에 빠뜨릴 의도로 허위임을 알면서도 상대 비하의 메시지를 게시판에 올려놓는 케이스가 있다. 메시지의 내용은 성적 표현일 수도 있고 기타 인격적 가치를 저하시키는 것일 수도 있는데, 음해의 의사가 역력히 들어 있으며, 대부분 익명으로 행해진다는 특성을 지닌다.

3 사이버폭력 대응을 위한 입법정책

사이버폭력을 규제하기 위한 통일된 법률은 없으나, 관련 법률에서 사이버폭력 개별 유형에 대한 처벌 및 규제에 관한 내용을 담고 있다. 최근 청소년의 온라인 대화방(SNS) 등을 통한 사이버폭력이 증가하면서 대화방 초대 시 사전동의를 의무화하는 내용으로 정보통신망법상 개정 입법발의가 되는 등 청소년의 온라인상 사이버폭력에 대한 사회적 규제움직임이 본격화되고 있다. 현재 청소년사이버폭력의 대표적인 유형인 사이버명예훼손, 사이버모욕, 사이버성폭력, 사이버스토킹 등에 대한 법률적 규제가 어떠한 방식으로 이루어지고 있는지 살펴보고자 한다.

1) 사이버명예훼손 대응 관련 법률

일반적인 명예훼손은 형법에 의해 규제되고 있으나 사이버상 명예훼손 행위에 대하여는 정보통신망법에서 규율되고 있다. 정보통신망법 제70조에서는 사람을 비방할 목적으로 정보통신망을 통하여 공공연하게 사실을 드러내어 다른 사람의 명예를 훼손한 자는 3년 이하의 징역 또는 3,000만 원 이하의 벌금에 처하고, 사람을 비방할 목적으로 정보통신망을 통하여 공공연하게 거짓의 사실을 드러내어 다른 사람의 명예를 훼손한 자는 7년 이하의 징역, 10년 이하의 자격정지 또는 5,000만 원 이하의 벌금에 처하고 있다. 만일, 비방의 목적이 없는 경우 형법 제307조의 단순명예훼손죄가 적용된다.

2) 사이버모욕 대응 관련 법률

사이버모욕에 대한 개념이 없어서, 형법상 오프라인모욕과 동일하게 처벌된다. 사람을 공연히 모욕한 경우 형법 제311조에 따라 1년 이하의 징역이나 금고 또는 200만 원 이하의 벌금에 처한다.

3) 사이버따돌림 대응 관련 법률

2012년 1월 17일 사이버따돌림방지법이 국회에 발의되었고, 2012년 3월 21일 학교폭력 예방법에서 사이버따돌림이 학교폭력의 한 유형에 포함되었다. 학교폭력 예방법 제2조 제1호에서는 학교폭력을 "학교 내외에서 학생을 대상으로 발생한 상해, 폭행, 감금, 협박, 약취 · 유인, 명예훼손 · 모욕, 공갈, 강요 · 강제적인 심부름 및 성폭력, 따돌림, 사이버 따돌림, 정보통신망을 이용한 음란 · 폭력 정보 등에 의하여 신체 · 정신 또는 재산상의 피해를 수반하는 행위"로 정의하였다.

또한 사이버따돌림이란 "인터넷, 휴대전화 등 정보통신기기를 이용하여 학생들이 특정 학생들을 대상으로 지속적, 반복적으로 심리적 공격을 가하거나, 특정 학생과 관련된 개인정보 또는 허위사실을 유포하여 상대방이 고통을 느끼도록 하는 일체의 행위"로 보고 있다(동법 제2조 제1호의3).

사이버따돌림은 다른 사이버폭력 유형과는 달리 학교폭력 예방법에 규정되어 있어 피해학생의 보호 및 가해학생 선도를 위한 조치를 할 수는 있지만, 사이버성폭력이나 사이버명예훼손과 같이 형사처벌을 할 수 없다는 점에서 차이가 있다.

4) 사이버성폭력 대응 관련 법률

자기 또는 다른 사람의 성적 욕망을 유발하거나 만족시킬 목적으로 전화, 우편, 컴퓨터, 그밖의 통신매체를 통하여 성적 수치심이나 혐오감을 일으키는 말, 음향, 글, 그림, 영상 또는 물건을 상대방에게 도달하게 한 자는 성폭력처벌법 제13조에 따라 통신매체 이용음란죄로 2년 이하의 징역 또는 500만 원 이하 벌금에 처해진다.

카메라나 그밖에 유사한 기능을 갖춘 기계장치를 이용하여 성적 욕망 또는 수치심을 유발할 수 있는 다른 사람의 신체를 그 의사에 반하여 촬영하거나 그 촬영물을 반포 · 판매 · 임대 · 제공 또는 공공연하게 전시 · 상영하는 경우 성폭력처벌법 제14조의 카메라이용 촬영죄, 5년 이하의 징역 또는 1,000만 원 이하의 벌금에 처해진다. 또한 촬영당시에는 촬영 대상자의 의사에 반하지 않지만 사후에 그 의사에 반해서 촬영물을 반포 · 판매 · 임대 · 제공 또는 공공연하게 전시 · 상영하는 경우 3년 이하의 징역 또는 500만 원 이하의 벌금에 처해진다. 이를 영리목적으로 정보통신망에 유포한 경우에는 7년 이하의 징역 또는 3,000만 원 이하의 벌금에 처해진다.

정보통신망법에서도 누구든지 정보통신망을 통하여 음란한 부호 · 문언 · 음향 · 화상 또는 영상을 배포 · 반포 · 임대하거나 공공연하게 전시하는 내용을 정보를 유통하지 않도록 하고 있고(제44조의7 제1항 제1호), 이를 위반한 자는 1년 이하의 징역 또는 1,000만 원 이하의 벌금에 처하도록 하고 있다. 뿐만 아니라「아동 · 청소년 성보호 등에 관한 법률」제11조에 따라 아동 · 청소년이용음란물을 배포 · 제공하거나 공연, 전시 또는 상영한 자는 7년 이하의 징역 또는 5,000만 원 이하의 벌금에 처해진다.

5) 사이버스토킹 대응 관련 법률

사이버스토킹 전반을 규율하는 법률은 없다. 다만 정보통신망법에서는 사이버스토킹의 한 유형을 규율할 수 있는 내용을 담고 있는 규정이 있다. 정보통신망법 제44조의 7 제1항 제3호에 의하면, 누구든지 정보통신망을 통하여 공포심이나 불안감을 유발하는 부호 · 문언 · 음향 · 화상 또는 영상을 반복적으로 상대방에게 도달하도록 하는 내용의 정보를 유통해서는 안 되고, 이러한 공포심이나 불안감을 유발하는 부호 · 문언 · 음 향 · 화상 또는 영상을 반복적으로 상대방에게 보내는 행위를 한 경우 정보통신망법 제74조 제1항 제3호에 따라 1년 이하의 징역 또는 1,000만 원 이하의 벌금에 처해진다.

사이버스토킹과 관련하여 1999년 「스토킹 처벌에 관한 특례법(안)」(김병태의원 대표발의안, 제1966호)을 비롯하여, 2003년 「스토킹방지법(안)」(이강래의원 대표발의 안, 제2733호), 2005년 「스토킹 등 대인공포 유발행위의 처벌에 관한 특례법(안)」(염 동연의원 대표발의안, 제2815호)과 「지속적 괴롭힘 행위의 처벌에 관한 특례법(안)」 (염동연의원 대표발의안, 제3472호), 2009년 「스토킹 처벌 및 방지에 관한 법률(안)」 (김재균의원 대표발의안, 제3469호)이 계속해서 국회에 발의되었다. 이들 법률안에서는 스토킹의 행위방법 중 하나로서 '컴퓨터 통신을 통해 반복하여 일방적으로 말이나 글 또는 사진이나 그림을 전달함으로써 심각한 공포심이나 불안감을 유발하는 행위'를 규제하고자 하고 있다.

6) 정보화 역기능 예방 관련 법률

「국가정보화기본법」은 국가기관과 지방자치단체가 건전한 정보통신윤리를 확립하기 위하여 미풍양속을 해치는 불건전한 정보의 유통을 방지하고 건강한 국민정서를 함양하며, 불건전한 정보로부터 국민을 보호하기 위하여 정보통신윤리 확립을 위한 교육 · 전문인력 양성 및 홍보, 정보통신윤리 교육 콘텐츠 개발 · 보급, 정보통신윤리 관련 연구 및 개발, 정보통신윤리 관련 단체에 대한 지원, 건전한 정보이용 환경 조성을 위한 제도 마련을 포함한 시책을 마련하도록 하고 있다(동법 제40조).

이 외에도 정보통신망법에서는 이용자가 사생활 침해 또는 명예훼손 등 타인의 권리를 침해하는 정보를 정보통신망에 유통시키지 않도록 해야 하고, 정보통신서비스 제공자가 자신이 운영 · 관리하는 정보통신망에 제1항에 따른 정보가 유통되지 아니하도록 노력하도록 하고 있다. 뿐만 아니라 방송통신위원회는 정보통신망에 유통되는 정보로 인한 사생활 침해 또는 명예훼손 등 타인에 대한 권리 침해를 방지하기 위하여 기술개발 · 교육 · 홍보 등에 대한 시책을 마련하고 이를 정보통신서비스 제공자에게 권고할 수 있도록 하고 있다(동법 제44조).

반면에, 사업자인 정보통신서비스 제공자 단체는 이용자를 보호하고 안전하며 신뢰할 수 있는 정보통신서비스를 제공하기 위하여 정보통신서비스 제공자 행동강령을 정하여 시행할 수 있다(제44조의4).

4 사이버폭력의 대응책

1) 학교전담경찰관 개입

경찰청과 협력하여 학교전담경찰관의 즉시 개입을 가능하게 하고, 사이버폭력 신고 및 예방교육 활성화를 위해 노력하고 있다. 교육부는 사용자가 설정해둔 긴급 전화번호로 전화 또는 문자를 발송하는 서비스인 '굿바이 학교폭력' 애플리케이션을 개발하여, 학교폭력 예방교육 자료를 탑재해 두고 있다.

그리고 또래지킴이도 운영하고 있다. 학교전담경찰관으로부터 사이버폭력 예방 특별교육을 이수한 자를 대상으로 또래상담자로서 또래지킴이 '사이버폴(Cyber Pol)'을 운영하여 학교전담경찰관과 피해학생 간에 매개자 역할을 하게 하거나, 학교전담경찰관들과 SNS 친구를 맺어 신분이 노출되는 것을 꺼려하는 피해학생에 대한 간접상담매개자 역할을 하는 정책을 펼치고 있다.

2) 사이버폭력 예방거점 Wee센터 운영 및 지원

사이버폭력 예방거점 Wee센터를 운영 · 지원하고 상담인력을 배치하기 위한 노력을 하고 있다. 사이버폭력과 인터넷 · 게임 중독으로 인해 전문적 지식과 경험을 갖춘 전문인력에 의한 치유지원시스템과 체계 구축이 필요하다고 판단하고, 이에 교육부는 2014년 특별교부금사업을 통해 사이버폭력 대응거점 Wee센터를 운영 지원하고 있다. 2014년 174개 Wee센터에서 34개 거점 Wee센터를 선정하고 운영을 위한 전문가 그룹 운영체계 기반을 마련하고 있다.

3) 인터넷 유해정보 차단 및 예방을 위한 소프트웨어를 보급

인터넷 유해정보 차단 및 예방을 위한 소프트웨어를 보급하고 있다. 교육부는 사이버폭력 예방을 위해 스마트폰 PC용 유해정보차단 소프트웨어인 '모바일가디언'을 개발 보급하고 있다. 부모가 월 이용료를 내고 회원가입 후 자녀의 휴대폰에 모바일가디언이라는 앱을 설치하면 자녀가 친구와의 대화내용을 부모가 문자나 이메일로 받아볼 수 있는 시스템이다.

4) 경찰청 117신고센터를 운영

경찰청은 117신고센터를 운영하고 있다. 경찰청은 학교전담경찰관과 연계하여 117신고센터로 상담요청이 오는 경우 해당학교에 사이버폭력 사실을 확인하고, 담임교사를 통해 사이버폭력 예방교육을 실시하는 등의 노력을 기울이고 있다.

5) 청소년꿈키움센터 운영

법무부는 2015년 현재 청소년꿈키움센터를 4개소를 증설하고, 사이버폭력 가해학생과 보호자를 대상으로 심리상담, 법교육 등 특별교육을 실시하고, 일반 학생 · 학부모 · 교사를 대상으로 사이버폭력 예방교육을 실시하고 있다. 청소년꿈키움센터에 서는 사이버폭력에 대하여 가족의 관심과 지도가 중요하다고 보아

가족단위 치유 및 교육 프로그램인 소나기캠프 등을 운영하고 있다.

6) 사이버법 질서 관련 법교육 강화

사이버법 질서 관련 법교육을 강화하고 있다. 법무부는 인터넷 중독, 사이버명예훼손, 사이버성희롱 등으로 구성된 법교육 강의 프로그램을 전국 학교에 보급하고, 법교육 시범학교 및 방과후 법교육 강좌에서 사이버범죄 예방강의를 실시하고 있으며, 사이버질서 관련 UCC · 사진 · 포스터 공모전을 개최하고 있다. 그리고 올바른 인터넷 이용법과 사이버범죄 예방을 위해 사이버범죄 유형에 따른 피해구제방법을 사례 중심으로 해설한 '아뿔싸 알면서도 속는 사이버범죄', 사이버범죄로부터 자녀를 보호하는 데 도움을 주는 '엄마는 보디가드' 책자도 발간하여 보급하고 있다.

그리고 사이버범죄자에 대한 보호관찰을 강화하고 있다. 법무부는 청소년 사이버범죄사범에 대한 수강명령 집행 효과성을 제고하고, 사이버사범 유형별 사회봉사명령 집행 분야를 개발하고 있다. 보호관찰 청소년을 대상으로 인터넷 중독검사를 강화하고 사이버범죄 예방교육을 활성화하고 있다.

7) 건강한 스마트폰 문화운동

중독 예방 실천강화를 위해 범국가적 차원의 '건강한 스마트폰 문화운동'을 추진하고 있다. 2014년 11월에는 미래창조과학부와 서울시가 공공기관, 시민단체, 관련 기업들과 공동으로 국민 모두가 건강하게 스마트폰을 사용하는 문화를 조성하고자 '스마트폰쉼 캠페인'을 개최하였다. 이 캠페인에서는 건강한 스마트폰 사용 실천을 위해 스마트지킴이 위촉식, 스마트폰 사용수칙 다짐식, 가족체험행사, 문화공연 등이 제공되었다.

8) 1377 원스톱인터넷피해구제센터

권리피해 구제를 위해 '1377 원스톱인터넷피해구제센터'를 운영하고 있다. 인터넷을 통한 악성 게시글 · 댓글 등으로 명예훼손, 모욕, 스토킹 등 개인의 권리침해가 사회적으로 심각하게 발생함에 따라, 방송통신위원회는 정보통신망을 통하여 유통되는 정보 중 사생활의 침해 또는 명예훼손 등 타인의 권리를 침해하는 정보로 인한 민원인의 권리 피해를 최소화하고 신속한 처리를 위하여 2013년에 '원스톱인터넷피해구제센터'가 설치되었다.

인터넷피해구제센터는 권리침해정보 심의, 분쟁조정, 법률상담 등을 통해 사이버공간에서 권리를 침해받은 이용자들의 피해를 신속하게 구제받을 수 있도록 돕고 있다.

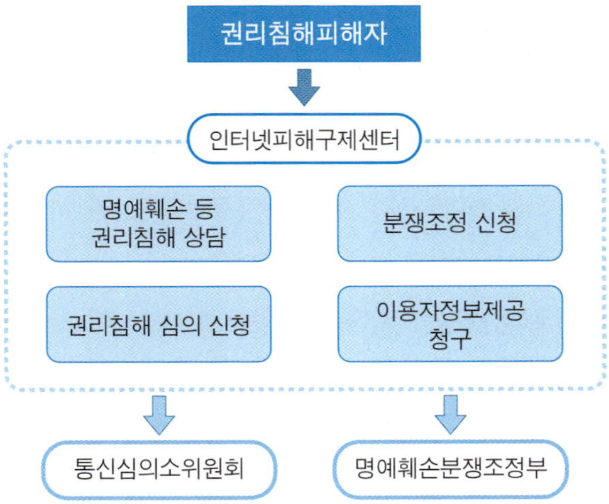

그림 6-5 인터넷 피해구제 처리절차도(출처 : 방송통신심의위원회 홈페이지 자료)

9) 외국의 사이버폭력 대응책

세계 여러 나라의 사이버폭력 대응책은 다음과 같다.

표 6-1 외국의 사이버폭력 대응책

나라	내용
미국	미국은 사이버폭력으로 인한 사건, 특히 가브리엘 모리나 사건(2013)이 사이버폭력 대책 마련을 촉구하고 나서는 계기가 됐다. 이 사건이 발생한 뉴욕 주는 이미 사이버폭력 사건을 형사범으로 처벌할 수 있도록 법을 개정한 바 있으며, 뉴욕 시 교육감은 이 사건을 계기로 시내 1,700여 개 학교에서 사이버폭력에 관한 교육을 실시하도록 지시했다. 또한, 사이버폭력이나 따돌림 사건이 발생하면 학교에 상주하고 있는 상담사에게 피해자들 혹은 목격자들이 신고하도록 조취를 취해놓았으며, 폭력이나 사건을 목격하고도 신고를 하지 않은 학생들에게도 처벌을 내릴 수 있게 하였다. 더 나아가 만약 학교 당국이 사이버폭력이나 따돌림 사건으로 인한 피해자들 혹은 목격자들의 신고한 건에 대해 교육청이나 경찰에 즉각적인 보고를 하지 않으면 강한 법적 처벌을 받게 된다.
아일랜드	아일랜드 정부는 전 농업부장관 사건을 계기로 관련 사건 청문회를 개최(2013)하였고, 학생들을 가르치는 선생님들에게 사이버폭력 및 소셜미디어의 부적절성을 설명하는 가이드라인을 제시하였다. 가이드라인은 아이들을 대상으로 소셜미디어 접근권한을 설정하여 설정된 나이가 되기 전까지 접근을 제한하는 것과 아이들과 함께 일하는 모든 전문가들은 소셜미디어의 부적절한 사용과 관련된 문제가 발생할 경우를 대비하기 위해 아동보호지침서(Child Protection Guidelines)를 따라야 한다고 권고하고 있다. 뿐만 아니라, 가이드라인은 ICT 산업계로 하여금 안전하게 소셜미디어를 사용하는 방법에 대해 학부모, 교사와 아이들을 대상으로 교육을 강화할 것을 권장하고 있다.
영국	영국 정부는 최근 사이버폭력으로 인한 피해를 줄이기 위해 사이버따돌림을 조장하는 인터넷 사이트에 대한 광고주의 보이콧을 촉구하면서, 이들 사이트 운영자들이 책임의식을 보여 줄 것을 요구했다. 더불어 시민단체들도 항의성명을 발표하면서 사이버폭력 근절에 적극 노력한다고 밝혔다. 또한, 민간(NoBullying.com3)에서는 사이버폭력 예방 및 대응에 대한 가이드 맵을 개발하여 게재했다. 이 사이트에서는 전 세계 사이버안전 및 관련 법률에 대한 최신 소식을 제공하고 있으며 자녀가 사이버폭력을 당하고 있다고 의심되는 징후, 자녀를 위해 취해야 할 구체적인 부모의 행동 등을 정리해 놓았다.
중국	중국의 경우 아직 사이버폭력으로 인한 처벌규정이 없다. 다만 온라인상에 다른 사람의 명예를 훼손하는 내용의 글을 올리는 행위에 대해 형법상의 비방죄를 적용해 엄격히 처벌(2013)하겠다고 밝혔다. 특히, 정치인이나 연예인들의 추문을 사실 확인 없이 무차별 유포한 경우가 단속 대상으로 만약 상대를 비방한 내용의 글이 5,000번 이상 클릭되거나 500회 이상 재전송 된 경우 처벌규정을 적용하여 처벌하기로 했다. 관련 글 때문에 피해자가 자살하는 등 심각한 결과를 낳았을 때도 마찬가지이며, 인터넷상의 글에 대해서도 공공질서 문란죄를 적용한다는 방침이다.

Chapter 7

집단괴롭힘

1 집단괴롭힘의 개념

괴롭힘은 집단 내에서 같은 집단에 소속된 개인이나 소수에게 신체적 · 정신적 위해(危害)를 가하는 행위를 총칭한다. 괴롭힘은 한 번의 공격행동이기보다는 일정 기간에 걸쳐 일어나는데, 힘의 불균형이 존재하고, 언어적, 신체적, 심리적인 공격행동이 포함된다. 대화를 거부하기, 약점 들추기나 모함하기, 은근히 혹은 공개적으로 비난하는 일, 하는 일마다 시비 걸기, 그와 가까이 하는 다른 구성원에게 위해하기, 바보 만들기, 별칭 부르기, 장난을 빙자한 괴롭힘이 그것이다.

집단괴롭힘은 연구가 처음 시작된 스칸디나비아 반도에서 'mobbing'으로, 일본에서는 '이지메(ijime)'라고 불렸는데, 우리나라에서는 '학교폭력', '은따', '왕따', '전따', '왕따돌림', '집단따돌림'으로 불리고 있다.

구본용은 "두 명 이상이 집단을 이루어, 특정인(혹은 특정 집단)을 그가 소속해 있는 집단 속에서 소외시켜 구성원으로서 역할 수행에 제약을 가하거나 인격적으로 무시 혹은 음해하는 언어적 · 신체적인 일체의 행위, 즉 다수로 구성된 집단이 소수의 집단성원 또는 개인을 집단적으로 소외시키는 현상"이라고 정의하고 있다.

박경숙은 "한 집단의 구성원 중 자기보다 약한 상대를 대상으로 또는 집단의 암묵적인 규칙을 어긴 자를 대상으로 여럿이 함께 또는 개인이 돌아가며 신체적 · 심리적인 공격을 지속적으로 가하여 반복적으로 고통을 주는 행동"이라고 정의하고 있다.

그리고 괴롭힘은 피해 당사자들에게 자긍심의 손상을 유발시키는데, 그들은 자기 자신이 인기도 없고 대처능력도 부족하다는 사실에 대해 수치심을 느끼게 되기 때문에 자신의 고통을 더욱더 숨기려고 한다. 피해학생이 정신적 학대 상황에 오래 빠져들게 되면 학습된 무기력을 유발시켜 환경에 주어지는 어떤 행동의 영향을 정확하게 반영하는 능력의 결여와 일반적인 인과성의 개념을 파악하는 능력이 결여된다. 그들은 삶이 노력과 무관하게 영위되는 것이라고 생각하는 부정적이고 수동적인 인식을 갖게 되고, 또 다른 가해학생이 되거나, 우울증, 자살, 자해(自害)와 같은 방식으로 분노가 표출되기도 한다.

여러 가지 개념 정의에 나타나는 공통점을 살펴보면, 집단따돌림은 ① 복수의 구성원이 위해를 가한다는 점, ② 상대적으로 약한 입장에 있는 개인 혹은 집단을 대상으로 한다는 점, ③ 신체적으로 뿐만 아니라 심리적, 언어적인 일체의 행위를 포함한다는 점을 들 수 있다.

2 괴롭힘의 원인

괴롭힘의 원인은 정체감 확립과정에서 만연되는 좌절감, 왜곡된 방식으로의 우월감 추구, 이기적인 자기 중심화 경향의 확대로 인한 타인 수용능력의 결핍, 도덕교육의 부재, 가족 및 집단 갈등의 희생양으로서 현상의 원인을 찾을 수 있다. 분노의 표현 및 가족으로부터의 괴롭힘 당한 것에 대한 경험이 원인이 되기도 하는데, 괴롭힘의 원인은 크게 학생 당사자의 원인, 학교의 원인, 가정의 원인 그리고 사회 · 문화적 원인으로 나누어 볼 수 있다.

1) 학생 당사자의 원인

괴롭힘을 당하는 학생들의 특징으로 잘난 척하고, 다른 친구들을 무시하는 아이, 선생님한테 고자질을 잘 하는 아이, 이 친구, 저친구에게 찝적거리는 아이, 공부만 잘 하고 똑똑한 척 하는 아이, 어벙해 보이는 아이, 툭하면 엄마에게 이르는 아이, 내숭떠는 아이 순으로 제시하고 있다(김용태, 1997).

괴롭힘을 당하는 학생들의 특징을 보면, 퍼스낼리티(personality), 유전, 의식 경향, 문화에 대한 이해 부족을 들 수 있는데, 일반적으로 불안한 성격 패턴과 신체적인 약점이 결합되어 있다. 그들의 행동과 태도는 다른 학생들이 그들을 불안정하며 무가치하다고 생각하도록 만들며, 공격받아도 보복하지 않을 것이라는 확신을 갖게 만드는 경향이 있다.

불안한 성격 패턴과 신체적인 약점을 살펴보면 다음과 같다.

(1) 불안한 성격 패턴

① 정서적으로 불안하고, 섭식 및 수면장애, 폭발적인 감정, 우울증 등을 가지고 있다.

② 열등감을 느끼고, 평균 이하의 자긍심을 가지며, 스스로를 지적 능력이 낮고 매력이 없다고 평가한다.

③ 자기 자신을 고립되어 있다고 평가한다.

④ 자신을 무능력하고 비효율적이라고 느낀다.

⑤ 괴롭힘을 받을 만하다고 받아들이기도 한다.

⑥ 수줍어하고 소극적이며, 걱정이 많고, 수동적이다. 다른 학생들과 사귀는 것을 어려워하고, 다른 학생들에 대하여 흥미가 없으며, 의사소통기술이 좋지 않다.

⑦ 사회적으로 둔감하고, 강박적 행동을 보이며, 사교술이 부족한 편이다.

(2) 신체적인 약점

① 행동이 어눌하다.

② 체력이 약해서 괴롭힘에 효과적으로 대응하지 못한다.

③ 신체구조상의 문제를 가지고 있거나, 운동능력이 부족하며, 운동장에서의

활동이 매우 빈약하고, 어릴 때부터 사회성발달이 저조하다.

④ 활동 및 활력 수준이 낮다.

⑤ 고통과 두려움을 인내하는 수준이 낮고, 자신감이 결여되어 있다.

⑥ 가해학생보다 나이가 어리거나 몸집이 작다.

⑦ 신체적으로 다른 학생들과 상이한 특징을 지닌다.

⑧ 신체적인 매력이 없는 편이다.

2) 학교의 원인

학교의 원인으로는 먼저 괴롭힘에 대한 학교 차원에서의 정책의 부재이다. 괴롭힘에 대한 학교 정책은 피상적인 선에 머물고 있다.

첫째, 괴롭힘에 대한 교육부나 지역 교육청의 전문적이고, 실제적인 지도 지침이 마련되어 있지 않은 실정이다.

둘째, 관리 감독의 부재이다. 괴롭힘의 대부분은 관리 감독의 사각 지역(四角地域)에서 발생하고 있다. 그러나 우리의 교육현장에서는 교사들의 과중한 업무 부담, 과다한 학생 수 등의 이유로 관리 감독 활동을 소홀히 하거나, 여건이 열악함으로 인해서 괴롭힘이 발생할 수 있는 상황적인 요인들이 양산되고 있다.

셋째, 교사의 세심한 배려와 관심의 부족이 괴롭힘의 피해자를 만들게 된다. 교사의 틀에 맞지 않으면 문제아로 관리하는 학생관리체계의 문제와 더불어 교사의 문제학생에 대한 일률적인 훈계와 체벌은 가해학생의 모델링이 되는 경우가 많다.

넷째, 비인간적인 교육 풍토가 집단 괴롭힘을 부추기고 있다. 입시 위주의 교육환경이 경쟁과 긴장관계를 유지시켰고, 따돌림에 동조하며 개입하는 분위기를 조장해 왔다. 즉, 공부를 못하는 학생은 잘하는 학생들의 들러리가 되고, 이로 인해서 생기는 스트레스를 해소할 만한 마땅한 분출구가 없어 약한 친구를 골라 괴롭힘으로써 이를 해소하는 것이다.

다섯째, 타인을 존중하고 상대방의 입장을 이해해 주는 인성 · 사회성 · 도덕성 교육의 부재이다. 이로 인한 타인의 단점이나 약점, 심리적 고통을 감싸안는 포용력, 인간애의 부족은 친구를 괴롭히는 행동에 대해 죄의식을 갖지 않게 하고 있다.

여섯째, 다인수 학교의 생활지도체계상의 문제로, 고민을 들어 주고 공감해 줄 수 있는 풍토가 이루어지지 않은 점이다. 다양성을 인정하는 인격 존중보다는 교육의 편리주의에 탑승해 획일적이고 규격적인 교육 풍토가 동조지향적이고 타율적인 학생을 양산해 온 것이다.

3) 가정의 원인

피해자와 가해자를 포함하여 괴롭힘에 관련된 아이들의 1/3이 문제 있는 가정환경을 가지고 있다(Stephenson, Smith, 1988). Mitchel과 O'Moore(1988)는 가해자들의 70%가 문제가 있는 가정환경을 가지고 있다는 것을 밝히고 있다. 신경증 어머니, 피해의식을 가진 어머니, 편모 가정에서의 관심 부족, 과잉보호와 잔소리 속에서 자란 경우, 주 양육자가 자주 바뀌었던 경우, 애착대상과의 때이른 분리와 같은 생애 초기 양육과정에서 안정된 대상과의 관계 경험의 부족은 왜곡된 사회 지각과 부적절한 사회행동으로 나타나기 쉽다. 괴롭힘에 영향을 주는 가정적 요인을 정리하면 다음과 같다.

첫째, 부모 · 자녀 간의 부정적인 태도이다. 사람은 자신과 가장 가까운 사람들과의 관계에서 비판을 받거나, 반복적으로 부정적인 반응을 유발하게 되면, 자신감을 잃게 되고 내성적으로 변하며 불안해할 수 있다. 불안함을 이들은 신체적 또는 언어적 공격으로 다른 사람을 멸시함으로써 보상받으려고 하게 된다.

둘째, 처벌적 · 권위적인 양육방식이다. 부모의 지나치게 처벌적이고, 권위주의적인 훈육방식은 자녀가 적대적이고 공격적이게 만든다. 처벌적인 양육태도는 자녀를 거칠고 공격적으로 만들며, 약한 사람은 괴롭히고, 강한 사람에게는 복종하려고 하는 힘의 논리에 빠지게 만든다. 부모가 거칠고 신체적인 벌을 사용하는 것은 그것이 타인을 통제하는 효과적인 방법이라는 것을 자신의 자녀에게 보여주게 되고, 자녀들은 이것을 자신의 방법으로 받아들이는 모방과정을 겪는다.

셋째, 공격행동을 방임하는 부모의 태도이다. 방임형 부모는 자녀들의 공격을 묵인하고 오히려 조장하기도 한다.

넷째, 부모의 불화이다. 피해자와 가해자 모두 갈등적인 환경을 경험한 비율이 높다. 아이들에게 부모의 불화는 편부모보다 더 악영향을 미칠 수 있다(Rutter, 1971).

다섯째, 위협적인 가족들 간의 관계이다. 부모의 일관성 없는 양육방법은 아이가 적절한 행동을 할 수 없게 하고, 형제관계가 좋지 않은 경우, 자신에 대한 가족의 심한 부정적인 태도, 가족구성원의 갑작스런 죽음, 이혼, 해고와 같은 극적인 변화를 유발하는 사건은 아이에게 충격적인 영향을 준다.

여섯째, 긍정적 변화를 유도하는 방법들에 관한 부모의 무지는 아이들의 무기력을 유발하고, 무기력에 빠져 정체감을 상실한 아이는 부정적인 방식으로 혼란한 감정을 표출하게 된다.

4) 사회 · 문화적 원인

집단괴롭힘에 영향을 주고 있는 사회 · 문화적 원인들을 간단히 정리해 보면 다음과 같다.

첫째, 집합주의적이고 폐쇄적 사회에서의 상호작용과정에서 비롯된 차별적 집단 의식이 집단 내에 안주하기를 희망하는 가해자 측은 물론, 피해자 측에도 연쇄반응을 야기해 군집적 상황을 정당화하고, 독자적 존재 양식을 일방적으로 병리화 · 부당화 · 문제화한 것이다. 괴롭힘은 정착성의 집단주의 사회일수록 집단 논리에 의해 증오를 제삼자에게 발산시켜 집단의 평온을 유지하는 방편으로, 강자로부터 받은 스트레스를 전위시키는 방편으로, 집단에 길들지 않은 이질요소를 동질화하는 방편으로 발생한다.

둘째, 성취를 향한 과열화된 경쟁의식이다. 성공 가치나 기회구조가 대단히 한정적인 사회는 극도의 과열상태를 야기하게 되는데, 괴롭힘은 이러한 상황에서 남을 딛고 넘어설 수밖에 없다는 사회적 배제논리가 강박관념과 결합되어 생성된 생존 전략 측면의 일환이다. 아시아에서 제일 먼저 괴롭힘의 문제가 연구된 일본의 '이지메' 경우를 보더라도 성취지향적 사회에서 일어나는 각축적 상황의 반영임을 알 수 있다.

셋째, 도구주의적 가치관의 팽배이다. 돈이나 권력과 같은 본인에게 이로운 것이면 무엇이든 선점하려는 풍토를 바탕으로 도구적 자산을 향유하기 위해 이해 · 공존과 같은 상생적 가치관보다 대립 · 경쟁 등의 갈등적 생활관이 만연된 것이다. 괴롭힘은 이러한 갈등적 생활관을 한 축으로 한다.

넷째, 외면적 가치를 중시하는 경향이다. 밖으로 드러나는 물질적, 육체적인 것, 외모와 인기에 치우쳐 충동적이며, 현재의 욕구 충족에 몰두하는 문화적 경향은 개개인의 독특성과 개성에 기반을 두지 못하고 집단적 모방의식에 젖어 집단적 감정에 휩싸이게 한다.

이 밖에도 괴롭힘의 원인으로 도덕 윤리의 붕괴, 폭력적인 범죄하위문화의 영향, 대중매체의 폭력보도와 방영, 사회 전반적인 유해환경의 확산, 쾌락 추구적인 사회구조를 들 수 있다.

3 집단괴롭힘의 특징

집단괴롭힘은 집단 내에서 같은 집단에 소속된 개인이나 소수에게 신체적 · 정신적 위해(危害)를 가하는 행위를 총칭한다. 괴롭힘은 한 번의 공격행동이기보다는 일정 기간에 걸쳐 일어나는데, 힘의 불균형이 존재하고, 언어적, 신체적, 심리적인 공격행동이 포함된다.

집단괴롭힘의 특징은 대화를 거부하기, 약점 들추기나 모함하기, 은근히 혹은 공개적으로 비난하는 일, 하는 일마다 시비 걸기, 그와 가까이 하는 다른 구성원에게 위해하기, 바보 만들기, 별칭 부르기, 장난을 빙자한 괴롭힘이 그것이다.

괴롭힘은 피해 당사자들에게 자긍심의 손상을 유발시키는데, 그들은 자기 자신이 인기도 없고 대처능력도 부족하다는 사실에 대해 수치심을 느끼게 되기 때문에 자신의 고통을 더욱더 숨기려고 한다.

피해학생이 정신적 학대 상황에 오래 빠져들게 되면 학습된 무기력을 유발시켜 환경에 주어지는 어떤 행동의 영향을 정확하게 반영하는 능력의 결여와 일반적인 인과성의 개념을 파악하는 능력이 결여된다. 그들은 삶이 노력과 무관하게 영위되는 것이라고 생각하는 부정적이고 수동적인 인식을 갖게 되고, 또 다른 가해학생이 되거나, 우울증, 자살, 자해(自害)와 같은 방식으로 분노가 표출되기도 한다.

4 집단괴롭힘의 유형

1) 왕따를 시키는 아이

왕따를 시키는 아이들을 보면 예전과 비슷하다. 반에서 힘이 세고 세력 있는 아이들이 자기 맘에 들지 않는다는 이유로 자기의 힘을 과시하듯 다른 아이들을 왕따 시킨다. 대부분의 이 아이들은 약한 아이들을 괴롭히면서 어떤 쾌감을 느낀다고 한다. 아이들이 내 말에 따라 한 아이를 따돌리는 것이 그들에겐 뭔지 모를 쾌감을 주는 것이다. 그렇다고 모두가 그런 쾌감을 느끼는 것은 아니다.

그중에서는 왕따 당하는 아이를 불쌍하게 여기는 아이들이 있기는 하다. 하지만 이들은 죄의식을 가지고 있으면서도 자신이 따돌림 당하지 않기 위해 어쩔 수 없이 남을 따돌리는 데 가담하는 수밖에 없다. 즉, 따돌림을 당하는 아이들이 정해져 있기도 하지만 누가 따돌림의 대상이 될지 모르는 상태에서, 일종의 어쩔 수 없는 자기방어라 해도 과언은 아니다.

일반적으로 왕따를 시키는 아이들의 특성은 이러했지만 요즘 들어 새롭게 나타난 현상으로 왕따의 피해를 경험했던 아이들이 복수심에서 따돌림의 가해자로서 따돌림을 주도하는 양상이 나타나고 있다.

2) 왕따를 당하는 아이

왕따를 당하는 아이들을 크게 세 분류로 나누면 다음과 같다.

첫째, 학생들 간의 대화에서 자주 들을 수 있는 이른바 '밥맛', '왕재수'라 일컫는 아이들이다. 혼자 잘난 척하는 아이, 남들과 잘 어울리지 않는 아이, 선생님에게 잘 보이려고 하는 얄미운 아이 등 이러한 아이들이 주로 따돌림의 대상이 된다. 과거에는 집단적 결속을 저해하는 별종이라 하여 이를 가려냄으로써 일체감,

동질감을 강화시키려는 공동체주의의 발로였지만, 오늘날에 들어서는 그냥 장난으로 시키는 따돌림의 한 대상일 뿐이지 더 이상의 의미는 없다. 물론 이 따돌림이라는 것이 상대적이어서 이렇게 따돌려지는 아이가 혼자인 경우도 있지만, 작은 집단에 속해 있고 위로받을 누군가가 있다면 상처도 좀 덜할 것이며 견뎌내기도 쉬울 것이다. 그런데 거의 모두에게 고립되어 있다면 이 아이는 학교에 오기가 싫을 것이다.

둘째, 남을 괴롭히고 못된 짓을 많이 하는 아이들이다. 이 아이들은 거의 힘이 센 아이들이다. 이들은 왕따를 시키기만 할 것 같으나 반대로 은연중 왕따를 당할 수도 있다. 그러나 이 아이들의 대부분이 자기가 왕따를 당하고 있음을 알고 있고, 자기가 왕따를 당하고 있다는 것에 대해 별로 신경을 쓰지 않는다. 이들은 대부분 이들이 속한 작은 집단이 있고 이 집단에서의 일만을 신경 쓰기 때문에 왕따에 대한 생각은 잘 갖지 않는 편이다. 그렇다고 힘이 센 아이들이 다 그런 것만은 아니다. 이를 걱정하고 고민해서 자기의 성격을 고치려 하는 아이들도 있을 것이다.

셋째, 몸이 불편하거나 정상적이지 못한 아이들이다. 이들이 최근에 새롭게 나타난 왕따의 한 대상이다. 예전에는 앞에서 말한 바와 같이 집단에서 없어져야 할 이들이 왕따를 당하곤 했는데, 요즘은 그런 것에 상관없이, 다른 사람보다 열등한 위치에 놓인 자들이 왕따를 당하는 현실이 되어 버렸다. 이러한 경우는 담임교사나 일부의 친구들에 의해 제지를 받고 지탄의 대상이 되기도 하지만 만일 많은 사람들의 무관심이 지속된다면, 이 아이들은 자기가 무슨 잘못을 한지도 모른 채 상처를 받아야만 한다.

3) 또래집단

교실이라는 좁은 공간에서 쉬는 시간과 점심시간 주로 교사들의 통제에서 벗어난 짧은 시간에 아이들 사이에서는 수많은 일들이 순식간에 일어난다. 수업시간에도 이들의 욕구와 갈등은 내연하고 있지만, 주의를 기울이지 않으면 교사들이 눈치채지 못하는 경우가 많다. 수업 종료를 알리는 종이 울림과 동시에 아이들은 주로 자신이 소속한 또래집단끼리 어울린다. 대체로 쉬는 시간이나 점심시간 또는 교실을 이동하거나 야외 수업을 하는 경우, 소풍이나 수련활동 등 학교 밖에서의 활동이 이루어질 때, 아이들은 주로 자신들이 소속된 또래집단끼리 어울리게 된다.

그런데 늘 혼자 고립되어 있거나 어떤 또래집단의 주의를 빙빙 겉도는 아이들이 있다. 그리고 함께 어울리면서도 집중적으로 면박을 당하거나 무시당하는 아이도 있다. 공놀이를 하고 싶은데, 붙여주지 않고 대화에도 끼워주지를 않는다. 차라리 혼자서 책을 보거나 만화를 그리는 편이 나을 텐데, 이 또한 혼자서는 신이 안 나고 서글프다. 점심시간에 도시락을 아예 가져오지 않고 어느 한 구석에 선가 차가운 빵으로 끼니를 때우거나 급식을 먹지 않고 굶는 아이들도 있다.

과거의 친구들을 찾아 다른 학급으로 자리를 옮기는 아이들도 있다. 이들 중 일부는 혼자서 도시락을 먹어본 처량한 신세도 경험한 적이 있거나, 도시락 뚜껑과 젓가락만 들고 다니는 힘 있는 아이들에게 몇 번 도시락을 빼앗겨 본 이후로 아예 도시락 가져오는 것을 포기한 아이들이다. 신발이나 아끼던 물건 혹은 돈을 잃어버린 경우에도 도벽이 있는 아이의 단독행동이기보다 피해자가 어떤 또래집단으로부터 따돌려지고 있지는 않은지 주의깊게 관찰해 볼 필요가 있다.

5 집단괴롭힘에 대한 지도방안

집단괴롭힘의 당사자는 피해자와 가해자로 대별된다. 따라서 문제 해결을 위한 지도활동도 두 당사자의 측면이 다 고려되어야 한다. 가해자는 피해자가 될 수 있으며, 피해자는 또 다른 가해자가 될 수 있는 것이다. 이에 집단괴롭힘 당사자들을 돕기 위한 지도방안을 살펴보고 여기에 중대한 영향을 미치는 학교와 가정에서의 역할에 대해서도 살펴보고자 한다.

1) 피해자를 위한 활동

몇몇 괴롭힘의 피해학생은 많은 놀림과 공격을 참아 내지만, 대부분의 피해학생은 그것에 대처하는 힘이 약하다. 괴롭힘의 지도에 있어서 우선 피해학생의 마음을 헤아려 함께 한다는 공감대를 형성하고 적극적으로 피해학생을 보호해 줄 수 있는 방안을 모색해야 한다. 피해학생을 위해 취해질 수 있는 조치를 제안해 보면 다음과 같다.

첫째, 학생들이 자신을 지키는 방법을 배울 수 있는 간단한 전략들로, 별명 부르기 등의 괴롭힘에 대하여 이를 무시해 버리는 행동 전략을 가정이나 학교에서 반복적으로 숙지시키는 것이다.

둘째, 피해학생 고유의 성격(personality)을 찾는 일이다. 나의 성격이 지금 어떠한 상태인지 점검하고 그것을 적극적으로 개조하는 것이 필요하다. 성격의 개조는 비굴한 비위맞춤이 아닌 자신의 노력과 땀, 그리고 적극적인 자아의 강렬한 소망으로부터 나온 자신을 멋진 사람으로 만들고자 하는 적응행위인 것이다.

셋째, 학생은 다른 집단이나 학급에서 더 행복해질 수 있으므로, 집단을 바꾸어 볼 수 있다. 부모 입장에서 아이와 함께 이유를 찾아보고 아이의 문제라면 아이를 교정해야 하고, 교사와의 상담을 통해 선생님이 원인이라면 학교를 옮기는 것도 한 방안이다.

넷째, 친구들 사이에 인기가 없고, 사회성이 부족한 학생들은 친구들 사이에서 고립되고 괴롭힘을 당하는 경우가 많다. 이런 학생들에게 사회적 기능을 가르쳐 주고 연습시킬 필요가 있다. 예를 들어, 당장 학생을 보호하기 위해서 자율학습 시간이나 점심시간, 방과 후 시간을 이용하여 독서, 도서 정비, 컴퓨터실 정리하기 등의 일을 제공할 수 있다. 이때 그 지역이 고립되지 않고 적절한 관리 감독이 되는 곳인지를 확인하는 것이 중요하다. 이러한 유형의 전략은 피해학생의 흥미나 취미를 조장하고, 자극하며, 어떤 기능을 증명해 보임으로써 집단 내에서 인정과 명예를 제공한다. 또한, 스트레스를 받는 상황에서 벗어나게 해 주며, 피해학생에게 자신감을 회복하고 잠재력을 극대화할 수 있는 시간을 제공한다. 그 외에도 괴롭힘을 유발하는 습관적 행동을 교정하게 하고, 친구가 없는 힘든 상황을 벗어나게 해 준다.

협응의 문제를 지닌 학생의 경우, 그들의 특기를 발견하여 자신감, 자긍심을 높이고, 집단 내에서 그들의 위상을 높여 줄 수 있는 성공의 기회를 만들어 주는 것이 필요하다. 문제를 해결하고 장애를 극복하는 데 있어서, 아이의 성취에 대한 인정은 다소 손상된 자아상을 회복시키는 장기적인 방법이다.

또래집단, 흥미집단에서의 활동을 통한 피해학생을 집단 속에 통합시키는 활동 프로그램의 개발은 안전한 사회환경 속에서 학생 자신의 자아상, 자신감, 자긍심에 도움을 줄 수 있는 기능과 기법 등을 실천하고 증가시킬 기회, 동료애와 우정을 나누는 경험, 그리고 생각과 정보를 교환할 수 있는 기회를 부여한다.

교사와 부모, 성인 그룹은 친구를 사귈 수 있는 기회를 제공해 주는 방법으로 아이를 지원할 수 있다. 모든 학부모는 사회적인 문제점을 가지고 있는 아이들의 욕구에 민감해져야 하며, 상황을 호전시키기 위한 아이의 학문적 · 인지적 능력의 발달, 조절과 성숙, 자아인식과 자기와 또래의 비교, 언어적 기능들, 도덕성 발달, 공격적 충동의 조절, 적절한 성 역할 행동, 학교 출석, 친구를 선택하는 기술 등의 지도에도 주의를 기울여야 한다.

2) 가해학생을 위한 활동

가해학생은 환경이 바뀌면 그들 자신이 반대로 피해학생이 되거나 외톨이가 될 수도 있다. 다른 사람을 괴롭히는 학생들에게는 우선 그들의 행동과 태도가 피해학생에게 미치는 결과의 심각성을 이해시켜야만 한다. 대부분의 괴롭힘 행동은 학습된 것이며, 따라서 그 접근법은 그러한 행동을 근절시키는 데 집중되어야만 한다. 가해학생과 함께 하는 활동의 목적은 다음과 같다.

① 가해학생들로 하여금 어떤 형태의 공격적인 행동 양식도 결코 허용될 수 없다는 것을 이해시키고 수용하게 한다.

② 가해학생의 기존 행동 목록에는 적절한 사회적 행동이 없을 수도 있으므로, 적절한 행동들을 소개해 주고 학습시킨다.

③ 다른 사람의 행동과 감정, 장점을 더 잘 이해할 수 있도록 다른 사람에 대한 가해학생들의 태도를 바꾸어 준다.

가해학생이 한 집단의 모든 구성원들에게 적절한 사회적 행동을 하였을 때 그에 대한 보상을 제공하는 것은 아주 효과적이다. 이것은 피해학생과 가해학생에게만 쏠리는 관심의 집중을 분산시키면서, 모든 집단구성원들이 서로를 지원하는 분위기를 만들어 나가는 데 도움을 준다.

가해학생의 부모는 비록 자기 자녀들이 가해학생이라는 사실에 의해 스트레스를 받고 혼란스러워질지라도, 그 상황을 바로 알아야 할 필요가 있다. 부모와의 첫 만남에서 교사는 부모와 아이들 앞에서 괴롭힘에 대한 확고한 학교 정책을 재

강조해야 하며, 또한 관련된 상벌 규정이 천명되어야 한다. 그렇게 함으로써 그 상황이 면밀하게 감독된다는 것을 분명히 인식하도록 해야 한다.

기운이 넘치는 아이들에게는 다양한 스포츠, 취미, 흥밋거리 등을 제공해 주어야 한다. 또한 아이들이 좀 더 적절한 행동을 모방할 수 있도록 더 나이든 아이나 성인들과 밀착시키는 모델링, 즉 본보이기는 괴롭힘의 지도에 있어서 아주 좋은 기법이다.

한 집단이 한 개인이나 집단을 괴롭히는 상황이라면, 그 집단의 응집력을 깰 필요가 있다. 가해집단을 지도하는 데 있어서, 우선 왜 그 집단의 구성원들이 괴롭힘에 동참하게 되는가를 생각해야 한다. 그래야만 그 집단원들로 하여금 다른 학생들과도 잘 어울릴 수 있도록 하는 효과적인 방법이 도출될 수 있다. 가해학생이 다수라서 누구를 대상으로 교정을 해야 할지 문제가 될 경우엔 우선 주도하는 아이를 알아내어 집중 교정하는 일이 필요하다. 주도자가 누구이고, 무엇이 주도자로 하여금 가해를 조장하도록 하고 있는가 등도 분석하여 대처해야 한다.

3) 학교의 역할

학교는 아이들이 깨어 있는 동안 삶의 대부분을 보내는 곳이며, 또한 다년간 그들을 면밀히 관찰하기 위한 식견을 가지고 있는 교사가 있으므로, 학교에서 괴롭힘 예방을 위한 적극적인 노력이 이루어지는 것은 아주 중요하다. 우선 인식의 전환이 필요하며, 적극적인 개입이 필요하다.

학교가 괴롭힘의 문제를 효과적이고 경제적으로 다루기 위한 지도방안을 괴롭힘 가해 및 피해학생 지도를 위한 전략적 접근법의 적용, 학교관리 프로그램, 교사와 공유된 상호적이고 안정된 관계 형성의 측면에서 살펴보겠다.

첫째, 괴롭힘 가해 및 피해학생 지도를 위한 접근법으로는 면책적 접근법, 공감적 접근법, 중재법, 괴롭힘 법정, 전문상담교사 및 담임교사 상담, 또래 상담, 괴롭힘 상자와 같은 것이 있다.

영국의 Maines와 Robinson에 의해 개발된 면책적 접근법은 어떤 사람에게 잘못이 있다는 것을 증명해야만 할 필요가 없기 때문에 괴롭힘 사건 초기의 지도 방안으로서 이용될 수 있는 단계적 기법이다.

스웨덴의 Pikas에 의해 개발된 기법인 공감적 접근법은 교사와 가해학생 간에 먼저 면담이 이루어지고 그 다음에 피해학생과 개별 면담이 이루어지는 기법이다. 더 나아가 개별 면담은 미래의 행동을 논의하고 합의를 하기 위해 관련된 모든 사람들이 참여하는 집단면담으로 유도된다.

중재법은 문제에 관련된 두 당사자가 문제해결에 도움이 된다고 서로 동의한 제3자를 정하여 그로 하여금 해결책을 협상하도록 하는 방법이다. 이 방법은 특히 두 당사자 간에 힘의 균형이 유지되는 상황에서 도움이 된다. 괴롭힘 법정은 학생들과 교직원들로 구성된 이들이 보고된 괴롭힘 사건을 검토하고 적절한 제재를 가하는 것이다. 상담은 괴롭힘에 관여한 피해학생과 가해학생 둘 다에게 도움을 줄 수 있는 접근법이다.

괴롭힘 상자는 아이들이 그들의 걱정을 종이에 써서 그것을 괴롭힘 상자에 넣는 것이다. 이러한 일련의 방안은 전통적으로 학교가 사용해 왔던 정학, 퇴학과 같이 가해학생과 피해학생에 대한 강제적인 분리, 처벌 정책보다 괴롭힘에 대처하는 보다 적극적인 방안이라 하겠다.

둘째, 학교관리 프로그램의 개발 · 확립이다. 학교에서 사용할 수 있는 가장 효과적인 예방책은 전 교직원과 지역 교육청이 어떤 형태로든 학교에서의 괴롭힘은 절대 용납하지 않을 것이며, 실제로 확고하게 대처해 나갈 것이라는 것을 분명하게 명시한 규칙을 제정하는 것이다. 학교는 이러한 교육방침을 문서화해서 모든 사람들에게 알려 숙지되도록 해야 한다. 개별 교사가 문제해결을 위해서 노력하는 것보다는 학교가 장기적인 목표를 세워 체계적으로 학교에서 괴롭힘이 일어날 기회를 제거하고 발생 자체를 억제할 수 있는 가능한 한 전반적인 학교 체제를 발전시키는 일이 중요하다.

학교의 교육과정 내용과 교육방침에 있어서 경쟁적, 관료적 분위기가 아닌, 하나의 공동체로서의 협동적 분위기가 형성되고, 학생들에게 다른 사람의 입장에서 상황을 보는 법을 가르치는 것과 같은 자기발달과 개인적 성장, 사회성 신장 등의 기회를 제공해 주는 것도 필요하다. 학교가 아이들의 사회적 행동에 관해 도울 수 있는 가장 분명한 방안은 인성, 사회성, 도덕성교육과 같은 교육과정 프로그램을 통해서이다. 생각의 공유, 지지적 언행의 격려, 타인에 대해 평가하지 않고 그대로 받아들이기, 다른 사람의 의견에 대한 존중, 성공을 위한 경쟁적인 접근보다는 협동적인 접근 등을 조장하는 수업은 괴롭힘 예방과 지도에 아주 효과적이다.

학기 초, 학교에서 우정을 쌓고 자신감을 쌓기에 가장 중요한 시기인 처음 몇 주 동안에 새로운 학생들이 정착할 수 있도록 안내활동 프로그램을 실시하는 방안이나, 초등학교에서 중학교로 진학하는 과정에서 학생들의 신상명세서를 작성하여 위험한 정보들이 새로운 학교에 통보되어 연계성 있는 지도가 되도록 하는 것은 아주 바람직하다.

상급학교에의 적응을 위한 교사(教師) 및 교사(校舍) 안내 지도를 통한 친근감 형성 프로그램, 좀 더 강하고 나이 든 학생과 피해자를 짝지어 주는 후견인 제도는 고립된 학생들이 공격으로부터 방어하는 데 도움이 될 뿐만 아니라, 대상 아이가 다른 사람들로부터 인정과 수용을 얻는 방법을 배우는 데도 도움이 된다. 습관적 괴롭힘의 경우, 이것은 틀에 박힌 것들을 깨뜨리기, 우정의 경험을 제공해 주는 효과적인 방안이 된다.

우정을 쌓을 수 있는 아이들끼리 서로 연결시켜 줌으로써 새로운 친구를 사귈 수 있도록 도와주는 조력활동 프로그램은 성인들이 제공한 사회적 기능 프로그램에서 직접 배울 때보다 더 많은 도움을 받을 수 있게 한다.

학교가 모든 학생의 효율적 관리 감독을 위해서 학교 건물의 건축 설계 때부터 고립 지역과 부속 건물을 피하는 것은 필수적인데, 이때 학교의 여건 개선을 위한 국가와 지방자치단체의 인적 · 재정적 지지가 요구된다. 학교에서 괴롭힘을 예방하기 위해서는 기회를 제거하기 위한 학교의 완전한 관리 감독이 필요하다. 학교는 괴롭힘과 다른 일탈된 행동이 발생하는 학교에서의 장소와 환경들을 밝혀 내고, 그곳이 모든 사람에게 안전하도록 계획하고 관리 감독하기 위한 경제적 · 인적 자원을 끌어오려는 노력이 필요하다.

셋째, 교사와 공유된 상호적이고 안정된 관계 형성이다. 학생과의 개별적인 접촉과 대화는 학생의 이해에 중요하다. 교사는 우선 대화를 통해 학생들을 이해하는 데 노력해야 한다. 학생들과 공유하는 진정으로 관심이 있는 화제는 아이들에게 익명의 집단 속에 묻혀 있는 한 개인에 불과하다는 감정을 버리게 하는 개인적인 정체성을 제공한다. 교사와의 공감적이고 보상적인 관계는 괴롭힘 문제해결에 효과적인 방안이 된다.

교사의 훈육방식에 있어 전교적인 규칙을 만드는 것도 한 방안이다. 교사의 일관성 없는 규칙 적용, 공정치 못한 질책, 권위적인 태도는 괴롭힘과 연관을 맺는다. 최소한의 규칙도 학생과의 합의하에 이루어지고 이를 잘 알리는 것은 안전한 학교 분위기를 만드는 데 중요하다.

처벌보다는 선도하려는 자세로 이유 없이 남을 괴롭히는 것은 인간으로서 절대로 용서될 수 없다는 것을 항상 염두에 두고 지도하는 것이 중요하다. 자신의 행위가 상대방에게 얼마나 고통과 상처를 주고 있는지를 구체적으로 알게 한다. 또한 교사의 세심하고, 주의 깊은 관리 감독은 괴롭힘을 예방하는 데 효율적인 전략이 된다. 바쁜 학교 일과에서 외딴 장소를 불시 점검하는 것, 책임감 있는 상급생에게 일상적인 관리 감독을 수행하게 하는 것도 필요하다. 학생이 열중할 수 있는 것을 장려하여 성취감을 느끼게 하는 일을 개발하고 쉬는 시간에 유익한 프로그램을 제공하여 효율적인 시간관리를 할 수 있도록 하는 것도 도움이 된다. 이에 복지관이나 청소년 상담소, 민간단체에서 실시하는 비행 예방 프로그램이나 심신 수련 프로그램을 활용하는 적극성이 요구된다.

4) 가정의 역할

대다수의 가해학생들의 가정에서 처벌적인 훈육방법이 사용되고, 공격으로만 문제를 해결하려는 경향이 짙다. 따라서 가족의 구조를 분석하고, 가정 내의 문제점을 점검하는 일은 괴롭힘의 해결 지도를 위한 기초적인 작업이 된다.

핵가족화와 가족성원들 간의 개별화로 인한 부작용을 해소하고 가족 공동체를 형성하는 일은 집단따돌림 해결의 시발점임을 명심해야 한다. 아이의 회복력을 증가시킬 수 있는 부모 훈련은 문제가 있는 아이들의 행동 변화를 유발시키는 가장 효과적인 방법 중의 하나이다. 부모의 적절한 통제와 온정적인 분위기 속에서 제공되는 확고하면서도 공정한 훈육의 사용, 아이의 거처에 관한 부모의 면밀한 감독, 아이의 긍정적인 사회적 행동에 대한 격려, 문제해결기법에 관한 훈련은 아이들의 행동을 변화시킬 수 있다.

우선 가해학생과 피해학생의 부모가 한 자리에 모여 개방된 마음(Open mind)으로서 문제 상황을 이해하고, 서로의 관점이 제시되어 상황을 평가하며 앞으로의 행동계획을 채택하는 일이 필요하다.

우리나라의 경우, 괴롭힘에 관련된 당사자들의 부모는 가족 이기주의, 자녀에 대한 과잉보호 등의 여러 요인으로 인하여 문제해결에 소극적이다. 특히, 가정과 학교의 공조(共助)가 활성화되지 못한 교육 풍토에서 부모 프로그램을 적용하는 일은 많은 시간과 노력을 필요로 하지만 반드시 해결되어야 할 과제이다. 이때 학교는 부모들이 쉽게 화해의 기반을 만들 수 있는 민주적인 열린 공간으로서 항

시 개방될 수 있어야 한다.

아이 입장에서 받는다고 느끼는 부모의 사랑, 전 가족의 지지와 수용, 대화(communication)의 증진, 형제, 자매와 같이 문제 당사자 주변 인물들의 주의 깊은 관찰과 보호활동은 중요한 지도방안이다.

가정에서는 먼저 자녀와 많은 대화 못지않게 친구 사이에서 내 아이의 위치를 파악하는 일이 중요하다. 내 아이가 괴롭힘을 당하는 피해자인 경우, '너는 더할 수 없이 귀한 존재'라며 용기를 북돋워 주어야 한다. 너는 혼자가 아니라는 생각을 심어주고, 우리는 너를 위해 힘이 되어 줄 수 있다는 신뢰를 주어야 한다. 그리고 가해학생의 부모에게도 조심스럽게 접근해서 함께 해결방안을 모색하는 적극성을 보여야 한다.

내 아이가 가해자인 경우 부모는 그 가해에 대한 법적 책임이 있다. 그것이 아이들의 일상이라고 해도 피해아이가 특정의 불이익을 얻었을 땐 법적으로 책임을 져야 한다고 판결이 난 상태이다. 가정에서는 대화를 통해 아이의 상태를 파악하고, 아이의 결핍을 해결해 주는 적극적인 대응이 필요하다.

5) 사회의 역할

아이가 지나치게 소극적이거나 내성적인 성격적 결함으로 인하여 잘 어울리지 못하는 경우에는 주위의 자원을 동원하여 아이의 자기주장 훈련을 돕거나 사회성을 개발해 나갈 수 있도록 지도해줄 필요가 있다.

지역사회에 연계한 사회교육 프로그램의 개발은 피해학생과 가해학생의 행동을 승화시킬 수 있는 괴롭힘 예방의 방안이 될 수 있다.

(1) 사회기술교육 프로그램(social skill training program)

① 억압된 감정의 환기(표출)

자신이 어떤 상황에 처해 있는가에 대한 자각을 통해 억압되고 격리된 emotion을 표면화하여 충분한 ventilation을 통해 감정정화를 돕는다.

② 자기인식의 강화

자기공개를 증진시키면 자각의 상태에 참여하게 하고 친밀한 관계에 대한 동기를 부여한다. 자신의 또래관계 내 반응 양식을 자신과 타인을 통해 돌아본다.

③ 기본적 대인관계기술 습득

또래관계 상황에 적절한 사회적 기술을 습득하게 한다. 학습할 행동에 대한 교육(modeling, coach), 배운 것을 수행하도록 촉구하는 리허설이나 실연, 유지할 수 있는 피드백 제공, 실제 상황에 적응할 수 있는 가능성 증가 훈련이다.

④ 집단에서 타인을 신뢰

집단에서 실제적 집단 내 상호작용방식의 경험을 통하여 타인을 신뢰하는 체험을 통해 자신감의 회복과 실생활과의 유사 경험을 익힌다.

(2) 또래집단 치료(Peer-group therapy)

또래집단 내의 집단 내 교우관계가 원인이라는 점에서 피해자 및 가해집단 전체를 치료대상으로 한다. 친구 사이에 사소한 다툼으로 오해가 생겨서 괴롭힘을 받는 경우, 또래집단 치료(Peer－group therapy)를 통해 가해학생과 오해를 풀 수 있는 방안을 모색하여 지원하는 일은 물론, 부족한 대인관계기술은 물론 자신감의 회복, open mind, 적절한 의사소통기술을 지도할 수 있다.

Chapter 8

성폭력

1 성폭력의 개념

1) 일반적 의미의 성폭력

성폭력(sexualviolence & sexualassault) 개념을 명확히 하는 것은 간단한 일이 아니다. 각자의 가치관에 따라 어디서부터 어디까지가 성폭력이고, 어떠한 행위들이 애정으로 표현되는지에 대해 서로 다른 판단을 내릴 수 있다. 성폭력의 개념은 1980년대 후반 여성학자나 여성운동가를 중심으로 공고화되었다. 일반적으로 우리가 말하는 '성폭력'이란 성을 매개로 하여 상대방의 의사에 반하여 강제적으로 이루어지는 행위를 말한다.

성폭력의 정의에 대해 심리적, 사회문화적, 법적, 여성학적 등의 다양한 측면에서 규정되고 있으며, 성폭력의 유형이나 범위에 있어서 차이가 있기는 하지만 성폭력을 규정짓는 가장 중요한 요인은 행위의 강제성 유무에서 규정된다고 정의를 내리고 있다(김재엽 · 이서원, 2010).

오유진은 '인간에게 성관계를 성립시키는 가장 비열한 행위는 성폭행이다'라고 말한다. 김정희는 성폭력은 강간뿐 아니라 추행, 성적희롱, 성기노출, 어린이 성추행, 윤간, 아내강간, 강도강간 등 인간에게 가해지는 모든 신체적 · 언어적 · 정서적 폭력을 포괄하는 광범위한 개념이라 정의했다.

유엔 경제사회위원회(The Economicand Social Council Commission on the Status of Womens)에서는 성폭력 개념이란 가정 내에서의 신체적 · 성적 · 감정적 · 경제적 학대와 강간 및 성적 폭행, 성적 희롱, 성추행, 여성거래, 비자발적 매춘, 음란물(포르노) 등을 포괄하는 개념으로 정의한다. 이는 여성 의지에 반하는 일을 하게 하는 강제력의 사용이라는 공통분모를 가지고 있다.

반드라(Bandura)는 페미니스트 관점에서 성폭력이 폭력, 증오, 공격성의 행위라고 정의하고 있다. 성폭력은 폭력이라는 공통분모를 가지고 있으며 또 다른 형태의 폭력과 마찬가지로 피해자에 대한 침해와 상처가 있고, 이 상처는 심리적, 신체적인 것이라고 하였다.

한국성폭력상담소에서는 성폭력을 개인의 자유로운 성적 결정권을 침해하는 범죄로 강간뿐 아니라 추행, 성희롱 등 모든 신체적 · 언어적 · 정서적 폭력을 포괄하는 광범위한 개념으로 정의하고 있다. 즉, 상대방의 의사를 침해하여 이루어지는 성적 접촉은 모두 성폭력에 해당한다고 간주한다.

성폭력은 피해자의 성정체성에 대한 폭력이다. 몸이 가지고 있는 특정 부분과 영역 이상으로 관계 맺는 방식이며, 정체성을 구성하는 다양한 요소의 의미체계가 맞물려 있다. 따라서 특정된 몸 부위에 가해진 폭력 이상의 의미가 있다.

성폭력을 법에서 판단하려면 여성 피해자의 입장에서 왜 그 경험이 고통인지를 이해해야 할 것이다. 여성의 성적 자존감과 통합성의 의미를 이해할 때 성폭력이 무엇을 침해하는 것인지 알 수 있다. 성폭력에 대한 의미를 피해자의 경험으로 확대하고 있다. 또한 성폭력에 대한 막연한 불안감이나 공포, 그리고 그것으로 인한 행동제약도 간접적인 성폭력에 해당한다고 제기한다.

이처럼 성폭력에 대한 개념의 정의는 다양하다. 결국 성폭력은 피해자의 자기결정권 침해이며 언어적 · 신체적 권리의 침해로서 법에서 규정하는 것보다 더 포괄적이다. 성폭력이 문제가 되는 것은 그것이 사건 자체로 끝나는 것이 아니라 피해자에게 부정적인 영향을 주기 때문이다. 청소년 성폭력 피해자들은 성폭력을 애정이나 관심의 표현으로 해석하여 자신의 의지와 무관하게 성관계를 갖기도 한다. 성적 활동이 정상인보다 더 많거나 혼란스러운 성활동을 보일 수 있는 부정적 영향이 보고되기 때문에 강간 이외의 불쾌감을 야기시키는 모든 행위를 성폭력으로 인식하는 시각이 필요하다.

2) 법률적 의미의 성폭력

1990년대 이후 여성단체의 꾸준한 노력과 국내의 최근에 발생한 성폭력 사건들이 사회적 반향을 일으키면서 한국사회는 최근 20~30년 사이에 급격한 변화가 일어났다. 1994년 4월 성폭력범죄의 처벌 및 피해자보호 등에 관한 법률이 시행됨에 따라 기존의 형법 및 특별범죄 가중처벌에 해당하는 강제추행, 강간, 강간미수, 위력 또는 위계에 의한 간음, 그리고 어린이 성추행 외에 친족에 의한 강간, 장애인에 대한 준강간, 업무상위력 등에 의한 추행, 공중밀집장소에서의 추행, 통신매체이용 음란의 죄 등을 규정하고 있다.

성폭력의 구체적인 법률적 유형은 다음과 같다. 강간이라는 용어는 훔치고, 강탈하고, 데리고 가는 것을 의미하는 라틴어에서 유래했다. 본래의 의미는 맘에 드는 남의 아내를 빼앗아 자신의 부족으로 데려가는 것을 의미하였으나, 오늘날 강간의 개념은 가해자가 성적인 욕구를 표현하는 과정에서 피해자의 동의 없이 성기를 삽입하여 자신의 성적인 욕구를 충족시키는 남성들의 시각으로 사용되고 있다. 강간은 남성이 상대방의 반항을 불능시키고 상대방을 현저히 곤란하게 할 수 있는 폭행과 협박으로 부녀를 간음하는 것을 말한다. 13세 미만의 부녀를 간음했을 때는 폭력을 수단으로 하지 않았어도 강간죄가 성립한다. 강간죄는 친고죄로서 범죄의 피해자나 기타 법률이 정한 자의 고소·고발이 있어야 공소가 가능하다.

특수강간은 특정범죄 가중처벌법상의 범죄로 흉기를 휴대한 가해자나 2인 이상의 가해자가 강간죄나 강제추행죄, 준강간죄, 준강제추행죄를 범하거나 시도하는 경우를 가리킨다. 성폭력특별법 제6조에 의거하여 피해자를 치사 혹은 치상한 경우 무기 또는 각각 7년 이상의 징역을 선고할 수 있다.

강제추행(형법 298조)은 폭행, 협박으로 사람을 추행하여 개인의 성적 자기 결정의 자유를 침해한 것으로 10년 이하의 징역 또는 1,500만 원 이하의 벌금에 처한다. 행위 객체는 남녀노소 · 혼인 여부를 묻지 않으며 행위 주체는 남 · 여 모두가 될 수 있다.

언어적 폭력, 통신매체에 의한 음란전화, 장난전화, 침묵전화는 전화나 편지, 컴퓨터 통신을 이용하여 음란한 내용이나 성적 언어로 모욕감을 주거나 불쾌감을 주는 행위를 말한다. 예를 들면, 음란전화에는 성과 관련된 내용을 말하거나, 성적 호기심 질문, 성적인 욕설, 성관계 질문하기 등을 들 수 있다. 비음란전화에는 장난전화, 침묵전화, 협박전화, 일방적 욕설, 수면을 방해하는 심야전화 등이 있다.

그러나 현행법은 점차 성폭력범을 처벌하고 피해생존자의 권리를 확보하는 방향으로 나아가고 있는 추세이다. 그러나 아직도 성폭력의 개념, 친고죄, 공소시효 등의 법 · 제도상 미비한 부분이 산재해 있고, 현행법의 운용과정에서도 피해자들은 수사, 재판 담당자들의 성폭력에 대한 잘못된 이해로 이차 피해를 입는 등의 어려움을 겪고 있다.

2 청소년 성폭력의 특징

1) 개념

청소년 성폭력이란 만 13세 이상 19세 이하의 청소년에게 발생하는 성폭력을 의미한다. 청소년 성폭력의 경우, 어린이나 성인의 성폭력 피해에 비해 윤간이나 강도강간 등 특수강간의 비율이 높다. 남성 피해자도 상당수 있는 것으로 조사되고 있다. 이는 청소년들이 학교 폭력배나 불량배 등의 집단폭행, 강도, 흉기 사용, 침입 등의 주요 표적이 되고 있기 때문이다.

집단강간 범죄의 절반을 차지하고, 청소년들은 금기와 탐닉이라는 이중적 성문화의 혼란 속에서 성교육의 부재, 성의 상품화로 인해 갈수록 성을 하나의 놀이로 인식한다. 성행위를 청소년 또래집단 간의 돈독한 유대를 갖는 일종의 통과의례처럼 간주하기도 한다. 청소년들은 성 인식 및 집단의식에서 기인되어 성폭력 행위를 전혀 죄의식 없이 행하고 있는 양상을 보여 주고 있다.

성폭력을 어린 시절 당했을 경우 치명적 상처로 남을 가능성이 크다. 아이들은 성에 대한 인식이나 이에 대한 정서적 · 윤리적 판단이 서 있지 않은 상태이기 때문에 추행이나 강간행위가 그들에게 공포나 가해로 경험되지 않는 경우도 있다. 아이들은 뭔지도 모르는 채, 혹은 놀이인 줄 알고 응하기도 하며, 사건을 알게 된 부모의 태도에 따라 사소한 일로 넘길 수도 있다.

청소년기에 접어들면서 아이들은 신체적 변화가 일어나고 몸에 대한 관심이 급격히 높아진다. 또한 이 시기는 가정이나 학교에서 몸조심을 강조하고 여자 몸은 한번 깨지면 끝장이라는 잘못된 유리그릇 순결교육이 강조되는 시기이다. 또한 사춘기의 청소년은 모든 것을 혼자 해결하려는 발달단계에 있기 때문에 부모에게 성폭력 사실을 말하지 않고 홀로 감수하려고 든다. 그래서 더욱더 깊은 좌절감에 빠져 방황하다가 본드 흡입, 가출 등의 비행청소년이 된다.

청소년 성폭력 피해자가 보여 주는 또 다른 후유증으로는 성에 대한 두 가지 유형의 부정적 태도와 행위 양식이다. 청소년 피해자는 성을 고통과 공포로 인지하기 때문에 성에 대해 매우 배타적 태도와 성적인 부적응을 보이고 결혼 후에도 남편과의 성관계를 기피하는 경우가 많아 또 다른 갈등을 겪는 경우가 많다. 이와는 반대로 성폭행을 지속적으로 당한 피해자의 경우 성적 호기심을 보이거나 성을 탐닉하는 경우도 있다.이웃집 또래 친구를 불러 자신이 당한 행위를 그대로 재현하거나 또래 남자나 성인남자와 쉽게 성관계를 맺는 모습을 보인다.

2) 성폭력 가해자와 피해자의 특징

처벌적 처벌방침은 또 다른 비행청소년 문제를 야기시키고 또래집단에게 매우 부정적인 영향을 주고 있다. 성폭력의 원인에 대한 부분을 다음에서 다룰 예정이지만 가해자나 피해자 문제, 성폭력의 결과를 놓고 봐도 성에 대한 잘못된 이해나 인식이 청소년이 성폭력을 일으키게 부추긴다는 것을 알 수 있다. 청소년의 가해자 특징과 피해자 특징은 다음과 같다.

(1) 가해자의 특징

청소년 성폭력 가해자는 남자 청소년들이며 피해자들과 나이가 비슷하다. 성폭력을 가하게 된 동기는 충동과 호기심인 것으로 나타났다. 성폭력 가해자들 대부분은 죄의식을 느끼지 못하거나 피해자의 고통에 둔감하고, 아예 피해자의 존재 자체를 인정하지 않는다. 그것은 그들이 자신의 행동을 성폭력이 아니라, 성관계로 인식하고 있거나 정상적인 남성행동의 일부로 보고 있기 때문이다. 이는 성폭력범이라는 낙인에서 벗어나기 위해 자신의 행동이 잘못된 것임을 알면서도 부정하는 것일 수도 있지만, 실제로 그렇게 믿는 경우가 많다.

가해자들은 피해자와 마찬가지로 초기 단계에서 엄청난 위기를 경험한다. 가해자들 역시 성폭력 가해자에 대한 통념(변태, 흉악범, 정신이상자, 비정상 등)을 내면화하고 있기 때문에, 자신에게 떨어진 도덕적 비난과 멸시로 인해 자신이 설자리를 잃었다는 절박함과 두려움을 갖게 된다. 그리고 피해자에 대한 죄의식과 분노, 억울하게 가해자로 몰렸다는 피해의식과 피해자와 중재자들에 대한 원망 등을 표현하게 된다. 이러한 상황에서 대부분의 가해자들은 태어나 처음으로 엄청난 위기를 겪게 되고, 분노, 두려움, 심리적 위축, 피해의식, 원망, 억울함, 회피 등 복잡하고 강렬한 정서적 반응을 보이게 된다. 여기서 대부분의 가해자들이 보이는 정서적 반응의 특징은 사건의 축소 혹은 부인의 욕구라 할 수 있다.

성폭력이 계속되는 문제에 대한 부인은 자신의 행동이 성폭력이었으며 그것에 대한 전적인 책임을 인정하더라도 그것이 가해자 자신이 가지고 있는 인생 전반의 문제라기보다는 하나의 우발적이고 충동적인 에피소드에 지나지 않았다고 주장하는 것이다. 이렇게 함으로써 자신의 근본적인 문제를 회피하고 그만큼 성찰과 변화의 책임과 노력을 회피하게 되는 것이다.

가해자들이 자신의 가해행위를 정상적인 남성의 행위의 일부로 보는 성폭력 각본을 가지고 있고, 극히 일부 가해행위에 대해서만 성폭력이라는 개념을 가지고 있는 것으로 밝혀져 자신이 처한 관점에서 성폭력을 인식하고 있음을 나타내준다.

청소년 성폭력을 인식하는 부분에서 자신들의 문제가 아니라 성폭력을 유발하는 원인을 피해자들에게 돌리는 경우도 있었다. 이들은 피해자와 그 가족들이 겪을 후유증에 대해서는 관심이 없었으며 오히려 자신들이 이상한 자로 낙인찍힐까에 대해 두려워하고 있다.

성폭력상담소에 청소년 성폭력 가해자의 부모, 누나가 전화로 상담을 요청하는 경우가 있다. 가해자들은 공부도 괜찮게 하고 성격도 온순한 편이라고 말한다. 실제로 가해자들 중에서 자기 또래집단에서 소외되지 않기 위해서 함께 했다는 아이, 자기는 성폭행을 직접하지 않았지만 망 보다 잡혔다는 아이도 상당수 있다. 청소년 가해자들의 공통점은 성폭력을 죄가 된다고 별로 생각하지 않는다는 것이다.

범법자가 되면 가해자도 고통을 겪게 된다. 범법자가 되지 않는다 하더라도 청소년들에게 성폭력이 범죄행위가 아닌 자극적인 놀이문화의 한 형태로 자리 잡아 갈 때 인간 중심적이기보다는 폭력적 성 인식을 견지 · 양성하는 결과를 초래한다. 이들은 성인이 되어서도 상대방의 의사를 존중하며 대등한 대화로서의 성관계를 갖지 못하는 경향이 있다.

청소년 성폭력은 가해자와 피해 당사자뿐만 아니라 가족구성원에게도 감당하기 어려운 심리적 상처를 주고 있다. 가해자 가족 역시, 상심과 절망, 아들에 대한 배신감, 불결함 등을 호소하기도 한다. 학교 역시 이러한 성폭력 가해자 문제로 골치를 앓고 있고 현재의 교육제도에서는 정학, 퇴학 등의 처벌 중심 정책뿐이다. 이러한 처벌적 처벌방침은 또 다른 비행청소년 문제를 야기시키고 또래집단에게 매우 부정적인 영향을 주고 있다.

(2) 피해자의 특징

청소년 성폭력 피해자가 받는 영향의 심각성은 아무리 강조해도 지나치지 않는다. 성폭행으로 인한 결과로 오는 손상, 피해는 오랫동안 지속되며 성인이 된 후에도 엄청난 영향을 미칠 수 있다. 게다가 가족, 친척, 친구, 주변에 아는 사람들이 성폭행의 가해자인 경우가 적지 않기 때문에 비밀을 지키도록 강요받고 따라서 진상을 밝히기에 많은 어려움이 있다.

피해자들은 경황이 없어서 자신이 어떤 식으로 상처를 받았는가에 대해서는 인식하지 못하는 경우가 많다. 그러나 일반적으로는 거의 대부분의 성폭력 피해자들은 다음과 같은 상처를 받는다. 성폭력으로 인해 상해, 임신 등의 신체적 상해뿐 아니라, 강간 쇼크증후군으로 불리는 우울, 불안, 수치감, 죄책감, 순결 상실감, 남성 혐오, 대인 기피증, 때로는 정신분열, 자살시도 등의 심각한 정신적 상처가 바로 그것이다.

사회적 기능 측면에서는 학습장애, 학교거부, 집중력상실, 무단결석 등으로 나타났다. 성폭력으로 인해 피해자가 입은 피해는 이루다 헤아릴 수 없다. 개인의 전생애를 통해서 성폭력과 같이 개인의 존엄성과 자존심을 말살시키는 범죄는 없을 것이다. 따라서 성폭력 피해자가 받는 피해의 정도는 정확하게 진단하고 파악하는 것이 불가능하다. 성폭력의 피해자와 가해자는 다 같이 집단으로서의 사회에 소속되어 있다. 이러한 사회집단은 서로의 만남이 상대방의 성장과 발달을 위해서 기여할 수 있는 계기로 작용해야 한다. 성폭력은 바로 상대방의 인권과 존재의미 그리고 가치를 말살해 버리는 가장 비인간적이고 야만적인 행위인 것이다.

성폭력으로 인한 신체적인 학대를 당한 청소년들에게서 발견되는 병리적인 성행동은 성 정체감의 혼란으로 연결되기도 한다. 피해자는 신체적인 학대에 따르는 인지적 · 신경학적 손상을 겪기도 한다.

병리적인 불안의 증상인 수면장애, 불면증, 그리고 악몽이 성적으로 학대당하는 청소년들에게서 발견된다. 신체화 증상과 모든 남성들에 대한 공포성 회피까지 발견된다. 이러한 증상은 외상 후 스트레스 장애(PTSD : post traumatic stress disorder)와 유사하다.

Goodwin Jason은 성적으로 학대당한 청소년에게서 공포 놀라움, 외상에 대한 기억에 압도당하기, 불안발작, 자아수축 등의 증상을 발견하였다. Bern D. Fine의 연구에서는 성적으로 학대당해 입원한 청소년과 아동 진단 면접에서 보다 심각한 증상과 자살시도 경향성을 보인다고 말한다. Goodwin은 성폭력을 당한 청소년의 여섯 사례 중에서 히스테리를 경험하는 청소년 사례를 소개하였다. 히스테리는 성적으로 학대당한 청소년이 부인, 분리, 그리고 정서적인 소외 등의 외상적인 기억들로부터 스스로를 보호하기 위한 시도를 하는 것으로 인해 나타난다. 가장 극단적인 해리적 반동은 다중성격장애를 유발할 수 있다. 성폭력을 당한 청소년들에게서 일어나는 과도한 환상, 백일몽, 건망증, 몽유병, 기억상실 등이 해리증상의 신호들이다.

성폭력 피해자의 초기 결과와 장기적 결과를 구분하였다. 초기에는 불안이나 두려움의 정서적 경험, 잠을 못자고 먹지 못하는 등의 불안이나 두려움과 같은 신체적 징후, 분노와 적대감, 공개된 장소에서의 자위, 과도한 성적 호기심과 성기의 잦은 노출과 무단결석, 가출 등을 포함한 행동적이고 사회적인 문제와 연관된다고 한다. 성폭력 피해 직후에는 외상 후 스트레스장애로 인한 고통을 겪는다. 반면, 성폭력의 피해로 인한 장기적 결과로는 우울증, 불안과 긴장 및 낮은 자존감과 부정적인 자기개념 등이 포함된다. 좀 더 심각하고 장기적인 결과는 사회적 상호작용 및 교우관계에서도 장애를 갖게 되는 것이다.

이들은 성폭력이 피해자에게 끼치는 영향을 설명하기 위해 외상적 역동 모델(thetraumagenic dynamics model of child sexualabuse)을 제시하였다. 이는 외상에 의한 성정체감 형성(traumatic sexualization), 배반감(betrayal), 낙인화(stigmatisation), 무력감(powerlessness)으로 구성된다.

청소년기에 당한 성폭력은 성인의 경우보다 더 정서적인 상처도 깊고 치명적이며, 심각한 양상을 보이는 것으로 나타난다. 청소년기는 신체의 변화가 일어나고 여자의 경우 월경이 시작되면서 몸에 대한 관심이 많아지는 시기이다. 이 시기는 몸을 조심하고 여자의 몸은 깨지면 돌이킬 수 없다는 잘못된 순결교육이 강화되는 시기이다. 사춘기의 청소년은 모든 것을 혼자 해결하려는 발달단계에 있기 때문에 부모에게 성폭력 사실을 말하지 않고 홀로 감수하려고 든다. 그래서 더욱더 깊은 좌절감에 빠져 방황하다가 비행청소년이 되고 심지어는 매춘여성이 되기도 한다.

성폭력을 경험한 피해자는 기본적으로 대인관계 상황에서 피해를 입었기 때문에 타인과의 안정된 신뢰관계를 유지하는 것이 어렵다. 성폭력 피해 후 사회적인 부적응을 경험하여 학교 다니는 것을 중단하는 경우, 가족으로부터 고립되는 경험 등을 하기도 한다. 청소년의 성폭력 피해자들은 심리적 · 정신적인 문제가 심각하다.

성폭력의 영향은 자아개념, 친밀한 관계, 성(sexuality), 부모역할, 직장생활, 정신적인 면 등 모든 부분에서 나타난다. 성폭력으로부터 살아난 많은 사람들은 그 피해에서 벗어나느라 경황이 없어서 자신이 어떤 식으로 상처를 받았는가에 대해서는 인식하지 못하는 경우가 많다. 하지만 치유가 필요한 영역이 어디인가를 알아내기 전에는 결코 치유란 있을 수 없다.

청소년 성폭력 피해자들은 소외감과 외로움을 혼자 감당해야 한다. 신체적인 아픔도 감추는 법을 배우게 된다. 그것은 너무 끔찍한 경험이었기 때문이거나 혹은 자신을 감싸주는 사람이 없다고 생각하기 때문일 것이다. 감정에 대한 흐름도 표출할 수 없었기 때문에 통째로 차단해 버린다.

3 청소년 성폭력의 발생원인

성폭력범죄의 발생의 원인에 있어서 여러 원인이 있겠지만 크게 두 가지로 분류하여 개인적인 원인(생물학적 · 신체적 · 심리학적 원인)과 환경적인 원인(성폭력문화학습, 왜곡된 성문화의 접촉)으로 나누어 살펴보려고 한다.

1) 개인적 원인

개인적인 원인으로 신체적 호르몬의 변화나 개인적으로 타고난 기질, 특정한 경험이나 가치관, 태도, 인지체제를 생각해 볼 수 있다. 먼저 생물학적 이론에 입각하여 살펴보면 뇌의 이상이 인간의 공격적 행동에 여러 단계를 거쳐 영향을 준다. 최근에 연구되는 가해자 생물학적 요인인 생화학적 요소의 변화 또는 호르몬 등의 변화와 같은 생물학적 요소가 강간 등의 성공격성을 증가시킨다는 것이다.

뇌의 특정부분을 자극하면 공격성을 증가시킨다든지, 내분비 이상이나 성중추신경의 변화, 혈당 등의 변화가 범죄와 연관된다는 것이다. 특히, 최근에 특정영양분의 부족, 우유 등의 알레르기 식품의 과다섭취, 당분의 과다섭취 등이 범죄를 증가시킨다는 연구가 많이 행해지고 있다.

그리고 호르몬의 이상 및 염색체 이상과 성욕과는 깊은 관계가 있다. 예컨대 거세약물을 투입한 쥐는 원래 가지고 있던 성적 행동이나 공격성을 상실하지만, 이 쥐에 다시 남성호르몬인 안드로겐(Androgen)을 투여하면 새로운 공격성을 회복하는 것을 볼 수 있다. 또한 건강한 숫쥐에 여성호르몬인 에스트로겐(Estrogen)을 주입하면 성적 충동이나 공격성이 억제되어 없어져 버린다는 것이다. 이들 여성호르몬은 남성호르몬에 의해 야기되는 폭력성과 성적 충동을 완화시켜주는 효과가 있는 것으로 알려져 있다. 그런데 정신적 비정상이나 호르몬 및 염색체 이상은 실제 드물고 인격장애로 취급될 수 있는 정신 병리적 성폭력범죄자도 드물게 나타나고 있다.

개인의 신체적 성장애에 의한 심리적 · 기질적 이유로 원활한 성관계를 가질 수 없어 좌절감을 갖게 되고, 상대에 대한 성적 폭력이나 성적 이외의 폭력으로 나타나고 있다. 성숙되지 못한 사람은 이러한 성애를 겪으면 여러 형태의 공격적 또는 회피적 반응을 보일 수가 있는데, 성장애 중에서 특히 범죄와 관련되는 성적 혐오감과 조루증 · 발기부전 등으로, 이들은 부부간의 갈등을 일으키거나 때로는 무차별적인 연쇄성폭행살인의 원인이 되기도 한다.

성폭력 가해자의 특성을 정신분석이론에 초점을 둔다면 초기 생활 경험으로 인해 생긴 심리적 · 성격상의 문제를 폭력행동의 원인으로 본다. 폭력행동은 성격상의 문제로서, 충동통제의 어려움, 친밀감에 대한 두려움, 우울, 손상된 자아기능 등으로 나타난다. 성폭력의 대상이 되는 여성은 아동기 때 적절한 보살핌을 받지 못하여, 자신들이 학대받아 마땅하다고 생각하고 학대에 저항하기보다는 복종하고 자신을 무가치하게 느끼기에 가해자의 폭력을 증폭시킨다고 본다.

Freud의 정신분석이론에 의하면 부모와 주위 환경에 의해 나타나는 본능적 욕구의 왜곡과 정신적인 욕구로 말미암아 가정교육의 초기 단계에서 정서불안이 된다는 것이다. 이 이론은 일반적 정서장애가 초기의 성적 장애의 결과이며, 한 번 인간의 성적 충동이 환경적 영향에 의해 왜곡되거나 좌절되면 정서장애가 될 수 밖에 없다. 따라서 나중에는 성범죄를 저지르는 행동에 직면하게 된다는 것이다. 이 이론에 따르면 성범죄에 수반되는 모든 성적 혼란은 초기의 성문제에 대한 억압이나 고착으로 인해 발생된다고 한다.

이와는 반대로 개념을 설정한 정신과 의사인 Alfred Adler는 일반적으로 장애가 먼저 발생하고, 성적 혼란은 언제나 파생적으로 발생한다고 가정하였다. 오늘날 많은 비프로이드학파가 이 이론을 지지하고 있다. 하지만 성폭력의 가해자들이 어떤 인성적인 특성을 공유하고 있다 할지라도 그것이 바로 정신분열증이나 히스테리 등의 정신분석학적 분류에 속할 수 있는가에 대해서는 임상의들도 의문을 제기하고 있다.

사실상 성폭력 가해자 혹은 강간범들이 인성상의 특징을 공유하고 있다고 하여도 연구조사를 통하여 강간을 범한 남성과 강간을 하지 않은 남성 사이의 뚜렷한 인성상의 차이는 아직 발견하지 못하고 있기 때문이다.

2) 환경적 원인

최근 10대들의 청소년 집단 성폭력사건을 살펴보면 성폭력범죄의 원인을 개인적인 문제가 아니라는 것을 알 수 있다. 다양한 매체를 통한 무분별한 왜곡된 성문화의 접촉으로 인해 이에 대한 죄책감조차 느끼지 못한다. 이제 성폭력범죄는 개인의 문제가 아닌 사회의 문제이기도 하다.

사회학습이론에 따르면 범죄행위는 물질적이고 사회적인 강화를 통해 학습된다. 즉, 폭력은 학습된 행동으로 본다. 가해자는 폭력적인 환경에서 성장하여, 폭력을 관찰하거나 경험함으로써 폭력적인 행동을 지지하는 신념을 내면화하게 된다. 타인의 어떤 행동에 대한 보상이나 처벌을 보고 모방을 통해 그 행동을 학습

한다는 것이다. 따라서 성범죄자들이 처한 사회적인 환경 안에서 성범죄에 대한 관대함을 배우며, 일반인들에 비해 성범죄자들은 강간에 대한 전문적인 지식을 더 효과적으로 배우고, 성범죄와 폭력성에 대해 우호적이라는 것이다. 따라서 학습을 통한 성범죄의 재범은 증거인멸을 위해 잔인한 범죄를 일으키는 경향이 강하다.

그러나 이 접근은 성차별주의와 권력 및 통제의 문제를 배제한 채 사용될 가능성이 있는데, 즉 가해자는 권력과 통제에 대한 학습 없이 새로운 행동들만 배우게 되고, 자신이 치료되었다고 말할 수 있다. 성평등에 대한 인식이 없다면 여성이 폭력의 주된 대상이 되는 원인을 설명할 수 없다는 문제점이 있다.

사회문화적 요인으로는 성폭력, 성역할, 성에 대한 그 사회가 가지는 문화적 태도 등이 있다. 가령, 왜곡된 성문화, 즉 여성을 성적 상품화하는 사회적 규준, 여성을 공격의 목표물로 설정한다든지, 외설적 농담, 남자들이 어릴 때부터 힘 · 지위 · 통제력을 행사하도록 강요받는 문화에서 남자들은 소년시절부터 거칠고 공격적인 행동을 하도록 사회화되고, 이런 사회화 과정에 의해 성폭력은 익숙해진다는 것이다.

성범죄는 남성 중심의 사회적 구조로 여성들을 성적 지배하고자 하는 남성들의 동물적 지배본능으로부터 남성의 왜곡된 성문화와 문란한 성풍속으로 강간을 대수롭지 않게 인식함으로 인해 발생한다. 즉, 성폭력범죄의 피해자들은 정숙하지 않거나, 적절하지 않은 때와 장소에 있음으로써 성폭력범죄를 유발시킨다는 것이다. 또한 여자가 필사적으로 저항하면 강간을 피할 수 있다는 사회적 통념으로 반항한 흔적이 없거나, 신체적 피해가 없으면 피해자를 불신하는 사회적 분위기가 조성된다.

이러한 사회적 통념은 부상이나 죽음의 두려움으로 저항하지 못한 피해자를 전혀 고려하지 않은 처사라 할 수 있다. 피해자가 무모한 여성이 아니라면 무기로 위협받을 때 피해자는 반항을 통해 상황을 벗어나기보다는 저항을 하지 않는 것이 더 합리적이라고 판단할 것이다. 상대적으로 강한 가해자가 어떤 물리적 힘을 가하면서 피해자가 저항하기를 바라는 사회적 통념은 성폭력을 합법화시키는 것이나 다름없다. 사회문화이론은 성범죄의 발생을 문화 수준이 낮을수록 더 많이 발생하고 상대적으로 높으면 범죄는 감소한다는 이론으로 한계점을 가지고 있다.

4 사이버 성폭력

1) 사이버 성폭력의 개념

사이버 성폭력은 성폭력의 개념 자체가 갖는 애매함 외에 사이버라는 공간적 배경이 갖는 모호함이 더해짐으로써 간단히 규정하기 어려운 다차원적이며 논쟁적인 개념이다. 사이버 성폭력의 뚜렷한 개념적 합의가 이루어지지 않은 현재까지의 논의들을 종합해보면 사이버 성폭력을 규정함에 있어서 두 가지 지배적인 관점이 있다.

첫 번째 관점은 오프라인에서의 성폭력에 대한 법률적 이해와 유사하게 사이버 성폭력을 인간의 성적 온전성에 대한 침해행위로 다루는 입장으로 이 관점에서 사이버 성폭력은 인터넷, e-메일 등 정보통신수단을 이용하여 다수 또는 특정인을 성적으로 괴롭히는 행위 또는 성적 수치심, 공포심 및 불안감 유발로 규정된다.

두 번째 관점은 주로 여권운동단체나 여성학계에서 주장하는 것으로서, 사이버 성폭력을 여성에 대한 폭력이란 시각에서 출발하는데, 한국성폭력상담소에서는 우리 사회의 여성을 억압하고 왜곡된 성문화를 강화하는 새로운 요소로 작용한다는 데 심각하게 문제제기를 하며 사이버 성폭력을 "원치 않는 성적인 언어나

이미지를 사용함으로써 위협적, 적대적, 공격적인 통신환경을 조성하여 상대방의 통신환경을 저해하거나 현실공간에서의 피해를 유발한 경우를 말하며 명시적으로 성적인 접근이나 제안이 아니더라도 성적인 은유나 암시로 상대방으로 하여금 불쾌감을 느끼게 한 경우"로 규정하고 있다.

이 두 가지 관점 중 전자는 성(sexuality)에 초점을 두는 개념인 데 비해 후자는 성차(gender)에 초점을 두고 사이버 성폭력을 여성이라는 성에 근거하여 이루어지는 성적이며 심리적인 폭력 및 괴롭힘으로 규정한다. 따라서 여성에 대해 적대적인 욕설, 비속어, 언어폭력 그리고 단순히 불쾌감을 주는 성적 메시지까지도 사이버 성폭력의 범주에 포함시켜야 한다는 입장이라 하겠다. 그러나 법률적으로 판단해 보면 성폭력이라 함은 "한 개인의 성적 자기결정권을 침해하는 행위"를 말하므로 사이버 성폭력의 개념도 사이버공간을 이용하여 개인의 성적 자기 결정권을 침해하는 행위라고 보는 것이 논리적이고 타당할 것이다.

2) 사이버 성폭력의 특성

사이버 성폭력과 현실 성폭력과의 차이는 무엇인가. 사이버공간에서의 행위라는 것은 문자나 영상 등의 표현을 의미하는 것이기 때문에 여기서 행위라는 것은 현실에서의 행위와는 달리 표현이라는 것이다. 이와 같은 이유로 인하여 사이버 성폭력이 현실의 경우에서와 같이 심각하게 인식되거나 규제되어야 하는 것인가와 관련하여 표현의 자유와 개인의 권리에 대한 침해행위라는 개념이 대립하고 있다.

성과 관련된 특정 표현으로 인하여 현실의 누군가가 고통을 받았을 때 아는 피해자의 권리가 침해된 것이지만 그러한 행위가 텍스트나 영상을 통한 표현을 통해 한 개인의 의사를 표출한 것에 불과하기 때문에 자유로운 표현의 한 사례에 불과하다고 주장할 수 있다.

성과 관련한 공격적 표현에 대한 이러한 상반된 주장은 이러한 행위에 대한 규제나 법적 처리과정에서 이것이 어떻게 해석되느냐에 따라서 그 비중이 달라질 것이다. 사이버 성폭력이 현실 성폭력에 비해 사용자가 언제나 접속을 종료할 수 있기 때문에 심각한 상황에서 빠져 나오기가 더 쉽지만 특정 동호회의 회원으로 활동하거나 자신이 즐겨 찾는 사이트에서 활동하다가 문자나 영상표현으로 인해 불쾌한 경험을 당했을 때 그것에 대한 대응방식으로 그 사이트를 나올 때 피해자는 사이버공간에서 의사교류에 자유롭게 참여할 권리가 침해되고 사이버 성폭력 피해자들은 모욕감, 두려움이나 위협을 느끼기 때문에 이를 규제할 필요가 있는 것이다.

(1) 익명성과 탈억제성

사이버공간은 비가시적 공간이므로 타인이 나를 알지 못할 것이며 알 수 없다는 익명성은 타인에게 나타나는 나 자신의 이미지를 내가 새롭게 만들 수 있다는 자유를 경험하게 된다.

도메인 네임을 이용하여 음란정보를 게재하고 게재된 정보를 컴퓨터 단말기를 통한 접속으로 얻거나 인터넷 채팅을 통해 인간관계에서 자신이 억제해 왔던 욕구나 갈등을 표현하는 현실적 대안이 된다. 사이버공간에서 익명성은 다른 사용자의 캐릭터를 죽이는 행위나 자신의 의견이나 감정상태를 과장되게 표현하는 등 일탈적인 행위를 하는 데 영향을 미치고 수사기관이 범죄자를 발견하는 데 많은 어려움을 준다.

(2) 비대면성

사이버공간은 현실세계와는 달리 행위자들이 자신의 얼굴을 드러내지 않고 행동하므로 모든 범죄행위도 행위자가 전혀 모습을 드러내지 않은 상태에서 행하여진다.

자신의 대리적 성격을 가지는 ID나 캐릭터와 같은 표지를 사용하고 실제인물은 그 뒤에 숨어 있음으로써 자신의 모습을 드러낸 현실세계보다 윤리적 및 도의적으로 대담해지고 죄의식이 박약해지는가 하면 자제력도 감소시켜서 얼굴을 맞대고 있으면 하기 어려운 행동을 하는 경우가 많다. 비대면성으로 인하여 피해자는 행위자를 거의 알 수 없어 범인파악이 어렵게 되고 피해의식이나 공포감이 훨씬 커지게 된다.

(3) 가상성

사람들은 현실과는 다른 사이버공간이라는 가상의 세계에서 자신의 정체성을 표현하거나 현실에서 좌절된 욕구를 표현하고 싶어 한다. 사이버성폭력 가해자는 자신이 이야기를 만드는 주체로 생각하며 피해자가 자신이 기대하는 대로 행동하지 않으면 상대를 찾아 사이트를 기웃거린다.

사이버성폭력은 가해자가 피해자와의 상호작용을 하는 가운데 가해자의 가상적 시나리오에 따라서 행하는 것이다.

(4) 동시성과 쌍방향성

사이버공간의 기본적인 의사소통 수단인 인터넷은 한 번의 클릭만으로 상대방과의 의사소통을 가능하게 하므로 이용자는 별다른 고려 없이 즉흥적으로 특정 또는 불특정의 상대방에게 직접 정보를 발송할 수 있으며 인터넷의 의사소통은 빠르게 실시간으로 이루어지므로 사이버공간에서의 반윤리적 행위나 범죄행위가 현실세계보다 쉽게 발생하고 빨리 전파될 수 있다.

쌍방향성으로 인해 인터넷 사용자들은 일방적으로 정보를 제공받는 것이 아니라 정보를 제공하기도 하고 대화할 수도 있게 되었으며 이러한 특성으로 인해 음란물 사이트 혹은 유해사이트의 개설을 가능하게 하고 채팅을 통한 사이버 성폭력이 가능하다.

3) 사이버 성폭력의 유형

사이버 성폭력의 유형을 분류함에 있어서 사이버 성폭력 내에 사이버 성희롱, 사이버 스토킹, 성차별적, 성적대적 플레임, 사이버 매매춘, 사이버 음란물의 유포 등을 포함하는데, 사이버 음란물, 사이버 성희롱 그리고 사이버 스토킹에 대해 살펴보도록 하겠다.

(1) 사이버 음란물

사이버 음란물의 개념에 대해서는 이론적인 정립이나 판례의 태도는 확립되어 있지 않은 상황이지만 대체로 전자적 형태로 기록된 음란물로서 유형물에 의하지 않고 파일전송 등을 통하여 사이버공간에서 유통되는 음란물을 의미하는 것으로 본다.

음란물의 제공행위는 제공자에 의해 범행이 대부분 이루어지므로 각 국은 사이버 성범죄와의 전쟁을 선포하고, 음란사이트 개설자에 대한 처벌의 수위를 높여가고 있다. 사이버공간에 통신당사자들이 대면접촉 없이 의사교환을 하고 동시에 많은 사람들에게 의사를 전달할 수 있다. 이러한 사이버환경은 상업용 음란물 업자들에게 음란물 유포 또는 음행매개행위를 용이하게 행할 수 있는 여건도 제공하고 있다.

(2) 사이버 성희롱

사이버 성희롱이란 자기 또는 다른 사람의 성적 욕망을 유발하거나 만족시킬 목적으로 전화, 우편, 컴퓨터 기타 통신매체를 통하여 성적 수치심이나 혐오감을 일으키는 말이나 음향, 글이나 도화, 영상 또는 물건을 상대방에게 도달하는 행위로 여기에는 일반적으로 성적 의사표시를 전달하는 성폭력행위와 원하지 않는 성적 대화를 강요하는 행위가 모두 포함된다.

사이버성폭력 중 가장 발생빈도가 높다. 쪽지나 전자우편을 통해 원하지 않는 음란한 글을 보내는 것도 성희롱에 해당된다. 최근에는 이동전화의 문자메시지의 기능을 이용하는 경우도 많다. 가장 흔하게 발생하는 성희롱 내용은 성과 관련된 행위묘사, 번섹, 컴섹, 매매춘 등의 제안, 흥분시켜 주겠다는 제안 등이고 양태는 반말조로 음란대화 강요, 강제적 · 단순 반복적인 대화 요구, 예의로 무장하여 제안하는 경우, 애매한 표현을 사용하여 일단 초대한 뒤 노골적으로 음란성 대화를 요구하는 경우 등으로 분류할 수 있다.

(3) 사이버 스토킹

사이버 스토킹이란 사이버공간을 이용한 스토킹으로 특정인의 개인정보를 빼내 사이버상에서 괴롭히는 것으로 게시판에 본인이 쓴 것처럼 특정인의 이름으로 글을 올리거나 특정인의 전화번호나 e-메일주소를 공개해 수많은 전화나 메일이 가도록 하는 행위를 말한다. 사이버 스토킹은 본래 의미의 성폭력은 아니지만 대부분 성폭력과 연관되어 발생하므로 사실상 성폭력과 구별이 어렵다. 또한 사이버 스토킹은 현실세계에서 위해로 이어질 가능성이 많아 그 대책이 절실하다.

특정행위를 스토킹으로 규정하기 위해서는 상대방의 의사와는 전혀 관계없는 일방적인 행위일 것, 원하지 않는 일련의 접촉이 지속적 · 반복적 의도를 가질 것 그리고 통상의 판단능력을 가진 사람이라면 자신 또는 가족의 생명, 신체의 안전 위협을 느낄 만한 행동일 것을 요한다. 사이버 스토킹은 여러 가지 경로와 유형으로 이루어지는데, 현재 문제되고 있는 사이버 스토킹은 채팅이나 게시판을 통해 알게 된 사람, 특히 성적 대화나 오프라인에서 만나자는 제의를 거절한 상대자를 주 표적으로 지속적이고 반복적으로 전자메일이나 쪽지를 보내 구애 또는 성적 만남을 강요하는 구애형 스토킹이다.

스토킹 대상의 개인정보를 빼내 게시판 등에 마치 본인이 쓴 것처럼 특정인의 이름으로 글을 올리거나 특정인의 전화번호나 e-메일 주소를 공개하여 제3자로 하여금 성적 괴롭힘을 유도하는 이지메형 스토킹 그리고 성과 관련된 개인의 신상정보를 온라인에 게재함으로써 사생활을 침해하거나 또는 특정인의 허위사실을 올려 명예를 훼손함으로써 불특정 다수로부터 연속적인 피해를 유도하는 명예훼손형 스토킹 등 3가지 유형으로 나눌 수 있다.

5 성폭력 피해아동의 법적 보호방안

1) 성폭력 피해아동의 측면

(1) 아동학대 신고의무자 확대 및 보호장치 마련

관련 통계에 의하면, 아동학대 신고의무자의 신고가 저조한 것으로 나타났다. 아동학대 신고의무자들이 스스로 신고의무자로 인식하지 못하고 있는 것도 하나의 이유인데, 신고의무자에 대한 교육과 홍보가 이루어져야 한다. 즉, 신고의무자에 대한 양성교육과정 시 아동학대 예방 및 방지를 위한 교육을 실시하고, 적시에 신고하여 아동을 위기에서 구출한 경우 포상제도를 도입하여 신고의 활성화를 도모하는 것이 필요하다. 그리고 신고의무자의 신고불이행에 대해 과태료 부과를 검토해 볼 수도 있다.

이와 함께 신고의무자의 범위를 경찰, 학원 강사, 119구조대원 등으로 확대할 필요성이 있다.

신고의무자의 확대와 관련해서는 일본의 아동학대방지 등에 관한 법률이 정한 규정이 참고할 만하다. 즉, 동 법이 '학교의 교직원, 아동복지시설의 직원, 의사, 양호교사, 변호사, 기타 아동 복지에 직무상 관계가 있는 자는 아동학대를 발견하기 쉬운 입장에 있음을 자각하고 아동학대의 조기발견에 노력하여야 한다(제5조)'는 규정이다.

'아동의 복지에 직무상 관계가 있는 자'란, 법률상으로 직접 규정되어 있는 학교의 교직원, 아동복지시설의 직원, 의사, 보건부, 변호사, 아동위원, 경찰직원, 인권옹호위원, 정신보건복지상담원, 모자상담원, 부인상담원, 가정법원조사원 등 직무상 아동이 복지에 관계가 있는 자뿐만 아니라, 학교의 교직원에 대해서는 교원에 한정하지 않고, 직원 일반도 포함되며, '아동복지시설의 직원', 그리고 직접 아동의 처우에 관계하는 보육사나 아동지도원, 사무에 연계하는 직원도 포함됨을 구체적으로 명시하고 있다.

이와 같은 의무자에 대한 법적 명시 제도는 미국의 경우도 비슷하다. 미국은 아동학대신고법을 통해 내과의사, 치과의사, 간호사, 교사, 검시관, 상담사, 사회운동가, 법집행자, 아동보육사 등 40개의 전문직종에 대해 신고의무자(mandatory reporters)로 밝히고 있다. 어떤 주의 신고 법에서는 약사, 소방관, 진료보조원, 상업 영화 및 사진 관련 종사자 등도 포함된다. 성직자, 경찰 등이 여기에 포함되기도 한다.

신고의무자의 보호를 위한 별도의 규정을 두고 있는 경우가 있다. 이와 관련된 외국의 입법례를 보면, 미국의 경우 신고의무자를 위한 별도의 보호장치로서 신고의무자가 신고를 했다는 사실이 부당하다는 이유로 신고자를 상대로 소송이 제기되는 경우를 대비하여, 신고의무자에 대해 소추면제를 명시하는 경우가 있다. 로드아일랜드 신고 법은 '신고 법에서 명시된 신고의 의무를 선의로 이행한

자는 소추에 대한 책임으로부터 면제된다'는 규정 등이 이에 해당된다.

일본 아동복지법은 신고의무자의 신고는 형법상 비밀누설죄가 정당한 이유가 있는 경우로 보아 비밀준수 위반에 해당하지 않는다고 해석하고 있다.

우리의 경우도 신고의무자들이 업무에 관한 비밀준수 의무를 고려하여 직무상 알게 된 성폭력 관련 사실에 대한 신고를 주저하게 되는 일이 있을 것으로 보이는 바, 이러한 입법례를 참고하여 아동복지법 등에 규정하도록 해야 할 것이다.

(2) 성폭력피해아동에 대한 사회 전반의 인식전환 유도

아동성폭력에 관한 신고율이 높지 않은 실정이다. 이것은 아직도 아동학대의 심각성에 대한 국민들의 인식부족과 신고로 인하여 불이익을 당하게 될까 두려워 신고를 기피하게 되는 데서 이유를 찾을 수 있다. 따라서 일반 신고인을 포함한 신고의무자들이 신고하였을 때 불이익을 당하지 않도록 신분노출을 철저히 금지하고, 신변보장을 약속할 필요가 있다.

아동성폭력과 관련하여 특히 중요한 것은 무엇보다 아동도 시민권을 지닌 주체라는 전 사회적 인식의 전환이 필요하다. 이를 위해 국가적 캠페인이 시급하다. 예를 들어, "가정폭력은 범죄입니다. 여성긴급전화 1366으로 도움을 요청하세요"라는 멘트가 올해 하반기부터 버스에서 안내 방송되고 있는 예에서와 같이 아동성폭력에 있어서도, 아동인권을 중심으로 한 캠페인이 좋은 실효성을 보일 것으로 기대된다.

(3) 상담원의 현장조사활동에 대한 지원 필요

아동학대예방센터 상담원들의 현장조사활동을 위한 명확한 법적 근거가 필요하다. 또한 학대행위자가 조사 또는 상담과정에서 조사를 기피, 거부, 방해하는 경우나 조사자를 현저하게 위협하는 것을 방지하기 위한 규정이 마련될 필요가 있다. 또한 피해아동과 관련된 개인 및 학교, 병원 등 관련 기관의 즉각적인 조사 협조를 명시하고, 협조거부에 대한 제재규정도 마련하는 것이 필요하다.

일본의 아동학대방지 등에 관한 법률 제10조는 '제8조의 규정에 의한 아동의 안전 확인, 동조에 의한 일시보호 또는 제9조 제1항의 규정에 의한 출입 및 조사 또는 질문을 하고자 하는 자는 이러한 직무 집행에 필요하다고 인정할 경우 경찰관의 원조를 구할 수 있다'고 하여, 아동상담소장이 아동학대를 받은 아동의 안전의 확인, 일시보호, 아동위원 또는 아동의 복지에 관한 사무에 종사하는 직원이 아동의 주소 또는 거소에 들어가거나, 필요한 조사 또는 질문을 위해 필요한 경우 경찰관의 원조를 구할 수 있는 것을 규정하고 있다.

이와 함께 상담원의 아동성폭력 사건에의 개입에 절대적으로 필요한 사항은 재정적 지원일 것이다. 다음의 미국의 예는 아동성폭력 근절을 위해 한국 정부가 지원해야 할 예산 구조에 대해 시사하는 바가 크다. 미국의 법무부에서 시행하는 자금보조 프로그램은 10억 달러 이상의 자금과 1,250개 임의자금, 350개 이상의 STOP 자금을 각 주정부와 지역사회에 제공했다. 이러한 재정지원 프로그램은 주정부, 지역정부, 사회단체가 직원을 교육시키고, 특화된 가정폭력 및 성폭력 부서를 설립하며, 피해자를 보호하고, 가해자에게 책임을 지우는 데 도움을 주었다. 6,500개 이상의 STOP 하위보조금이 경찰, 검찰, 피해자, 변호사, 기타 여성폭력을 근절하고자 애쓰는 사람들 간의 파트너십을 강화하도록 보조하는 것이다.

(4) 응급조치에 대한 법적 강제력 확보

아동성폭력이 발생했을 때 친권자인 가해부모가 강제격리 등 응급조치에 반대하는 경우 이를 강제할 수 있는 명확한 법적 근거와 구체적인 절차가 마련될 필요가 있다. 즉, 판사의 결정에 의하도록 한다든지, 결정기간을 명시하며, 가해부모가 강제격리를 거부할 경우 처벌하도록 하고, 친권상실이나 친권행사제한 청구를 일정한 기간 안에 하며, 보호조치가 결정되기 전까지 양육해줄 후견인이나 보호기관의 선임을 의무화하는 등의 규정이 필요하다.

근친에 의한 아동성폭력에 대해 일본의 경우 '아동학대의방지 등에 관한 법률' 제14조 제2항은 '아동의 친권 행사자는 아동학대에 관계되는 폭력죄, 상해죄, 기타 범죄에 관하여 그 아동의 친권을 가지는 자라는 이유로 그 책임을 면할 수 없다.' 또한 제15조는 '민법에서 규정하는 친권상실제도는 아동학대의 방지 및 아동학대를 받은 아동의 보호 관점에서 적절히 운영되어야 한다.'라고 하여, 민법의 친권상실제도가 미성년자의 복지를 위해 운영되어야 할뿐만 아니라, 아동학대의 방지 및 아동학대를 받은 아동보호의 관점에서도 적절히 운영되어야 할 것이라고 규정하고 있다.

민법의 친권상실제도(제4편 제3장 제3절)는 '친권상실의 선고, 재산관리상 실의 선고, 실권선고의 취소 및 친권 등의 사임과 회복'제도의 내용으로 구성된다. 이들은 모두 일정한 자의 청구에 근거해, 가정법원이 심판하고 그 효과를 발생시키는 것인데, 특히 친권상실에 대해서는 아동상담소장도 청구권자로 되어 있다.

미국의 경우 근친성폭력을 관할하는 부서를 따로 두고 있다. 아동을 학대 및 유기에서 보호하는 책임을 맡고 있는 주요 정부기관인 아동보호서비스국(CPS)이 그것이다. 이것은 카운티 사회 서비스 혹은 복지부 내의 한 부서이다. 몇몇 지역에서는 CPS가 아동학대의 모든 사건을 조사한다. CPS의 주요 업무는 가정 내에서의 아동학대, 특히 부모로부터의 학대로부터 보호하는 것이며, 어떤 지역에서는 CPS가 가족 외 타인에 의한 학대는 다루지 않는다. CPS는 부모, 이웃, 의사, 선생님 등으로부터 아동의 학대 사실을 신고받는다. 신고가 접수되면 CPS 직원이 조사가 필요한지 결정한다. 조사가 필요할 경우 직원은 아동, 부모, 기타 정보를 가지고 있는 사람을 인터뷰한다.

1997년 미 의회는 입양 및 안전가족법을 통과시켰고 이 법은 학대받고 유기되는 아동들의 안전을 아동보호제도 내에서 일하는 전문가들에게 최고의 우선과제로 두도록 의무화한다. 더불어 부모가 가해자인 경우 자녀들에 대한 친권을 박탈하고 피해아동들이 다른 가정으로 위탁되거나 입양되도록 되어 있다.

우리나라의 경우 아동복지법 제12조에 친권상실선고 등의 청구를 하도록 하고 있고, 민법상 친권상실제도가 있으나 실무에서 활용되는 예는 거의 없다. 그러므로 법에 있는 장치들을 실제 집행되도록 하는 방안을 구체적으로 검토하여야 하며, 일본이나 미국의 예는 우리 법의 실효성을 높이는 데 시사점을 줄 것으로 보인다.

(5) 성폭력예방교육 실시

아동성폭력의 예방을 위해 일반인에 대한 예방교육과 아동학대의 심각성에 대한 홍보활동이 지속적으로 이루어져야 할 것이다. 일단 아동에게 가해진 학대의 경험은 쉽게 치유될 수 없는 상처를 남기며, 심할 경우 평생을 학대의 기억 속에서 살아가게 만들 수도 있기 때문에 학대나 성폭력의 발생 후 그에 대한 서비스 제공보다는 처음부터 아동들에게 학대의 경험을 갖지 않도록 예방하는 것이 훨씬 중요하다. 그러므로 아동성폭력을 예방할 수 있도록 아동들에게도 적극적으로 성폭력 예방교육과 양성평등교육이 동시에 이루어져야 할 것이다. 성폭력 예방교육은 성교육 차원에서 실시되어야 한다.

2016년에 '밀양 집단성폭행사건'이 시사하듯이 가해자들에 대한 성교육은 아무리 강조해도 빠르지 않다는 것이 여성계의 목소리이다. 성에 대해 자신의 의견을 제대로 말하고, 합의하는 훈련이 되어 있지 않은 상황에서 가해자의 나이는 점차로 낮아지고 있다. 성은 인권의 한 부분이며 성교육은 사회화의 한 부분이다. 따라서 시급히 교과과정 안에 성교육을 개설해야 할 것이다. 또한 성교육과목 개설과 함께 학교 내 성폭력상담소를 두고 전문 상담원을 상시 배치하여 사고에 대해 개입할 수 있도록 해야 한다.

(6) 성폭력피해아동 지원체계에 대한 연계체제 공지

성폭력피해를 당한 아동이나 부모가 사건의 신고, 고소, 치료, 법률지원을 위해 어느 기관으로 가야 하는지 알지 못하고, 알려준 기관을 가도 서비스를 받지 못하는 등 중간에서 시간을 보내는 사례들을 자주 접하게 된다. 따라서 경찰, 상담소, 아동학대예방센터, 의료기관 등이 실질적으로 연계되어 일사분란하게 이용할 수 있는 체계가 작동되는 것이 중요하며, 이에 관한 내용을 매뉴얼로 만들어 경찰관 등 관계자가 실질적으로 이용할 수 있도록 해야 한다.

이와 관련하여 미국의 법원 지정 전문변호제도를 보면, 재판 전 CASA 자원활동가는 재판 시 변호사를 도울 정보를 제공하면서 아동을 위한 길잡이 노릇을 하며, 가해자가 부모일 경우에는 재판 후 아동의 부모와의 동거 여부나 구체적인 동거방법을 추천하여 주는 역할을 한다.

우리의 경우 경찰에 신고하는 단계에서부터 재판에 이르기까지 힘든 과정을 겪게 되는데, 재판 전에 이러한 자원활동가의 도움이 있다면 피해아동이나 가족들에게 실질적인 도움이 될 것으로 보인다. 이들이 고소과정에서부터 개입하여 법적 절차를 대행해 주는 등 성폭력 사건을 고소한 피해자가 생업을 포기하거나 몰라서 손을 쓰지 못하는 일이 없도록 고소 과정에 개입하여 피해자를 위한 효과적이고 직접적인 지원체계가 이루어지도록 해야 할 것이다.

(7) 수사·재판과정에서의 성폭력피해아동 보호환경 조성

아동성폭력 피해아동이 경찰서에서 조사받을 때 아동친화적인 조사환경을 만드는 것이 중요하다. 조사공간을 따로 설치하는 등의 사건을 담당하는 수사기관의 실질적이고 철저한 공간적 배려가 필요하며, 아동성폭력 피해사건을 전담하는 수사반을 설치하고, 전문성 배양을 위한 교육이 필요하다.

면접사례에서도 보았듯이 피해당사자나 가족들은 사건이 발생하면 무엇부터 처리해야 하는지 알지 못하고 따라서 상담소나 경찰서에 문의하게 되는데, 피해자 가족들은 경찰서, 병원을 오가는 등 많은 시간을 보내며 어려움을 겪게 된다. 따라서 사건발생에 따른 고소과정을 안내해 줄 시스템이 마련되고 원활한 작동이 보장되어야 한다. 이를 위해 아동성폭력 고소과정에 대한 수사기관의 전문적인 정보 제공이 이루어져야 한다.

수사과정에서는 경찰 · 검찰의 전문성이 확보되어야 하고, 수사태도가 개선되어야 하며, 피해자가 안심하고 조사받을 수 있도록 독립된 조사장소를 제공해야 하며, 성폭력특별법에 정해진 신뢰관계에 자의 동석도 실질적으로 보장되어야 한다. 또한 재판과정에서는 아동을 증인으로 소환하는 것을 최소화하고, 비공개심리를 실질적으로 보장해야 하며, 위압적이고 딱딱한 법정 환경을 개선하는 등 아동친화적인 환경조성이 필요하다.

재판과정의 피해자보호와 관련해서는 일본의 형사소송법에서도 우리와 유사한 규정을 두고 있다. 일본의 형사소송법은 증인 부첨인(보좌인)제도, 피고인 또는 방청인에 대한 증인의 차폐제도, 비디오 링크 방법에 의한 심문제도 등을 통해 피해자가 고소과정에서 받게 될 2차 피해를 최소화하고자 하고 있다. 그런데 일본은 형사소송법에 이러한 피해자 보호 관련 규정을 둠으로써 우리가 특별법인 성폭력특별법에서 규정한 것보다도 한층 진일보한 상태라 할 수 있다.

신뢰관계에 있는 자의 동석제도나 비디오진술녹화제도, 전자법정에 의한 진술로 가해자 대면금지 등은 우리의 경우도 이미 도입되었거나 최근에 도입한 제도들이다. 우리와 의식구조나 문화가 유사한 일본에서의 제도 시행과 관련된 현황과 문제점을 파악한다면 이 제도의 시행에 보다 실효성을 높일 수 있을 것이다.

더구나 형사소송법에 이러한 제도를 도입한 일본의 예는 우리에게 시사하는 바가 크다고 하겠다.

(8) 비디오 진술녹화제도의 실효성 제고

비디오 진술녹화제도가 정착될 수 있는 방안이 모색되어야 한다. 경찰청이나 아동학대예방센터 등에 비디오 진술녹화장치가 많이 설치되고 있다. 이 제도를 도입하기 위해 아동에게 적합한 환경을 고려한 시설의 도입과 함께 비디오테이프가 실질적인 증거로 사용될 수 있도록 하기 위해서 내용의 충실성이 보장되어야 한다.

성폭력특별법이 비디오 진술녹화제도를 도입한 취지는 기존의 형사절차에서 피해사실에 대하여 진술하는 횟수를 줄이자는 목적에서 출발하였다. 기존의 형사절차는 수사절차와 공판절차로 나누어져 있으므로 범죄피해자는 최소한 수사절차에서 수사기관을 상대로 1회(피해자 · 참고인 진술), 공판절차에서 법원을 상대로 1회(증언), 도합 2회 진술이 필요하다. 또한 수사기관은 사법경찰관과 검사로 2원화되어 있으므로 양쪽에서의 진술을 필요로 한다.

이러한 중복의 진술이 필요한 과정에서 새로운 제도의 도입으로 수사기관에서 피해아동의 진술을 청취할 때 그 청취과정을 비디오로 녹화하고 검사가 이 비디오테이프를 법정에 증거로 제출하며, 비디오테이프는 법정에서 전문증거로 간주된다. 이것이 피고인의 유죄입증의 증거로 사용되려면 전문 증거의 예외조건을 충족시켜야 하며, 피해자 또는 조사과정에 동석하였던 신뢰관계에 있는 자가 법정에서 '성립의 진정함'을 인정하면 된다.

비디오 진술녹화제도는 13세 미만의 성폭력피해자의 진술의 최소화를 목적으로 함으로써 피해자에게는 매우 유익한 제도이지만, 피의자, 피고인의 입장에서는 반대 신문권을 중시하게 되므로 이 조항에 대한 위헌문제를 제기할 가능성이 있다. 또한 법원의 입장에서도 피의자 · 피고인의 반대신문을 경유하지 않았다는 점을 고려하여 비디오 녹화테이프의 신빙성을 낮게 평가할 가능성도 있다. 따라서 이와 같이 피고인의 반대 신문권 침해라는 형사증거법과의 충돌 가능성이 있으므로 향후 비디오 진술녹화제도의 시행과 관련하여서는 실무적으로 보완되어야 할 문제들이 많을 것으로 보인다.

도입된 제도의 실효성을 높이기 위해서는 비디오테이프에 의한 아동의 진술 내용이 신빙성이 인정되고 유죄판단의 심증 형성을 가능하도록 해야 하며, 아동진술을 자연스럽게 이끌어 낼 수 있는 전문가의 양성과 조사방법의 개발이 무엇보다도 중요하다고 하겠다.

(9) 국가 차원의 성폭력자료센터의 수립

우리나라에서는 현재 고소실태에 대한 통계자료를 찾기 힘들다. 즉, '성폭력 피해자의 피해사실 신고 건수, 고소의 성립과 기소의 수, 범죄가 인정되어 형이 확정된 수에 관한 것이다.' 그러나 범죄를 근절하기 위한 예방과 대책을 수립하기 위해서는 이러한 통계자료는 기초적으로 필요하다.

미국은 범죄 피해자를 위한 사무소를 운영하여 성폭력에 관련한 정보, 통계, 자료 등을 수집, 배포하고 있다. 성폭력 피해자를 직접 돕지는 않지만 주정부, 지역정부, 성폭력방지단체, 강간방지센터, 통합 기구, 사회단체 프로젝트, 정책입안가, 정부기관, 방송, 교육자 등에게 정보를 제공하여 성폭력 근절을 위한 자료센터로서의 역할을 수행한다. 이를 위해서는 미국과 같은 근거법이 마련되어야 할 것이다.

미국은 US Codetitle28section 994를 근거로 미국 선고위원회는 당 위원회의 지침과 정책문서를 재검토하여 18세 이하를 대상으로 하는 연방범죄의 경우 벌칙을 강화하도록 하는 것은 물론, 개정법 시행 후 6개월 이내에 미국 감사원장은 각 주의 법을 근거로 아동을 대상으로 하는 범죄에 대한 사법적인 처벌과 판결례를 재검토하고, 각 주가 아동을 대상으로 한 범죄에 대한 처벌을 강화하였는지 확인하고 그 결과를 의회에 제출하도록 규정하고 있다.

(10) 구속수사원칙기준 및 사건처리기준 수립

서울중앙지방검찰청의 '인신구속사무처리기준'은 피의자의 인권보호를 가장 우선적으로 고려한 것으로 보인다. 특히, 불구속수사의 원칙이 강조되면서 마치 구속은 그 자체가 인권침해이고 공권력의 남용인 것처럼 보이고 있다. 법원은 구속수사를 사실상의 처벌로 간주하여 범죄에 대한 응보나 일반예방의 목적을 달성하기 위한 수단으로 활용해 온 측면에 대한 우려를 하고 있다. 그러나 실제 구속 여부가 일반인에게 상당부분 유·무죄 여부로 인식되었고 이는 피의자들뿐만 아니라 사건과 피해자들에 대한 주변인의 인식에도 실제 그와 같은 영향을 주고 있다는 점을 지적할 수 있다.

수사단계에서 구속되지 않았다는 사실만으로도, 피의자나 주변인들은 이를 근거로 피해자를 모함, 의심하거나 비난하게 되고 이는 피해자를 위축되게 만드는 중요한 요인이 된다. 법적 과정을 거치는 많은 피해자들이 이러한 어려움을 호소하며 어렵게 결심한 고소를 취하하는 이유가 되기도 한다. 따라서 13세 미만의 아동에 대한 성폭력사건에서 피의자의 구속수사원칙 및 사건처리기준을 수립하여 엄정하게 대처하여야 할 필요성이 있다.

성폭력사건에서 구속수사는 소수자, 약자의 이익을 분명히 옹호하기 위함이고 사회적으로 그 이익이 확산될 수 있는 차원이라고 보아야 할 것이다. 그러므로 구속의 필요성 판단 시 구속사유에 대한 요소, 수사절차에 관한 요소, 피의자 또는 그 관계인에게 미칠 불이익에 관한 요소를 참작하는 것도 필요하지만 피해자에게 미칠 영향에 대하여 우선적으로 검토하여야 할 것이다. 따라서 성폭력사건의 구속수사원칙은 형사절차에서 피해자를 증거의 대상으로만 보는 시각에서 벗어나 피해자의 인권과 권리를 보장하는 방향으로의 인식전환이 필요하다고 하겠다.

구속사유의 판단에 있어 피해자의 상황 및 피해자에 대한 위해 가능성을 중요하게 고려해야 하고 '성폭력 피해자의 인권보장'이라는 독립된 판단기준을 정립하여야 한다. 그리고 기소단계에서 90% 이상이 무혐의, 불기소, 불구속 수사로 진행되므로 가해자는 그런 허술한 법망을 이용하여 아무런 죄책감 없이 또 다른 피해자를 만들고 있어 재범의 우려가 있다.

2) 성폭력 피해아동의 가해자 측면

(1) 성범죄자등록법 도입검토 필요

현행법상 성폭력범죄자에 대한 처벌규정에도 불구하고 아동성폭력범죄사건은 줄어들지 않고 있다. 따라서 이러한 범죄자에 대한 성범죄자등록법의 도입을 검토해 볼 필요가 있다.

미국의 성범죄자 등록법이 성범죄자들의 재범을 막고, 수사에 도움이 되도록 주별 등록체계를 마련하여 성범죄 관련 법률위반으로 유죄판결을 받은 자들의 이름, 생년월일, 사회보장번호, 신체치수, 가명이나 별명, 사진, 지문, 혈액과 타액 샘플, 저지른 범죄에 대한 자세한 정보, 범죄자가 받은 치료 등을 각 지역 등록기관에 등록하도록 한 것은 성범죄의 해결과 예방에 많은 도움을 줄 것으로 기대된다. 범죄자의 개인적인 프라이버시 보호라는 사익과 사회적인 범죄해결 및 예방이라는 공익 간의 균형을 맞추는 범위 내에서 이 제도를 우리나라에 도입하는 것이 바람직하다고 보여진다. 그러나 이 법이 현실적으로 실행되기 위해서는 미국처럼 법적으로 의무화규정이 마련되어야 한다.

미국은 아동학대의 금지 및 방지 전략으로서 국가아동보호법을 통해 주정부가 아동 학대 범죄 정보를 FBI에 제출하거나 그 정보를 FBI의 국가 범죄 기록 저장 시스템에 남기도록 의무화하는 것을 목적으로 한다. 우선, 법무부장관은 각 주의 범죄 기록 시스템을 점검하고 각 주가 아동학대 범죄 기록을 온라인으로 국가범죄기록 저장시스템에 제공할 수 있도록 하는 계획을 수립하여야 한다. 각주의 공인된 형사사법기관 담당 전문가들과 협의하여 아동학대범죄 정보를 보고하고 정보화작업을 하는 가이드라인을 만드는데, 여기에는 보고서의 형식, 내용, 정확한 범죄 기록 및 기타 절차들이 포함된다.

이러한 국가 차원의 아동학대범죄 기록저장과 아동학대 관련 통계 제공, 연구결과 의회보고 등은 아동성폭력범죄의 예방과 감소에 실질적인 역할을 할 것으로 보이며, 우리에게 시사하는 바가 크다.

(2) 보호처분제도 도입

아동학대와 관련된 범죄의 경우 심한 학대 때문에 가해자와의 격리가 필요한 경우는 별도로 하더라도, 학대의 정도가 심각하지 않거나 가해자의 성향을 교정할 수 있는 정도라면 아동이 가정에 머물면서 가해자의 교정을 통해 피해자인 학대받는 아동에 대한 가혹행위를 근절시키는 것이 필요하다.

이를 위해 아동성폭력의 경우도 성폭력특별법이나 아동복지법에 보호처분제도를 도입하여 가해자의 성행을 교정하기 위한 상담, 수강명령을 행하는 것이 필요하다.

2016년에 발생한 밀양 집단 성폭행사건의 가해자와 관련하여 이루어지고 있는 논의 중에 한 지방성폭력상담소 사무장은 '이번 사건의 가장 큰 문제는 가해자들이 자신의 범죄행위에 대해 죄의식이 없다는 것'이라며 '심리상담과 함께 보호관찰이나 수감명령 등의 법적 강제가 필요하다'고 말했다.

청소년센터의 센터 장은 "청소년들의 '마초문화'가 집단성폭행을 저지르게 한 문제의 핵심으로 볼 수 있다"며 '범죄에 대한 효과적 조치는 자기성찰을 할 수 있는 교육'이라고 말했다. 또한 이 센터장은 '성교육은 성뿐만 아니라 인간관계에 대한 교육이다. 아이들에게 성을 둘러싸고 상대방에게 자신의 의견을 말하는 방식과 상대의 감정에 대한 감수성교육을 해야 한다'고 주장했다. 이러한 논의의 내용을 살펴볼 때, 가해자에 대한 교육이 무엇보다도 중요하다는 사실을 알 수 있다. 그동안 성폭력범죄자에 대해서는 교도소 수감 이외에는 별다른 교육이 없었던 것이 사실이다.

(3) 성범죄에 대한 친고죄 고소기간 폐지

형사소송법상 친고죄 고소기간이 6개월인 데 비해, 성폭력특별법의 특칙으로 고소기간을 1년으로 연장하였다. 그러나 성폭력범죄 피해자들은 고소를 쉽게 결정하기 어려운 경우가 많은데, 1년이라는 기간이 제약조건으로 작용하게 된다. 따라서 성폭력범죄의 비친고죄로 변경하는 일이 이루어져야 하겠지만 일본의 예처럼 고소기간을 폐지하는 것도 검토해 볼 수 있다.

일본은 성범죄에 대해서는 친고죄의 고소기간을 폐지하였다. 성범죄의 피해자는 정신적 상처가 크고, 성범죄 가해자들의 대부분은 피해자와 면식이 있는 자이므로, 피해자가 단기간에 고소 여부를 결정하기 어려운 경우가 많으므로, 이들 범죄의 고소기간을 다른 친고죄와 동일하게 6개월로 제한하는 것은 곤란하다는 의견이 있어 왔다. 일본에서도 친고죄의 고소기간은 원칙적으로 6개월이지만, 일본 형법 제176조(강제추행) 내지 제178조(준강제추행, 준강간), 제225조(영리, 추행 또는 결혼을 위한 약취, 유인) 또는 이러한 죄의 미수에 대한 고소에 관하여는 고소기간의 제한규정을 적용하지 않는다(제325조 제1항 제1호).

6 성폭력 예방교육 및 대처

1) 성폭력의 해결책 및 대안

(1) 왜곡된 성의식의 변화

성폭력의 근본적인 원인은 여성에 대한 남성의 지배와 통제를 정당화하고 여성을 약자로 간주하는 성차별주의라고 볼 수 있다. 따라서 성폭력문제를 근본적으로 해결하기 위해서는 양성평등에 대한 의식이 확립되어야 할 것이다.

(2) 퇴폐적 향락산업에 대한 규제

왜곡된 성의식에 기반하여, 남성이 여성의 성을 상업적으로 소비하는 것이 보편적인 사회적 추세가 되었다. 성을 매개로 한 퇴폐적인 향락문화의 증가는 여성을 더욱 남성의 쾌락의 대상으로 간주하게 하고 있다.

현재 만연하고 있는 폭력문화와 결합되어 다양한 형태의 성폭력을 야기시키는 요인으로 작용하고 있다. 따라서 성폭력문제를 예방하고자 한다면 여성의 성적 정체성을 왜곡하고 있는 향락산업에 대한 실효성 있는 규제가 필요하다.

(3) 성폭력 예방을 위한 성교육

성에 관한 각종 정보가 인쇄 및 영상매체 등을 통해 무분별하게 왜곡되어 전달될 수 있는 현 상황에서 성에 대한 올바른 지식과 정보를 전달해 줄 수 있는 성교육이 필요하다. 이러한 성교육 내용에는 성폭력 예방을 위한 내용도 필수적으로 포함되어야 할 것이다.

가정에서의 성교육은 자녀에게 남녀평등의식을 심어주고 자녀가 성폭력에 대한 경각심을 인식하게 해주어야 한다. 일반적으로 가정에서의 성교육은 체계적이라기보다는 실생활에서 자연스럽게 성역할을 학습하고 성에 관한 지식을 습득하게 된다.

그리고 학교에서의 성교육도 역시 성폭력 예방을 위한 내용이 포함되어야 한다. 생리적인 성지식뿐만 아니라 남녀평등의식에 기반한 성역할과 성윤리에 관한 교육도 병행될 때, 그 목표를 제대로 수행하고 성폭력 예방에도 기여할 수 있을 것이다.

2) 성폭력의 대책

현재 성폭력문제에 대한 사회복지 차원에서의 서비스가 안고 있는 문제점은, 우선 성폭력문제에 대한 서비스의 필요성에 대한 인식이 결여되어 있으며, 이러한 인식에 따라 서비스 제공기관이 미비하고, 서비스의 내용도 빈약하며 전문성이 결여되어 있다는 것이다. 성폭력에 대한 전략을 정책적 측면과 임상적 측면의 두 측면에서 제시해 보고자 한다.

(1) 성폭력문제에 대한 정책적 접근

성폭력문제에 대한 정책적 접근은 다음과 같다.

첫째, 성폭력상담소와 보호시설의 확충 및 재정적 지원이 필요하다. 현재 민간차원에서 행해지고 있는 성폭력상담소에 대한 정책적 지원, 특히 재정적 지원을 통해 성폭력 상담이 좀 더 체계적으로 이루어질 수 있게 해야 하며, 성폭력 피해자를 위한 일시보호소를 설치하여 집단보호 및 치료, 그리고 재활 서비스가 제공되어야 할 것이다.

둘째, 사회사업가 등에 의한 아동 성폭력 신고제가 도입되어야 하고 피해아동을 위한 특수 위탁시설이 필요하다. 아동의 성폭력에 대한 인식이 부족하며 또한 아동 성폭력이 아는 사람에 의해 행해지는 경우가 많아 신고의 방해를 받기가 쉽다는 특수성을 감안할 때, 아동상담기관 등이 아동 성폭력을 사법당국에 신고할 수 있는 성폭력 신고제의 도입이 요청된다. 그리고 성폭력 피해아동을 보호치료할 수 있는 특수 위탁보호가정이나 시설의 설치가 필요하다.

셋째, 성폭력 서비스 관련 전문가를 위한 훈련 프로그램의 마련이 필요하다. 성폭력 피해자를 위한 서비스는 매우 포괄적이고 전문적인 능력을 요구하나, 현재의 성폭력 서비스 관계자들은 대부분 자원봉사자들로서 그 전문적 자질과 훈련이 부족하다. 효과적인 성폭력 피해자를 위한 서비스를 위해서는 각 전문 분야에 대한 충분한 지식과 개입기술을 습득할 수 있는 훈련 프로그램 혹은 훈련센터의 마련이 필요하다.

넷째, 의료, 사법, 복지 서비스 간의 연계 및 조정이 필요하다. 성폭력 피해자가 성폭력 피해 후 거치게 되는 병원, 경찰서, 법원, 상담기관, 일시보호소 간의 효과적인 연계와 의뢰체계가 확립되어야 하며, 이 과정에서 신속하면서도 피해자의 인권을 보호할 수 있는 서비스의 제공이 필요하다.

(2) 성폭력문제에 대한 임상적 접근

성폭력문제에 대한 사회사업의 임상적 접근은 성폭력 피해자, 성폭력 피해자의 가족, 그리고 가해자에 대한 접근으로 나누어 볼 수 있다.

우선, 성폭력 피해자를 위한 치료적 접근은 위기개입적 성격을 띠며, 각 단계별로 구체적 서비스와 연계하여 개인 혹은 집단 상황하에서 다양한 치료적 접근을 하게 된다.

성폭력 피해자를 위한 개입은 초기 단계에서는 신고접수를 받아 피해 상황에 대한 기초조사를 하고, 병원에 의뢰하여 신체검사를 받게 한다. 그 후 중간단계에서는 신체적 상해에 대한 치료를 하고, 성폭력 치료를 위한 임상적 개입을 개인 혹은 집단 수준에서 실시하고, 일시 보호시설의 알선 등 사회적 지원과 더불어 교육적 · 법적 지원을 병행하며, 마지막으로 사후관리단계에는 피해자에 대한 지속적인 관리를 통해 사회 재적응과정을 점검해야 한다.

성폭력 피해자가 정상적으로 사회에 재적응하는 것을 돕기 위해서는, 피해자 가족에 대한 가족치료적 접근도 병행해야 한다. 피해자 가족치료는 가능한 한 모든 가족구성원이 치료과정에 참여할 수 있도록 유도해야 하며, 성폭력으로 받은 정신적 충격에 대한 치료 내용과 성폭력 및 성폭력 피해자에 대한 올바른 인식을 하도록 하여 피해자가 가족 내에서 재적응하는 데 적극적 도움이 되어야 한다.

성폭력문제에 대한 임상적 접근은 주로 피해자에게만 초점이 있었으나, 성폭력의 재발을 방지하고 성폭력 가해자가 정상적인 사회생활을 할 수 있게 하기 위해서는 가해자에 대한 치료적 접근도 필요하며 이를 가능하게 하는 제도적 지원이 요청된다.

Chapter 9

청소년의 자살

1 청소년 자살의 개념

1) 자살행동의 개념

자살은 행위자가 자신의 죽음을 초래하기 위해 의도적으로 스스로 목숨을 끊는 행위를 일컫는다. 이러한 자살이라는 현상은 하나의 개념으로 사용되기보다는 학자에 따라 자살생각, 자살시도, 자살행동의 연속적 개념으로서 용어로 구분 짓거나, 자살성(Suicidality)이라고 표현하며 자살과 관련된 행동과 생각을 포괄하는 것으로서 완료된 자살 혹은 자살시도, 자살생각 혹은 자살 대화로 정의하기도 한다(Bridge, Goldstein & Brent, 2006).

자살생각은 죽음에 대한 일반적인 생각으로부터 자살을 하는 수단에 대한 생각까지 포함하며 행동으로는 표출되지 않은 심리적 증상을 말하고(손신영, 2014 재인용), 자살시도는 실질적인 자살에의 모든 시도를 포괄하는 용어이다. 이러한 자살생각과 자살시도는 매우 밀접한 관련이 있는 것으로 보고되고 있다. 즉, 자살생각의 경우 더욱 치밀하고 계획적일수록, 빈번하게 지속적으로 진행이 될수록 자살시도를 할 공산이 높은 것으로 나타났다(Bridge, Goldstein & Brent, 2006 ; Lewinsohn, Rohde & Seeley, 1996).

한편, 자살에 관한 일반적인 연구는 심리적 영향요인으로서 우울이 미치는 영향에 관한 연구가 대부분을 이룬다(김도희, 2015). 하지만 우울과 같은 심리적 동기에서 발생하는 자살은 성인의 자살을 설명하며, 청소년기의 자살은 이와는 구분되는 특징을 보인다. 다시 말해, 청소년기의 자살 동기는 임상적인 우울이 관여된 경우는 매우 적으며(Glaser, 1981), 이보다는 스스로에게 고통을 준 타인에 대한 분노나 보복의 의도와 같은 충동성과 공격성이 자살과 밀접한 관련이 있다는 것이다(Beautrais, Joyce & Mulder, 1999 ; Bridge, Goldstein & Brent, 2006). 실제로 청소년 자살시도의 대다수가 치명적이지 않은 것으로 보고되고 있는 것은 이들이 실제로 목숨을 끊으려는 의도보다는 이러한 자살극(parasuicide)을 통해 본인의 의도 혹은 메시지를 특정 상대에게 전달하기 위한 비행의 도구적 성격에서 기인하는 것을 뜻한다(Comtois, 2002).

따라서 청소년의 자살생각과 시도는 매우 밀접한 연관이 있으며, 이는 그들의 심리적 특성인 우발적 충동성이 결합될 경우 실제 자살행동에 영향을 미치는 것으로 간주할 수 있다. 이에 따라 본 저서에서는 청소년의 자살특성은 자살이 스스로에게 고통을 준 존재에 대한 보복심리가 작용한다는 선행연구(Renaud et al., 2008) 및 우발적 충동성에 기인한다는 점(박미정 외, 2011 ; Dumais et al., 2005)을 고려하여, 청소년의 자살이라는 개념은 자살계획이 포함되기보다는 자살생각과 시도가 매우 밀접한 연관이 있다는 것을 감안하여 자살생각과 자살시도를 포괄하는 것으로 조작적 정의하고자 한다.

2) 청소년 자살의 특징

청소년은 19세 미만의 사람을 일컫는 말로서, 대개 10세 미만의 청소년들의 자살은 사고나 가정에서 일어나는 불화 때문에 일어나는 충동적인 사건일 가능성이 매우 높다. 반면에 14~15세를 전후하여 청소년 자살문제는 급증하게 되는데, 그 이유는 부모로부터 독립을 하고자 하는 욕구가 높아지고, 그들의 자아정체성이 형성되면서 새로운 자신의 모습을 찾게 되며 이러한 성인으로써 만들어지는 자아의 갈등 상황에서 자살요인들이 발생하게 된다는 것이다. 다음에 제시하는 청소년들의 자살 특성은 14세 이상 학생들에 대한 논의임을 밝히며 한국청소년정책연구원 조사에 의한 청소년 자살특징을 반영하여 살펴보고자 한다.

첫째, 청소년 자살은 자살생각에서 자살시도, 자살행동으로 이어지는 과정이 개인의 심리적 · 사회적 요인의 복잡한 상호작용에 따라서 이루어지며, 청소년기의 특성상 충동적인 자살의 가능성이 높다는 점에서 다른 연령대의 자살과는 다른 특징을 가지기 때문에 이를 예측하고 예방하는 것이 어렵다고 본다. 즉, 청소년 자살은 매우 충동성이 강하게 작용하는 것인데, 이러한 이유 때문에 예측이 무척 어렵다는 것이다. 가령, 성적이 떨어져 나무라는 부모님의 꾸지람에 아파트 베란다에서 떨어져 사망하는 청소년들의 사건을 보면 자신의 마음을 크게 상하는 일이 있을 때 자기분노를 조절하지 못해 충동적으로 자살하는 경우가 상당이 많다고 볼 수 있다.

둘째, 통계청 자료에 따르면 한국 청소년의 과반수가 가끔씩 자살충동을 느낀다는 결과를 볼 수 있다. 이러한 모습은 자살행위 자체를 문제 해결방법으로 판단하여 쉽게 행동에 옮기는 것인데, 청소년은 어려운 상황에 부딪쳤을 때, 깊이 생각하지 않고 자살행동에 뛰어든다는 것이다. 이는 도피와 같은 심리적 방법을 적용하여 현실의 문제를 벗어나 죽음으로 해결하려는 판단 미숙과 오류가 강하게 작용한다고 본다.

셋째, 자살을 시도하는 청소년들은 실질적으로 죽음을 원하는 것이 아니라, 타인이나 사회를 향한 진심어린 도움을 요청하는 것으로 해석된다. 이러한 행위 뒤에 본인이 획득할 수 있는 더 큰 무엇인가를 목적에 두고 행하는 의지일 가능성이 높다고 판단한다.

넷째, 청소년의 자살에는 분명한 요인, 즉 동기가 있다. 가령, 부모, 교사, 친구들과의 불화나 외모에 대한 고민, 이성친구와의 헤어짐, 성적 저하, 왕따 등 이러한 분명한 동기는 청소년 자살과 관계성이 깊기 때문이 이러한 요인들에 대해 알아볼 필요가 있다.

다섯째, 모방자살의 가능성이 매우 크다. 청소년은 방송인, 유명인, 스포츠 스타에 대한 동경심이 성인에 비해 매우 크며, 자신들이 흠모하는 유명인이 자살하면 그들의 자살을 미화하고 모방하고자 하는 그들만의 특유의 경향을 나타낸다.

현대사회에 접어들면서 정보통신기술의 발달을 통해 청소년들은 유명인들을 영상매체나 인터넷을 통해 자주 접하며 큰 관심을 가질 수 있었고, 이러한 관심 속에 유명인이 자살을 하게 되는 사건이 일어나면 흔히 모방자살이라고 부르는 베르테르 효과가 입증되는 일들이 존재했었다. 베르테르 효과는 괴테의 소설인 『젊은 베르테르의 슬픔』이 출간된 뒤 소설 속 주인공의 자살이 유행이 되었던 현상을 말하며 현대판 베르테르 효과는 연예인들의 자살 이후 자살률이 급증하는 것을 들 수 있다.

2 청소년 자살의 원인

청소년 자살이 사회적으로 문제가 되고 있는 그 원인에는 무엇이 있을까? 우리는 크게 가정환경, 학교환경, 지역사회, 사회의 문화와 가치로 구분하여 원인을 파악하고자 하였다.

1) 가정환경

가정은 사람이 가장 먼저 체험하는 사회단체이고 교육의 장이며, 청소년의 성장환경을 이룸과 아울러 생활의 안식처가 된다. 따라서 자신에 대한 정체성을 확립하며, 올바른 정서를 함양하는 데 있어 가정의 중요성은 아무리 강조해도 지나치지 않다. 하지만 가정에 대한 기대가 무너지고, 가족들로부터 소외 내지는 무관심, 자신을 이해하고 인정해주지 않을 때, 특히 역기능적인 가족형태를 띠게 될 때, 청소년들은 자살생각을 하게 된다.

산업발달 및 도시화 등의 급속한 영향으로 인해 가정이 점점 해체되어가고 본래의 기능을 충분히 발휘하지 못함으로써 가정의 사회화 교육과 사회통제 기능 역시 약화되며, 가족을 중심으로 하는 결속력과 소속감도 약화되는 경향이 있다. 이러한 상황하에서, 청소년들은 가정에서 받아야 할 애정과 관심을 받지 못하고, 가족들 간의 절대적인 대화의 부족이 가족 상호 간의 심각한 갈등을 유발하게 된다.

방임된 환경에서 성장한 청소년은 사회의 압력과 유혹에 이끌려서, 대화의 부족으로 부모의 지지를 얻지 못한 청소년들은 심각한 상처와 고통에 대한 문제해결의 방법으로 자살을 고려하게 된다. 반면, 부모의 지나친 기대감도 청소년의 자살을 불러일으킬 수 있다. 부모의 기대에 부응할 수 없다는 좌절감(성적 비관)과 그 기대에 부응한 후 자유감을 성취하는 일종의 방법으로 자살을 선택한 청소년들이 최근에 증가하고 있는 추세이다.

역기능 가정이란 가정의 제 기능을 다하지 못하는 가정으로서, 예를 들면 알코올 중독자, 도박꾼의 부모, 이혼했거나 재혼한 가정에서의 편모 또는 계부, 계모, 기본적으로 식생활을 하기 어려울 정도로 가난한 가정 등이 있다. 역기능 가정에서 자란 사람들은 '성인아이'가 될 가능성이 많다. 너무 일찍 자신의 기본적인 필요를 스스로 돌보고, 부모에 의해 양육을 받기보다는 부모를 돌본다. 부모의 충분한 사랑을 받지 못하고 아이답지 못할 때, 이 아이는 커서도 정서적 장애를 일으켜 어린 시절의 고통 속에 갇혀 있게 되고 자신을 어른으로 여기는 데 갈등을 겪는다. 그러므로 결손가정도 문제이지만, 정상적인 가정이라도 부모 간의 불화나 갈등, 부모와 형제 등 가족들 간의 대화의 단절과 같은 심리적인 결손가정이 청소년들에게 더 큰 악영향을 가져다주어 학교와 사회에서의 부적응을 초래하고 자살생각에 잘 대처하지 못함으로 인해 자살행동으로 나아가게 되는 것이다.

2) 학교환경

학교가 직접적인 자살시도의 원인이 되어 발생하는 경우는 드물며, 일반적인 대인관계에서 오는 어려움과 청소년의 낮은 자아존중감이 영향을 주는 것으로 보고 있다. 학교는 부모의 보호를 떠나서 장래의 독립적인 생활을 할 수 있는 준비를 하는 장소이다. 그럼에도 불구하고 오늘날의 학교는 많은 문제점을 가지고 있다. 지덕체에 있어서 균형 잡힌 인격적 인간을 교육해야 하는 학교가 되어야 함에도 불구하고, 진학을 위한 기관으로 바뀌어 가고 있다. 이렇다 보니 학생들에게 주입식 지식을 전달하고, 입시부담에 시달리도록 하며, 시험성적만으로 학생을 평가하는 환경을 조성한다.

대부분의 청소년들이 상급학교 진학에 대한 압박감, 성적 저하에 따른 심한 스트레스를 느끼게 되는 것이 매우 보편적인 현상이다. 그들에게는 친구를 만난다거나 심신을 단련할 문화활동이나 체육활동을 할 시간이 별로 없기 때문에 학업에 따른 스트레스가 가중되고 그 결과로 자살을 하게 된다. 또한, 공부 위주의 학교 풍토는 학생들에게 다른 소질이나 능력을 개발해서 인정해 주는 환경을 조성하지 못하기 때문에 학생들이 공부에 취미를 잃게 하고 스트레스로 인하여 청소년 자살을 가중시키고 있다.

교사는 학생들에게 지식을 전달할 뿐만 아니라, 친구들과의 갈등과 가정문제, 진로문제를 상담해주는 역할을 한다. 이런 교사의 긍정적 지지는 청소년들의 자아정체감 형성을 돕고 미래에 대해서도 자신감을 갖게 한다. 하지만 현재 우리의 교육현장에서 대부분의 교사는 학생들의 학업성적을 높이기 위한 역할을 수행한다. 학업성적이 떨어지거나 학교제도에 반항하는 청소년들은 그대로 방치하거나 처벌로서만 대처한다. 그들에게는 공부 잘하는 모범생만이 진정한 학생으로 보이는 것이다. 그로 인해 교사와 갈등하는 청소년들이 증가하며, 교사와의 부정적인 관계는 청소년의 자살행동을 부추기는 역할을 한다.

청소년들의 자기평가 기준은 많은 부분은 또래들 사이의 관계를 따라 형성되기도 한다. 자신이 한 집단의 일원이며, 다른 성원들로부터 필요한 존재가 되고 있으며 애정을 받고 있다는 것을 느끼게 될 때에는 안전감과 행복감을 가지게 되지만, 성원들로부터 배척의 대상이 되고 있다는 것을 느끼면 위기를 느끼게 된다. 이미 심각한 사회문제로 대두되었고 아직도 심각한 문제점인 "왕따현상"에서도 이 문제의 심각성을 찾아볼 수 있다.

학생들이 집단을 이루어 특정 학생을 학대하는 것으로, 학대를 당한 학생은 스트레스와 고통을 견디지 못해 자살하는 일이 자주 발생하고 있다. 또래들 사이에서 소외된 청소년들은 자신감의 부족과 실패에 대한 소심한 반응, 신경질적인 움츠림으로 사회적으로도 고립되기 시작한다. 그러한 고립은 외로움뿐만 아니라 인간 존재로서 근본적인 인정과 궁극적인 가치인 그들 자신의 자아정체감에 깊은 상처와 심각한 질문을 가져오기에 시급히 자신만의 세계에서 빠져 나오도록 해야 한다. 그러므로 또래와의 관계는 청소년 시기에 정체감 발달을 위한 기본적인 장이 된다. 위기의 요소가 많은 청소년 시기에 또래집단과의 만족한 경험은 자아정체감 발달을 확고히 하는 데 도움을 주지만, 불만족한 경험은 정체감의 위기를 가져와 자살행동을 유도한다.

3) 지역사회

지역사회 속에 청소년들이 자신의 자살생각을 이야기함으로써 자살을 예방할 수 있는 기관이 존재해야 한다. 현재 우리나라에는 전반적인 청소년문제에 대해 상담을 받을 수 있는 전문기관은 다수 존재하나, 청소년의 자살을 중점적으로 다루는 자살예방센터는 극소수에 불과하다. 이런 기관과의 접근성의 장애도 자살의 중요한 원인을 제공한다. 우리 지역사회는 청소년 자살예방센터와 같은 기관을 설치하고, 꾸준한 홍보를 통해서 많은 청소년들이 참여할 수 있는 기회의 장을 마련해야 하겠다.

4) 사회의 문화와 가치

현대사회가 산업화, 공업화로 발전되어 감에 따라서 경제성장과 함께 도시와 농어촌의 소득의 격차가 심화되었고 소비성향도 높아짐에 따라 성인들의 부도덕하고 퇴폐적인 행위의 난무는 청소년 위기문제의 직접적인 요인이 된다. 또한, 청소년 탈선의 요인인 인터넷, TV, 라디오, 신문, 잡지 등에서 나타나기도 한다.

인터넷의 발달로 각 가정에서, PC를 통하여 쉽게 자살사이트와 접촉할 수 있게 됨에 따라 자살문제가 증가하고 있다. 그리고 TV와 책, 라디오 등 대중매체를 통해서 묘사된 자살사건은 청소년들에게 자살을 특이한 사건이 아닌 친숙하고 일반적 사건으로 생각하게 한다. 따라서 매체에서 묘사되는 자살사건은 현실과 가상에 대한 구분능력이 떨어지는 청소년에게 자살을 하나의 문제해결방법으로 쉽게 생각하게 하여 모방 자살을 유발하게 한다. 이러한 청소년들의 모방 자살은 청소년들 사이에서 우상 역할을 하는 인기 연예인뿐 아니라 청소년 주변의 가까운 사람도 영향을 미친다고 한다.

우리나라는 불과 20~30년 전에만 해도 농업을 중심으로 하는 농촌사회로 전 인구의 70%이상이 농업에 종사했었다. 그러나 오늘에 이르러서 전 인구의 70% 이상이 도시에 살고 있으며, 농업이 아닌 공업 및 상업, 기타 산업에 종사하고 있다. 따라서 폐쇄적 농촌사회가 개방적 성격을 지닌 도시사회로 변했고, 과거의 행정도시가 이제는 산업도시로 변해 버렸다. 이러한 현상에 의해 농촌의 문화가 도시문화 속에서 와해되고 말았다. 동시에 도시화로 인한 향락적 문화의 범람과 내적으로 기성세대가 가진 강한 보수성향의 영향(학생은 공부만 해야 한다)은 청소년들로 하여금 가치 혼란에 빠지게 하고 있으며, 그러한 상반된 문화 속에서 청소년은 탈선, 비행 및 자살생각이 발생한다고 본다.

3 청소년 자살에 대한 대처방안 모색

청소년 자살은 한 가지 원인에 의해 나타나는 것이 아니다. 이는 사회, 심리적 스트레스에 대한 비적응성, 절망감, 인격발달상의 결함, 충동조절의 장애, 문제해결능력의 결함, 부정적인 인지특성 등 여러 다양한 정신구조의 병리가 복합적으로 작용하여 나타나는 정신병리현상이다. 따라서 청소년 자살을 예방하기 위한 대책 수립이 시급하다. 청소년 자살은 자신에서부터 시작해서 가정, 학교, 지역사회, 사회의 문화와 가치 각 측면으로 나누어서 그에 대한 대책에 대해서 살펴보도록 하겠다.

1) 청소년 자신

청소년 자살에서 가장 중요한 것은 청소년 자신의 문제해결능력 및 대처기술의 증진이 필요하다. 청소년들은 여기에서 자신 스스로 행할 수 있는 여러 가지 훈련법들을 사용할 수 있을 것이다. 자살 충동에 대하여 스스로 '다른 대안은 없는가?'라는 질문을 던지고 이에 대하여 지속적으로 생각할 수 있도록 훈련하는 것은 큰 도움이 된다. 또한 심호흡법으로 충동을 조절한다거나 숫자를 정해두고 이 숫자를 스스로 반복하도록 하는 훈련도 도움이 될 수 있다. 아울러 자신의 행동(자살)의 결과에 대하여 여러 가지의 가능성을 생각하거나 인지적으로 과거에 가장 즐거웠던 경험을 스스로 기억하여 자살생각에 맞서게 하는 인지교정 훈련도 큰 도움이 된다.

청소년들은 자기조절을 통해 적개심과 공격성을 감소시키는 것이 중요하다. 자신이 화가 나있거나 흥분해 있다는 점을 깨닫고 더불어 자신이 왜 화를 내는지 되짚어 본다거나 "나는 할 수 있어", "이겨 낼 수 있어", "좋아질거야" 등의 긍정적인 자기암시를 하는 것도 도움이 된다. 그리고 미래의 긍정적인 결과를 생각하고 가족이나 친구, 상담원 등 자신을 이해해 줄만한 사람과 대화를 시도해야 한다.

2) 가정

우리나라는 가족구조의 변화가 급격하게 일어나고 있다. 특히, 역기능적 가족에 대한 지원을 강화한다. 현재 공공부조 수급권자를 제외하고, 대부분의 역기능 가족에 대한 정부의 지원은 턱없이 부족하다. 날로 증가하고 있는 이혼가정이나 편부모가족을 위해 경제적 · 프로그램적 지원을 함으로써 청소년들이 안정적인 환경에서 성장하도록 도와야 한다.

그리고 가족구성원들의 애정과 격려를 높이도록 해야 한다. 가족구성원들의 애정과 격려는 청소년뿐만 아니라 모든 가족원의 심리적인 안정과 가족 간의 사랑을 느낄 수 있도록 한다. 가족구성원 간에 하루에 두 개씩 사랑 담긴 문자 보내기, 하루에 한 가지씩 칭찬하기, e-mail 교환하기 등의 방법을 통해 가족구성원 간의 애정과 격려를 높일 수 있다. 가족구성원끼리 많은 대화를 통해 서로의 입장을 이해한다. 현재 우리 사회는 대화가 부족하다. 대화는 서로의 입장을 이해하고 다른 사람의 생각을 가장 빨리 알 수 있는 의사소통기술이다. 가족구성원 간의 공동 시간표를 짜서 서로 대화하는 시간을 갖도록 해야 한다.

부모가 부모교육을 받을 수 있는 기회를 제공하여 청소년에 대한 이해와 그들 감정에 대한 민감성을 알도록 한다. 부모가 자녀의 발달특성과 감정을 잘 알지 못하여 대화에 장벽이 생기는 경우가 많다. 혹은 이론적으로는 잘 알고 있어도 직접적인 실천방법을 알지 못하여 자녀와 마찰이 생기는 경우도 있다. 이런 부모를 위해서 자녀들의 욕구와 심리적 특성을 이해하고 부모-자녀관계를 강화시키며, 효과적인 자녀교육을 제시할 수 있는 부모교육을 받을 기회를 제공해야 한다.

부모는 청소년의 자아가 증진될 수 있도록 긍정적인 지지를 적극적으로 해주어야 한다. 청소년에게 칭찬과 격려를 아끼지 말아야 한다. 청소년들은 자아정체감이 형성되는 과정에 있기 때문에 부모의 긍정적 지지는 직접적인 영향을 미친다.

3) 학교

학교는 학업성적 위주의 교육을 탈피해야 한다. 학업성적 위주의 교육은 주입식 지식을 전달하고, 입시부담에 시달리도록 하며, 시험성적만으로 평가하는 환경을 조성한다. 그 결과 학업 성적이 낮은 청소년들은 실패자라는 인식을 주어 위기상태로 몰아간다. 공부 위주의 학교 풍토를 벗어나 학생들에게 다른 소질이나 능력을 개발해줄 수 있는 교육환경을 조성하도록 해야 한다.

그리고 교사와의 관계를 개선이다. 친구들과의 갈등과 가정의 문제, 진로문제를 상담해 주는 역할을 강화하도록 해야 한다. 이런 상담을 통한 교사의 긍정적인 지지는 청소년들이 건강한 자아정체감을 형성하는 것을 돕고, 미래에 대해서도 자신감을 갖게 원조한다.

청소년들의 자기평가 기준은 많은 부분은 또래들 사이의 관계를 따라 형성되기도 한다. 자신이 한 집단의 일원이며, 다른 성원들로부터 필요한 존재가 되고 있으며 애정을 받고 있다는 것을 느끼게 될 때에는 안전감과 행복감을 가지게 되지만, 성원들로부터 배척의 대상이 되고 있다는 것을 느끼면 위기를 느끼게 된다. 따라서 또래집단의 역동성을 관찰하여 긍정적인 관계로 이끌어 갈 수 있도록 도와야 한다. 또래 상담자를 활용하는 것도 좋은 방법이 된다.

4) 지역사회

지역사회 속에 자살을 예방할 수 있는 기관이 존재하여야 한다. 현재 우리나라에는 전반전인 청소년의 문제에 대해 상담을 받을 수 있는 전문적 기관이 다수 존재하나, 청소년의 자살을 중점적으로 다루는 자살예방센터는 단 한 곳에 불과하다.

외국의 경우를 예를 들어보면, 영국은 1953년에 설립된 "사마리탄"이란 기관이 있다. 이 기관은 절망에 빠져 자살하려는 사람들에게 도움을 주고자 전화상담으로 시작, 그 이후 체계적인 프로그램으로 자살 예방을 위한 활동을 활발히 수행해 오고 있다. 자원봉사자들과 회원들이 주축이 되며, 목사, 정신과의사, 정신병원 담당 사회사업가가 감독 팀으로 구성된다. 회원들 중 1/4 정도는 이전에 도움을 받았던 사람들이다. 친구가 되는 것, 우정과 이웃으로서 배려, 관심, 애정을 제공하는 것이 주목적이다. 1972년 134개 지부를 둔 자살방지단체로 확산되었다. 최근 2년 동안 "사마리탄"의 활동결과에 대한 한 연구에 의하면, "사마리탄"이 있는 도시의 자살률은 평균 5.8% 감소했는데, 그렇지 않은 도시는 평균 19.8%나 증가했다고 한다. "사마리탄"의 활동은 분명 영국에서의 자살률을 감소시키는 데 큰 역할을 담당했다는 평가를 받는다.

현재 우리나라의 유일한 자살예방센터인 "수원자살예방센터"는 1998년에 설립하여 자원봉사자 교육, 자원봉사자에 의한 24시간 긴급전화상담, 온라인 상담(mail), 병원 응급실에 내원한 자살시도자의 위기상담(약물치료병행)을 실시하고 있다. 우리도 외국의 사례처럼 체계적으로 자살예방센터를 전국적인 범위로 확산시켜 자살생각을 가진 청소년들이 쉽게 다가올 수 있도록 접근성을 높여야 한다.

4 청소년 자살의 사례

치명적인 자살은 성인기로 갈수록 증가하지만 자살시도율이 가장 높은 시기는 청소년기이다. 청소년의 자살특징은 성격과 가족관계, 살면서 겪는 사건 등 소인이 우발적 요인과 만나면서 충동적으로 결행하는 '즉각 반응형 자살'이 많다고 전문가들은 말하고 있다. 특히, 내성적이고 소극적인 성격의 청소년일수록 평소에 문제를 크게 드러내지 않다가 일을 저질러 주변 사람을 놀라게 하는 경우가 많다는 것이다.

자살에 대해서 우리 청소년들은 많은 생각을 하고 있으며, 자살이 마음의 결심으로부터 오는 병임을 생각해 보았을 때 실로 심각한 문제가 아닐 수 없다. 청소년 자살 사례의 이유는 다양하지만 대표적인 괴롭힘, 학교폭력, 왕따현상으로 인한 자살 사례를 살펴보면 다음과 같다.

1) 괴롭힘으로 인한 자살

고2 남학생, 같은 학교 선배 5명으로부터 괴롭힘을 받음. 지속적인 집단폭력(각목으로 10차례)과 금품 갈취를 당하고 차비도 뺏겨 걸어서 집에 오고, 신발도 뺏겨 맨발로 들어옴. 밤늦게 전화로 불러내고, 피해사실을 알리면 집에 불을 지르겠다고 협박. "이제는 쉬고 싶다"는 메모를 남기고 아파트에서 투신하여 자살을 하였다.

청소년의 또래괴롭힘은 자살생각 및 자해행동에 영향을 미칠 수 있고 절망감 및 사회적 지지는 이 영향관계에서 조절적 역할을 할 가능성이 있음을 알 수 있었다. 이러한 청소년의 또래괴롭힘에 의한 여러 영향관계에 대해 언론에 보도된 사례를 중심으로 살펴봄으로써 또래괴롭힘 문제의 심각성이 있었다.

2) 학교폭력으로 인한 자살

중2 남학생, 같은 반 친구로부터 신체폭행, 위협 및 협박, 괴롭힘, 성추행을 당했고, 피해자는 학교폭력으로 힘든 사실을 세상에 알리기 위해 학교 남자화장실

4층에서 투신함. 가해자가 6개월 이상 지속적으로 신체폭행, 위협 및 협박, 괴롭힘, 성추행 등으로 괴롭혔고, 이로 인하여 자살을 하였다.

반에서 4~5명되는 아이들에게서 신체적인 폭행이 발생하였다. 설문지를 무기명으로 반에서 실시하였는데, 반 아이 전체를 선동하여 왕따를 당하는 다른 아이로 지목하였고, 미리 사건 상황에 대해서도 입을 맞춘 상태라서 일치된 설문결과를 받음. 피해자는 지속적으로 담임 선생님이 그 아이가 아니라고 이야기하였지만, 학교에서는 무관심하게 아이들이 모두가 인정을 하는데 피해학생이 잘못 본 것이 아니냐고 이야기하였다. 사건의 가해자로 몰린 따돌림 당하는 아이의 경우는 만성적인 학교폭력으로 인해 “내가 그냥 했던 것으로 하고 넘어가자”라고 하며 문제 상황을 회피하였다. 더 이상 해볼 필요가 없다며, 무기력감과 살고 싶지 않은 마음을 표현하였다.

3) 왕따로 인한 자살

중1 여학생, 같은 반 친구로부터 따돌림을 당함. 친구들의 따돌림과 자신이 힘들어하는 문자를 보낸 사실이 다른 학생들에게 공개적으로 드러난 것에 대한 수치심으로 유서를 남겨놓고 학교 화장실 4층에서 투신하여 자살을 하였다.

집단따돌림이 주로 발생하는 현장이 학교라는 점에서 학생의 생활을 맡고 있는 교사(특히 담임교사)의 역할은 매우 중요하다. 특히, 초등학교의 경우 아이들의 집단화가 비교적 덜한 편이고 행동 수준도 중 · 고등학교에 비해 그리 난폭하고 집요한 편도 아니며, 학생과 같이 생활하고 있어 아동의 행동에 미치는 교사의 영향이 크기 때문에 교사가 세심한 관심을 가지고 적극적으로 지도한다면 집단따돌림 문제를 예방하거나 해결하는 데 많은 도움이 될 것이다. 무엇보다도 초등학교의 집단따돌림의 문제를 조기에 해결하거나 예방해야 할 이유는 초등학교 시절 경험한 집단따돌림이 중 · 고등학교로 계속 이어질 염려가 있으며, 자아정체감이나 인격 형성이 덜 된 상태에서 집단따돌림을 당하게 되면 대인관계에 공포심을 갖거나 적대적으로 대하게 되는 등 심각한 심리적, 정신적 후유증을 앓기 때문이다.

Chapter 10

학교폭력 예방 및 대책에 관한 법률

1 학교폭력 예방법의 제정 배경

우리나라는 1990년대 초부터 학교폭력의 심각성이 논의되기 시작하여 민간단체[1]에서부터 학교폭력의 원인과 각종 대책방안 등이 연구되어 왔지만 민간단체의 활발한 상담활동과 사후대책만으로는 학교폭력에 적절하게 대처할 수 없음을 인식하고, 정부 차원에서의 적극적인 개입의 필요성이 촉구되었다. 이러한 노력의 결과로 학교폭력문제가 공론화되면서 개방적 대책이 필요함에 따라 법의 제정 필요성이 제기되어 왔다. 이런 사회적 분위기 속에서 1990년대 후반부터 학교폭력문제가 사회적 문제로 인식되면서 1995년 정부에서는 학교폭력 근절 종합대책을 마련하고, 경찰에서는 '학교담당 경찰관'을, 검찰에서는 '자녀 안심하고 학교 보내기 운동'을 실시하였다. 그런 가운데 1997년 서울 교내 폭력조직 폭행사건과 2001년 부산 학교폭력 가해자 살해사건 등이 발생하자 정부는 민관공동 학교폭력대책국민협의회를 발족하였다(이승현, 2012).

학교폭력 법안이 국회에 상정되기까지 범정부 차원의 정책추진과 청소년폭력예방재단 등 관련 시민단체의 역할이 크게 작용하였다. 특히, 청소년폭력예방재단을 주축으로 학부모단체, 교직원단체 등 20여 시민단체가 2001년 3월 15일 관련자 회의를 열고 '학교폭력대책에 관한 입법 시민연대'를 구성하였고, 정부부처에서는 당시 교육부와 청소년위원회가 당연직으로 참여하여 의원입법을 추진하였다. 당시 추진하였던 법률안이 '학교폭력방지에 관한 특별법'이며 시민단체안과 시민 35만 명의 서명을 모아 국회 교육위원회 임종석 의원에게 제출하였고 이후 임종석(안)으로 나오게 되었다.

이에 교육부에서도 2001년 5월 17일 학교폭력 예방법 제정을 위한 공청회를

---

1) 학교폭력대책국민협의회, 청소년폭력예방재단, 밝은청소년지원센터, 학교폭력피해자가족협의회 등이 있다.

열어 학교폭력 예방법의 필요성을 강조하였다. 학교폭력 예방법 제정의 필요성에 대한 조사결과는 '교육문제를 법으로 해결하려 한다는 비난', '법의 실효성 여부', '현행법의 관련 조항을 개정하는 방안', '현행 학교교육분쟁조정위원회를 활용하는 방안' 등 각종 비난과 논쟁이 존재했다. 하지만 '법적인 권한을 가진 중재기구의 설치로 신속 · 원만한 해결을 가능하게 할 수 있으며 이를 잘 활용한다면 법률의 실효성 또한 꾀할 수 있다'라는 것이 교육부의 입장이었다.

이와 같은 내용의 특별법안을 제정하려고 한 것은 학교폭력이 심각한 사회문제로 대두되고 있음에도 이에 대처하는 현재의 법체계가 학생들의 범죄를 교육적으로 교화시키기 위한 목적이 아닌 처벌과 감시 위주로 되어 있거나 가벼운 조치에 그치는 경우가 많고, 피해학생에 대한 구제 · 보호 대책이 미흡한 실정이어서 효과적으로 학교폭력에 대처하지 못하고 있기 때문이었다. 따라서 학교폭력의 예방 등을 위한 의무를 국가 · 지방자치단체 및 학교의 장에게 부과하고, 현행 법체계가 간과하고 있는 피해학생과 가해학생에 대한 치료 · 교육방안과 학교폭력으로 인한 분쟁해결을 위한 법적 · 제도적 장치를 마련하려는 것이었다.

법이 제정되면 학교 · 가정 · 사회의 학교폭력 예방과 사후처리에 대한 관심이 증대되고, 그 동안 피해학생 측의 불신과 가해학생 측의 비협조 등으로 학교 자체에서 해결하기 어려웠던 학교폭력으로 인한 분쟁 등을 원만히 해결할 수 있을 것으로 기대하며, 가해학생과 피해학생에 대한 적절한 교육 · 치료를 제공함으로써 학교폭력을 예방하고 건전한 학교문화를 조성하는 데 기여할 것으로 예상하였다.

2 학교폭력에 대한 입법과정

교육인적자원부에서는 학교폭력의 심각성을 인식하고 2001년을 '학교폭력 대폭 경감의 해'로 선언하고, 학교 · 가정 · 사회 · 관련 정부부처와 긴밀하게 협조하여 학교폭력을 줄여나가려고 노력하였다. 그 결과 학교폭력 발생이 상당히 줄어든 것으로 나타나고 있었으나, 학교폭력 발생을 원천적으로 예방하기 위한 국가적 대책, 학교폭력 발생에 따른 분쟁의 조정, 피해학생 보호 및 가해학생 선도에 대하여 체계적인 법적 · 제도적 장치가 뒷받침되지 못하면 일시적인 효과로 그칠 소지가 다분히 농후했었다.

이 법안이 학교폭력의 예방보다 사후처리에 초점이 맞추어져 있고, 학교폭력중재위원회의 기능과 조정 · 중재 결정의 효과가 불명확하며, 학교폭력중재위원회를 모든 학교에 설치하는 것은 무리가 있다는 일부의 비판도 있었다. 따라서 이 법은 이러한 문제점들에 대하여 공청회 등을 통한 전문가들의 의견을 충분히 수렴한 후 입법을 할 필요가 있었다. 다시 말해, 학교폭력에 대처하는 입법방식을 두고 특별법을 제정하는 것이 바람직한가, 현행법을 개정 · 보완하는 것이 바람직한가를 필두로 전술한 문제들이 논쟁의 대상으로 떠올랐기에 사회의 다양한 의견을 수렴하여 검토할 필요가 있었다는 것이다.

학교폭력의 발생빈도나 그 피해의 심각성을 고려할 때, 학교폭력에 대처하기 위한 법적 방안을 강구할 필요가 있다는 데에 대하여 다른 의견은 없었으며, 아래에서 학교폭력에 관한 입법조치가 필요한 구체적인 이유를 살펴보면 다음과 같다.

첫째, 학교폭력 예방과 대책을 위한 학교 · 지역사회 · 정부 등의 협력체제 구축이 필요하다. 학교폭력을 비롯한 비행 관련 업무를 수행하고 있는 정부의 기관[2)]이 여럿 되지만 각기 독자적으로 대책을 수립하여 활동함으로써 업무가 중복되고 실적 위주의 형식적인 활동을 하는 등 상호 간의 유기적인 협조체제를 구축하지 못하여 왔다. 따라서 학교 · 지역사회 · 정부 등이 학교폭력 예방업무를 효과적으로 실시할 수 있는 협력체제를 구축할 필요가 있다.

둘째, 학교폭력 피해학생에 대한 보호를 위하여 체계적인 법적 · 제도적 장치가 필요하다. 학교폭력 피해학생은 성폭력의 처벌 및 피해자보호 등에 관한 법률, 청소년 보호법, 청소년 성보호 등에 관한 법률 등에 의하여 보호받을 수는 있으나, 이들 법률이 학교폭력에 초점을 맞춘 것이 아니어서 피해학생의 구제 · 보호대책이 충실하지 못하고 프로그램도 단기적 · 일시적 차원을 벗어나지 못하고 있으므로, 학교폭력 피해학생에 대한 보호를 위하여 별도의 법적 · 제도적인 장치를 강구하여야 한다.

셋째, 학교폭력 당사자에 대한 교육 · 치료 프로그램을 강화할 필요가 있다. 기존 법률은 주로 가해학생의 처벌에 중점을[3)] 두고 있어서 학교폭력 당사자에 대한 교육 · 치료 프로그램이 결여되어 있는데, 학교폭력의 예방이라는 차원에서도 가해학생을 처벌하는 데만 그치지 않고 학교폭력 당사자에 대한 교육 · 치료 프로그램이 강화되어야 할 것이다.

넷째, 학교폭력으로 인한 분쟁을 조정 · 중재할 객관적인 기구가 필요하다는 것이다. 학교폭력으로 인한 분쟁을 객관적으로 조정 · 중재할 기구가 없어 당사자 간의 조정을 통하여 쉽게 해결할 수 있는 분쟁도 조정 · 중재가 제대로 이루어지

2) 학교폭력 관련 부처로는 교육과학기술부, 여성가족부 청소년보호위원회, 법무부, 검찰청, 경찰청과 지방자치단체가 있다.

3) 가해학생에 대한 처벌을 규정하고 있는 현행 법률로는 형법, 소년법, 폭력행위 등 처벌에 관한 법률, 보호관찰 등에 관한 법률, 가정폭력범죄의 처벌 등에 관한 특례법, 가정폭력방지 및 피해자 보호 등에 관한 법률, 성폭력범죄 및 피해자 보호 등에 관한 법률, 청소년의 성보호에 관한 법률, 특정강력범죄 처벌에 관한 특례법 등이 있다.

지 못하여 결국 형사사건화하는 경우가 많았던 점을 고려할 때, 객관적인 조정·중재 기구를 제도화할 필요가 있다.

다섯째, 학교폭력문제의 실태를 있는 그대로 받아들이고 이를 공론화하여 문제해결에 나서는 열린 체제를 지향해야 할 필요가 있다. 그 동안 학교폭력문제가 끊임없이 주된 사회문제가 되어 왔고 나름대로 대책이 시행되었음에도 불구하고 성과가 미흡한 데는 학교폭력문제가 사회에 알려질 경우 문제학교로 낙인찍혀 이미지가 손상된다고 생각하는 교육계의 현장풍토와 학교만이 학생문제를 해결해야 한다고 인식하는 왜곡된 풍조로 외부기관의 협조를 구할 수 없도록 함으로써 학교폭력의 음성화를 부채질해 온 측면도 있었다. 따라서 학교가 모든 문제를 해결하고자 하는 폐쇄적인 의식을 버리고 학교폭력문제의 실태를 인정하고 공론화하여 문제해결에 나서는 열린체제를 지향해야 할 필요가 있다.

이상과 같은 여러 가지 이유로 학교폭력에 대한 입법조치가 필요하다는 점은 대부분 동의하고 있으나, 학교폭력에 대한 법률적 접근방향은 현행 법령을 개정·보완하여 대처하는 것이 바람직할 것인가와 별도의 특별법을 제정하여 대처하는 것이 바람직할 것인가로 의견이 나뉘어졌다.[4)]

4) 2001. 12. 청소년보호위원회가 학교폭력방지에 관한 특별법의 제정에 대하여 조사한 바에 따르면, 특별법의 제정이 필요하다는 의견이 학부모집단에서는 54.4%로 과반수를 차지하고 있으나, 학교폭력 문제를 현장에서 직접적으로 담당하여 온 교사들의 31.5%, 경찰의 38.8%만이 그 필요성에 동의하였고, 교사들의 63.8%, 경찰의 57.9%는 현행법으로 충분하거나 혹은 기존의 법률을 보완하여 대처할 수 있으므로 별도의 특별법 제정이 필요하지 않다는 의견을 제시하였다.

3 학교폭력 예방법의 의미

1) 학교폭력 예방법의 입법

사회문제로 대두되고 있는 학교폭력에 대한 입법 조치가 필요하다는 사회적 합의를 근거로 「학교폭력 예방 및 대책에 관한 법률」(이하 학교폭력 예방법)이 2003년 12월에 제정되어 2004년 1월에 공포되었다.

이 법은 공포 후 6월이 경과한 날부터 시행되었는데, 정부적 차원에서 학교폭력 예방 및 대책을 위한 전담기구의 설치와 이를 위한 재정적 지원을 위한 제도적 틀을 마련함과 아울러 정기적인 학교폭력 예방교육의 실시와 학교폭력의 신고를 의무화하는 등 학교폭력을 사전에 예방하기 위한 규정과 학교폭력이 발생한 후 피해학생의 보호와 가해학생의 선도라는 그 사후처리를 교육적인 관점에서 해결하려는 규정을 주요 내용으로 하고 있다.

2) 학교폭력 예방법의 개정

법률 제7119호로 「학교폭력 예방 및 대책에 관한 법률」이 제정된 이래 8년간 11차에 걸친 일부 · 전면개정이 있었다. 그 과정을 살펴보면 「청소년 기본법」, 「국가공무원법」, 「제주특별자치도 설치 및 국제자유도시 조성을 위한 특별법안」, 「정부조직법 전부개정법률안」 등 관련 법안들이 수정 · 변경되면서 일부용어가 변경되거나 세부 내용이 추가 또는 삭제되었다. 2008년 3월 14일 법제명이 「학교폭력 예방 및 대책에 관한 법률」로 변경되면서 전면개정도 이루어졌다.

수차례 개정의 요점은 학교폭력의 범주를 법률에 명확하게 명시하고, 학교가 적극적으로 학교폭력에 대처할 수 있도록 대상을 확대했으며 처벌보다는 예방 및 보호와 선도에 비중을 두고 학교폭력의 피해에 국가가 책임지고 보호조치를 취할 수 있도록 행정적 · 재정적 책임을 강화하려는 것이었다. 그중 대표적인 주요 개정과정을 살펴보면 다음과 같다.

(1) 2008년 전면개정

법률 제8887호로 제6차 개정된 법률안의 주요 내용은 학생폭력의 개념 속에 성폭력을 포함시키도록 하되 다른 법률에 특별한 규정이 있는 경우에는 이 법을 적용하지 않도록 하여 성폭력피해자의 프라이버시 보호를 강화했다.

교권에 대한 침해가 생기지 않도록 하기 위해 학생폭력의 대상을 현행과 같이 학생 간에 발생한 폭행 등으로 하기로 하며, 학교폭력 예방 및 대책을 위한 자치위원회 회의에 학생대표를 참여시키도록 했다.

학교의 장은 학교폭력문제를 담당하는 전담기구를 구성하고 행정적 · 재정적 지원을 할 수 있도록 하였으며, 피해자 치료비용에 대한 구상권을 신설하고, 가해학생의 보호자도 함께 특별교육을 받게 할 수 있도록 하는 등, 피해학생에 대한 보호와 치료 및 가해학생에 대한 선도 강화를 위하여 교육위원장의 제안에 따른 의안번호 제8219호 「학교폭력 예방 및 대책에 관한 법률 전부개정 법률안」이 제안되었으며 이에 법률 내용이 상당부분 보완 및 수정되었다.

(2) 2009년 일부개정

법률 제9642호로 개정된 제7차 개정은 현행법이 가해학생에 대한 인권보호라는 측면에 편중하여 재발방지 대책에 소홀한 부분을 보완했다. 학교폭력 예방과 대책 마련을 위한 노력에도 불구하고 학교폭력 발생건수는 해마다 증가하고 그 양상은 중범죄화됨에 따라 학교폭력상담 긴급전화 설치와 피해학생에 대한 보복행위 금지, 장애학생에 대한 차별화된 보호규정이 반영 · 수정되었다.

(3) 2011년 일부개정

법률 제11223호로 개정된 제10차 개정은 따돌림의 심각성을 인식하도록 따돌림의 정의를 신설하고, 강제적인 심부름도 학교폭력 정의에 추가하였으며, 교육과학기술부장관으로 하여금 시 · 도교육청의 학교폭력 예방 및 대책을 평가하고 기획위원회 위원에 심리학자를 포함하도록 하였고, 피해학생과 가해학생의 치료 등을 위해 상담 · 교육 · 치료기관을 지정하는 경우 이를 홍보하고, 학부모와 학생에게 상담기관 등에 대한 정보를 제공하도록 했다.

교육감이 기획위원회에 보고하는 내용을 학교폭력의 종류별로 실태 및 대책에 관한 사항으로 구체화하고, 자치위원회 소집요건을 완화했으며, 성폭력 등 특수한 학교폭력사건에 대해서는 학교폭력을 전담하는 기구가 전문기관에 조사 · 의뢰할 수 있도록 하고, 피해학생의 치료를 위한 요양비뿐만 아니라 심리상담 · 조언 및 일시보호에 소요되는 비용까지 가해학생의 보호자가 부담하도록 하였으며, 가해학생 또는 그 보호자가 불분명하거나 부담능력이 없는 경우에는 학교안전공제회 또는 시 · 도 교육청이 우선 부담하고, 이후 가해학생 보호자에 대하여 구상권을 행사할 수 있도록 하며, 피해학생의 보호자로 하여금 필요시 공제급여를 학교안전공제회에 직접 청구할 수 있도록 했다.

자치위원회가 가해학생의 전학조치를 요청할 경우 30일 이내에 이행하도록 하고, 자치위원회가 내린 전학조치에 대해 이의가 있는 학생 및 보호자는 시 · 도 학생징계조정위원회에 재심을 청구할 수 있도록 하는 등 다수 조항들이 개정되었다.

(4) 2012년 일부개정

법률 제11388호 제11차 일부 개정은 2012년 1월에 개정되었는데도 불구하고 국회에 계류 중이던 법안들이 2012년 3월에 추가로 개정되었다.

개정 이유는 학교폭력의 범위를 학생 간에 발생한 사건에서 학생을 대상으로 발생한 사건으로 확대하여 학교 밖 청소년 등에 의한 학교폭력도 이 법에 따라 지원을 받을 수 있게 하였다. 또 학교폭력에 대한 조사 · 상담 · 치유를 위한 전문기관을 설치 · 운영할 수 있는 근거를 마련하여 치유 프로그램을 효과적으로 이행할 수 있도록 하며, 피해학생에 대한 조치를 자치위원회 요청 7일 이내에 이행하도록 하고, 피해학생의 신속한 치료를 위하여 학교의 장 또는 피해학생의 보호자가 원하는 경우 학교안전공제회 또는 시 · 도교육청이 비용을 부담한 후 구상권을 행사할 수 있도록 하였다.

가해학생의 전학 및 퇴학조치에 한정되었던 재심청구를 피해학생에 대해서도 허용하고, 학교폭력의 재발을 방지하기 위하여 가해학생에 대한 처분을 의무화하고, 가해학생에 대한 조치를 자치위원회 요청 14일 이내에 이행하도록 하였으며, 가해학생의 특별교육에 학부모가 동참하도록 의무화하는 한편, 학교 현장에서 학교폭력을 문제시하지 않는 것을 개선하기 위하여 학교폭력을 축소 · 은폐한 학교의 장 및 교원에 대해서는 징계할 수 있는 명확한 법적 근거를 마련하였다.

학교폭력 예방에 기여한 자에 대해서는 인센티브를 지급할 수 있도록 함으로써 교직원들이 보다 적극적으로 학교폭력에 대처할 수 있도록 하며, 학교폭력 전담기구의 적극적인 운영을 위하여 교감을 포함하도록 하는 등 현행 제도의 운영상 나타난 일부 미비점을 개선 · 보완하려는 것이다.

(5) 개정과정 정리

학교폭력 피해학생을 두텁게 보호하고 치유 부담을 완화하기 위하여 학교폭력의 범위를 학생 간에 발생한 사건에서 학생을 대상으로 발생한 사건으로 확대하여 학교 밖 청소년 등에 의한 학교폭력도 이 법에 따라 지원받을 수 있게 하였다.

이러한 법 개정 과정을 거치면서 학교폭력에 대한 조사 · 상담 · 치유를 위한 전문기관을 설치 · 운영할 수 있는 근거를 마련하여 분쟁의 조정 · 중재 및 교육 · 치료사항에 대하여 학교폭력 예방법을 우선 적용하도록 하였다. 이러한 점에서 처벌과 감시 위주였던 학교폭력 사안에 대하여 예방 차원으로 시각을 변화시킨 것이 학교폭력 예방법의 제정 및 11차례에 걸친 개정을 통하여 얻어낸 성과라고 하겠다.

3) 학교폭력 예방법의 목적

학교폭력 예방법은 심각한 사회문제로 대두되고 있는 학교폭력문제에 효과적으로 대처하기 위하여 학교폭력의 예방 및 대책을 수립하기 위한 각종위원회의 설치, 피해학생의 보호와 가해학생의 징계 및 보호, 학교폭력의 신고의무화 및 정기적인 학교폭력 예방교육의 실시 등 학교폭력의 예방 및 대책을 위한 전담기구의 설치와 이를 위한 국가의 재정적 지원을 위한 법 · 제도적 틀을 마련하는 것이 입법취지였다.

학교폭력 예방법 제1조에서는 학교폭력의 예방과 대책에 필요한 사항을 규정함으로써 피해학생의 보호, 가해학생의 선도 · 교육 및 피해학생과 가해학생 간의 분쟁조정을 통하여 학생의 인권을 보호하고 학생을 건전한 사회구성원으로 육성함을 목적으로, 이 법이 제정되었음을 선언하고 있다.

학교폭력 예방법에서는 대책위원회, 지역위원회, 자치위원회 등의 각종 위원회에 관한 규정을 포함한 학교폭력의 예방과 대책에 관한 사항을 규정하고 있는데, 각 위원회가 계획하고 시행하는 예방과 대책에도 불구하고 학교폭력이 발생한 경우에는 피해학생의 보호와 가해학생에 대한 조치 및 교육이라는 불가피한 사후처리가 교육적 차원에서 우선적으로 이루어져야 한다. 그 이유는 이 법의 목적이 학생의 인권을 보호하고 학생을 건전한 사회구성원으로 육성하는 데 있기 때문이다.

폭력 예방이라 함은 폭력에 이르지 않도록 미리 막는 것이며, 폭력대책이라 함은 폭력행위에 대한 교육과 선도 등을 통하여 폭력행위가 다시 발생되지 않도록 하기 위한 방안을 의미하는 것이다. 즉, 학교폭력 예방법은 폭력행위를 처벌하기 위한 법이 아니라, 학교폭력에 대한 부정적인 인식의 확산을 통하여 학교폭력으로 나아가지 않도록 인식을 전환시킴으로써 학교생활에서 폭력행위를 근절시키고 사라지게 하는 것을 목적으로 하기에 법은 여러 시스템, 학교폭력 발생 후의 치유 및 처리에 관한 규정을 두고 있는 것이다.

4) 학교폭력 예방법의 성격

학교폭력 예방법이 제정될 당시에 학교폭력에 대한 입법 조치가 필요하다는 사회적 합의가 이루어졌지만, 기존의 관련 법령을 개정 · 보완하여 대처하자는 관계법 개정론과 별도의 특별법을 제정하여 대처하자는 특별법 제정론이 대립하였다. 전자는 이미 가해학생 처벌과 피해학생 보호에 관한 규정이 여러 법령에 마련되어 있었기 때문에 이러한 법령들을 개정하는 것이 법체계의 안정성을 고려할 때 바람직하다고 보는 입장이다. 이에 반하여 후자는 기존의 법이 가해학생의 처벌에만 중점을 두고 있어 피해학생의 보호나 가해학생의 교육 · 치료, 폭력 예방 등을 제대로 규율하지 못하였다고 보고 학교폭력에 초점을 맞춘 특별법을 만들어 학교폭력을 근본적으로 예방 · 대처할 수 있는 법적 장치를 마련하자는 입장이었다. 결국 후자의 입장이 채택되어 유례없는 단일법으로 학교폭력 예방법이 제정되었다고 볼 수 있다.

학교폭력에 초점을 맞추어서 이를 근본적으로 예방하고 사후 바람직한 해결방안까지 강구할 수 있는 법적 장치를 마련하자는 입장에서 제정된 학교폭력 예방법은 학교라는 조직과 관련된 폭력의 문제를 종합적으로 단일법화하여 규정하고 있다는 점에서 특별법이라고 할 수 있다. 다만, 이 법의 내용이 학교폭력 예방에 관한 제도적인 부분과 학교폭력이 발생하여 피해학생과 가해학생이 나타난 후의 처리에 관한 부분으로 구분된다. 그중에서 학교폭력의 예방에 관한 부분은 다른 행정조직법과 비교할 때, 학교폭력의 예방 및 대책을 위한 행정조직 구축에 관하여는 지배적이고 우선적 지위를 가지므로, 특별법이라고 할 수 있다.

이에 반하여 학교폭력 발생 후의 처리와 관련된 부분은 특별법적인 성질을 갖는지는 의문의 여지가 있다. 즉, 가해자와 피해자가 존재한다는 것은, 민사법상의 문제와 형사법상의 문제가 포함되어있다는 의미로, 민 · 형사법에 비하여 우선 적용된다면 특별법이라고 할 수 있을 것이다.

그런데 학교폭력 예방법 제5조 제1항은 '학교폭력의 규제, 피해학생의 보호 및 가해학생에 대한 조치에 있어서 다른 법률에 특별한 규정이 있는 경우를 제외하고 이 법을 적용한다.'라고 규정하고 있어서, 학교폭력의 예방을 위한 제도 및 대책을 제외한, 학교폭력의 규제, 피해학생의 보호 및 가해학생에 대한 조치에 관하여는 다른 법률에 규정이 없는 경우에만 비로소 적용되는 후순위로 적용되는 법규임을 명시하고 있다.

학교폭력 예방법 제2항에서는 '성폭력은 다른 법률에 규정이 있는 경우에는 이 법을 적용하지 아니한다.'라고 규정하고 있어서, 학생이 성폭력의 피해자가 되는 경우에는 학교폭력에 해당되기는 하지만, 다른 법률에 규정이 없는 경우에만 적용되는 후순위로 적용되는 법규임을 명시한 점은 동일하다. 즉 제1항은 다른 법률에서 규정하지 않은 부분을 이 법에 따른 보충적인 처분을 내릴 수 있음을 의미한다. 예컨대 다른 법률에서는 따돌림에 대한 규정이 없으므로, 학교폭력 예방법에서 규정하고 있는 가해학생에 대한 서면사과나 사회봉사 내지 출석정지 등의 처분을 내릴 수 있다는 것이다.

이에 반하여 제2항에서 성폭력은 학교폭력의 한 유형임에도 다른 법률에 규정이 있는 경우에는 이 법을 적용하지 아니한다는 것은, 성폭력에 관하여 다른 법률에서 성폭력의 가해자에 대한 처벌규정이 있다면, 이 법은 원칙적으로 가해학생에 대하여 적용되지 않음을 의미한다. 아무튼 법 제5조 제1항과 제2항을 놓고 볼 때 학교폭력 예방법은 후순위 적용법규임을 부인할 수 없으므로 학교폭력을 예방하여야 하는 법의 취지나 실효성이 위축될 여지가 상당할 것임은 분명한 사실이다.

예컨대 자치위원회에서 피해학생의 보호 및 가해학생에 대한 징계 및 교육을 함으로써 문제를 좋은 방향으로 해결할 수 있음에도 제5조는 적용하지 못하고 다른 법률의 규정에 의하여 어떤 조치가 결정됨에 따라 문제가 나쁜 방향으로 해결될 수도 있다는 것이다.

학교폭력의 범주에 포함되는 성폭력을 「성폭력범죄의 처벌 등에 관한 특례법」, 「아동 · 청소년의 성보호에 관한 법률」 등과 같은 다른 법률에 규정이 있는 경우에는 이 법을 적용하지 아니하도록 규정하였는데, 이는 성폭력 피해자의 프라이버시 보호를 강화하려는 의도로 보인다.[5] 즉, 성폭력 등 성과 관련한 행위는 개인의 명예 또는 프라이버시와 관련이 있는 경우가 많아서 이를 이 법에서 규정된 대로 다수가 그 절차에 관여하여 공개적으로 해결한다는 것은 피해자를 보호하려는 의도가 오히려 피해자에게 치명적인 심리적 상처를 줄 수 있음은 물론이다. 경우에 따라서는 가해자로 추정된 학생에게도 치명적인 일이 될 수도 있기 때문이다.

따라서 학교폭력 예방법이 일부는 특별법적인 성질을, 일부는 후위법적인 성질을 가지고 있는 학교폭력의 예방 및 대책에 관한 법규의 집합체라는 점에서, 일

5) 학교폭력 예방 및 대책에 관한 법률의 개정과정에서 강제추행과 같이 성폭력범죄 중 비교적 경미한 범죄는 학교폭력 예방 및 대책에 관한 법률을 적용하지만, 강간과 같은 성폭력은 경미한 범죄가 아니라 중대한 범죄이기 때문에 학교폭력 예방 및 대책에 관한 법률이 아니라 형법이나 성폭력범죄의 처벌 등에 관한 특례법, 아동 · 청소년의 성보호에 관한 법률이 적용되어야 한다는 주장이 반영된 것으로 보인다.

반적인 의미에서 특별법이라고 하기에는 의문의 여지가 있다고 하겠다. 그럼에도 불구하고 학교폭력 예방법이 학교라는 특정 조직을 중심으로 교육을 받고 있는 학생들의 폭력의 예방과 사후조치에 관한 법규의 총체라는 점을 고려한다면, 학교폭력 예방법이 학교폭력에 관한 특별법이라는 성질에는 변함이 없다고 하겠다.

학교폭력 예방법은 학교폭력의 사전적 예방을 위한 각종 제도의 구축과 학교폭력 발생 후 행정적인 차원에서의 대책을 강구하여야 함과 아울러, 교육적 차원에서의 대책 및 피해학생의 보호와 가해학생에 대한 조치 등을 규정하고 있으므로, 이 법이 행정법적인 성질을 가지고 있지만 피해학생의 보호 및 조정과 관련하여서는 민사법적인 성질도 가지고 있다.

학교조직을 둘러싸고 발생한 폭력행위에 대처하기 위하여 가해학생에게 내려진 선도조치나 징계조치는, 일반국민이 아닌 가해학생에 대하여 영향을 끼치는 것을 목적으로 하는 징계법적 성격을 갖는다고 하겠다. 이러한 사정에도 불구하고, 이 법은 손해배상이나 징계에 중점을 두는 것이 아니라 피해학생에 대한 예방과 가해학생에 대하여 선도교육을 우선으로 하는 법이라는 점을 충분히 고려해야 할 것이다. 학교폭력 예방법 제5조는 학교폭력의 규제, 피해학생의 보호 및 가해학생에 대한 조치에 있어서 다른 법률에 특별한 규정이 있는 경우를 제외하고는 이 법을 적용한다고 규정하고 있는데,이는 이 법이 학교폭력의 예방 등에 관하여는 일반법의 지위를 가진다는 것을 의미하는 규정임은 상술한 대로이다.

이미 지적한 바와 같이 이 법의 입법취지를 고려하면, 학교폭력이 발생하였을 때, 다른 특별법적 규정을 이유로 하여 학교폭력 예방법을 적용하는 것을 배제하게 되면 학교폭력을 예방하여야 하는 법의 취지나 실효성이 경시될 우려도 있다.

5) 학교폭력 예방법의 해석원칙

학교폭력 예방법 제3조에서는 '이 법을 해석 · 적용함에 있어서 국민의 권리가 부당하게 침해되지 아니하도록 주의하여야 한다'라고 이 법의 해석 · 적용의 원칙을 선언하고 있다. 법률의 해석 · 적용에 국민의 권리가 부당하게 침해되어서는 안 된다는 원칙은, 단지 학교폭력 예방법의 경우에만 인정되어야 하는 원칙이라기보다는 모든 법에 적용되어야 하는 원칙이라고 하여야 할 것이다. 그럼에도 불구하고 이 원칙을 굳이 제3조에서 명시하고 있는 이유, 학생의 인권보호와 학생을 건전한 사회구성원으로 육성하려는 이 법의 궁극적인 목적을 환기시키기 위한 의미가 있다고 하겠다.

학교폭력이 주로 지속적으로 성장하고 변하는 미성년자 신분인 학생의 교육현장이라는 학교에서 발생한다는 점, 특히 학교폭력의 사후처리를 위한 원인을 규명하는 과정에서 인격의 침해나 프라이버시의 침해 등이 이루어질 위험이 있다는 점, 학생징계과정에서 위원회나 기관장의 행태에 따라서 가해학생이나 학부모에게 모욕감이나 굴욕감과 같은 인격적 침해가 이루어질 위험이 있다는 점 등을 고려하여, 학교폭력에 관한 업무를 집행하는 각종 위원회의 위원과 기관장으로 하여금 교육적인 차원에서 업무를 처리하여야 함과 아울러 학생과 학부모 및 관련자의 인권보호를 의식하여야 함을 환기시키기 위하여 둔 주의적인 규정이라고 하겠다.

그러므로 이 법은 학교폭력의 사전적 예방을 위한 각종 제도의 구축과 학교폭력 발생 후 교육적 차원에서의 대책 및 학생보호를 직접적인 목적으로 제정된 것이며, 궁극적으로는 학생의 인권을 보호하고 학생을 건전한 사회구성원으로 육성함을 목적으로 제정된 법이므로 이 법을 해석하고 적용함에 있어서, 학생의 인권보호와 건전한 학생육성이라는 이 법의 궁극적 목적을 염두에 두어야 할 것이다.

6) 적용대상

학교폭력을 이해하는 방식에 따라서 학교폭력 예방법의 적용대상은 달라질 수 있다. 즉, 학교폭력을 학생의 폭력으로 이해할 것인가, 학교 내의 폭력으로 이해할 것인가, 학교구성원 간의 폭력으로 이해할 것인가, 학생 간의 폭력으로 이해할 것인가, 아니면 학생이 피해자인 경우로 제한하여 이해할 것인가에 따라서 그 적용대상이 달라지게 된다.

학교폭력을 학생의 폭력이라고 이해하는 경우에는, 학교 내외를 불문하고 학생 간의 폭력은 물론 학생과 일반인 사이의 폭력도 모두 학교폭력으로 받아들일 수 있으므로 이 경우 학생은 물론 일반인도 학교폭력 예방법의 적용대상이 된다. 이러한 이해방식은 학생이 관여된 폭력은 모두 학교폭력이 되면서 법의 적용대상이 지나치게 확대됨을 물론이고 일반폭력에 관한 형사법과의 충돌문제 또한 피할 수 없게 된다.

학교 내의 폭력을 학교폭력으로 이해하는 경우에는, 학교 내에서 발생하는 폭력이기만 하다면 학생 사이나 학교구성원 사이는 물론 일시적으로 교내에 진입한 일반인과 학생 사이나 일반인 사이에서 발생한 폭력도 모두 학교폭력이 되므로, 이 경우 학생은 물론 일시적이라도 학교 내에 있던 일반인도 학교폭력 예방법의 적용대상이 된다.

예컨대 학교 밖에서 학생이 일반인에게 폭력을 행사한 경우 또 일반인이 학생에게 폭력을 행사한 경우 행정벌이나 형벌 등의 조치를 취할 수 있듯이 학교 내에서 학생과 일반인 및 일반인 사이에서 발생한 폭력은 장소적 특성 때문에 학교폭력 예방법의 적용을 받게 된다는 주장인데, 이러한 주장은 상술한 대로 일반폭력에 관한 형사법과의 충돌을 당연히 낳게 마련이다. 뿐만 아니라 학교 안에서만이 아니라 학교 밖에서도 같은 학교 학생 사이에서는 물론 다른 학교 학생 사이에서도 폭력사태가 발생할 수 있다는 점을 고려한다면, 학교폭력 예방법상 이처럼 학교폭력을 학교 내의 폭력으로 한정해서 이해하는 것은 곤란하다고 하겠다.

학부모나 학생의 교사 폭행 등 교권침해사건이 빈발하고 있다는 점을 고려하여, 교권을 확립하는 차원에서 학교폭력을 학교구성원과 관련된 모든 폭력으로 이해하자는 주장도 있다. 이 경우, 학생 간은 물론 학생과 교사 나아가서 교사 사이에서 발생하는 폭력사태도 모두 학교폭력이 되므로, 학생은 물론 교사를 포함한 근로자 등의 학교구성원은 모두 학교폭력 예방법의 적용대상이 된다. 이렇게 되면 학교구성원 사이의 법 적용 평등이라는 측면에서는 긍정적인 측면이 있겠지만, 교육자와 피교육자가 동일한 절차에 따라 법적인 보호와 조치를 받는다는 것이 우리 교육현장에서 수용될 수 있는지 의문의 여지가 있다고 하겠다.

다른 한편 학생 간의 폭력만을 학교폭력으로 이해하는 입장이 있다. 학교는 수사를 취급하는 기관이 아니어서 수사행위를 할 권한이 없기 때문에 학생이 아닌 자를 상대로 조사한다는 것은 현실적으로 어렵다는 점 등을 고려할 때 학교폭력의 인적 적용범위는 학생 간의 폭력에 국한하는 것이 바람직하다는 견해도 있다. 이 견해는 적용대상이 명확하다는 장점이 있어서, 제정 당시부터 2012년 3월 개정 전까지 법에 규정되기도 하였다. 다만 이 견해는 일반인이 인식하는 학교폭력과 적절하게 부합되는지, 학생을 건전한 사회구성원으로 육성하고자 하는 이 법의 입법목적에 비추어 그렇게 이해하는 것이 적절한지에 대하여는 의문의 여지가 있다고 하겠다.

학교폭력을 학교 내외를 불문하고 학생이 폭력의 피해자인 경우로 이해하게 되면, 피해자인 학생 이외에 가해자인 학생을 포함한 일반인 등이 학교폭력 예방법의 적용대상이 된다. 이 입장에 따르면, 피해자가 학생이기만 하다면 일반인에 의한 폭력도 모두 학교폭력에 포함된다. 즉, 학생 간의 폭력 이외에 학교구성원, 특히 교사의 학생폭력 등이 사회문제로 자주 등장하고 있고, 이 법의 목적이 학생의 인권보호와 학생을 건전한 사회구성원으로 육성하고자 한다는 데 있음을 고려하면 2012년 3월의 법개정을 통해 학생뿐만 아니라 일반인도 학교폭력 예방법의 적용대상이 된다고 이해해도 큰 무리는 따르지 않을 것이다.

4 학교폭력 예방을 위한 추진체계

학교폭력 예방을 위해 구성되어 있는 추진체계를 보면 국가 및 지방자치단체는 학교폭력을 예방하고 근절하기 위하여 조사 · 연구 · 교육 · 계도 등 필요한 법적 · 제도적 장치를 마련하여야 한다고 규정하고 있다(제4조).

교육과학기술부 장관 소속하에 있던 학교폭력대책위원회를 국무총리 소속하에 두고(제7조), 시 · 도에는 지역의 학교폭력문제 해결을 위한 학교폭력대책지역위원회를(제9조), 시 · 군 · 구에는 학교 차원의 학교폭력대책지역협의회(제10조의 2)를 두어 학교폭력에 대하여 체계적으로 접근할 수 있도록 하고, 학교폭력의 예방 및 대책에 관련된 사항을 심의하기 위하여 학교에도 학교폭력대책자치위원회를 둔다(제12조 제1항)라고 규정하고 있다.

국회 차원에서 학교폭력의 원인 등을 조사하고, 학교폭력을 근절 · 예방할 수 있는 종합대책을 논의하기 위하여 국회 내에 학교폭력대책 특별위원회(국회법 제44조)도 구성하고 있다. 교육감에게도 시 · 도교육청에 학교폭력의 예방과 대책을 담당하는 전담부서를 설치 · 운영하도록 하고, 시 · 도교육청별 자체 추진계획을 세우도록 요구하고 있다.

〈그림 10-1〉은 '학교폭력근절 종합대책' 중 학교폭력 예방법에 있는 자치위원회의 구조도를 나타낸 것으로 동법 제4조의 책무에서 마련한 제도적 장치인 민간단체와의 연계 등을 잘 나타내고 있다.

담당 기관	단위	위원회	관계 기관
교육과학기술부 ▪ 학교폭력 예방 및 대책에 관한 기본계획 수립 ▪ 교육청의 학교폭력 예방 및 대책과 성과평가 및 공표 ▪ 학교폭력실태조사	중앙	**학교폭력대책위원회** (위원장 : 국무총리, 민간전문가) ▪ 학교폭력 예방 및 대책 기본계획 심의 ▪ 중앙행정기관 및 지방자치단체 단체장이 요청하는 사항 등에 대한 심의	▪ 여성가족부, 경찰청 등 관계 부처 협력 ▪ 종교단체, 청소년 폭력예방재단 등 관련 대표기관
교육감 ▪ 시 · 도교육청별 자체 추진계획 수립 ▪ 학교폭력 예방 전담 부서 설치 ▪ 학교폭력에 따른 전학 대상 학생에 대한 필요한 조치	광역 단위	**학교폭력대책지역위원회** (위원장 : 부단체장) ▪ 기본계획에 따라 매년 학교폭력 예방 대책 수립	▪ 광역 117신고센터 운영 ▪ 지방경찰청, 교육청 등 관계기관 및 민간단체 협력
교육장 ▪ 학부모 예방교육 실시 및 홍보	기초 단위	**학교폭력대책지역협의회** (위원장 : 부단체장) ▪ 지역단위 학교폭력 예방 사업 추진	▪ Wee센터, CYS-Net 등 지역상담센터, 자율방범대, 자원봉사센터 등 민간단체 연계
학교장 ▪ 학교폭력 예방 및 대책에 관한 실시계획 수립 및 시행 ▪ 학교폭력전담기구 설치	학교	**학교폭력대책자치위원회** (위원장 : 호선) ▪ 학교폭력 예방 및 대책을 위한 학교 체제 구축 ▪ 피해학생보호, 가해학생 선도 및 징계, 가해학생과 피해학생의 분쟁 조정	▪ 경찰서, 학부모, 민간전문가 등 협력

그림 10-1 학교폭력 예방법에 있는 자치위원회 구조도

5 학교폭력법으로 규정된 위원회

1) 학교폭력대책위원회

중앙에 둔 대책위원회는 학교폭력 예방 및 대책의 기본계획을 심의하고 중앙행정기관 및 지방자치단체 단체장이 요청하는 사항 등에 대해 심의를 할 수 있고, 학교폭력과 관련하여 교육청과 제9조에 따른 학교폭력대책지역위원회(이하 대책위원회)와 제10조의2에 따른 학교폭력대책지역협의회, 제12조에 따른 학교폭력대책자치위원회, 전문단체 및 전문가가 요청하는 사항에 대해서도 심의할 수 있다(제7조). 정책의 수립-집행-점검을 내실 있게 추진하기 위해 범정부 추진체계를 '학교폭력대책위원회'로 하고 국무총리실 소속위원회의 지위로 격상시켰다.

대책위원회의 구성을 보면 국무총리와 민간 참여 확대를 위해 민간 전문가를 공동위원장 체제로 운영하도록 하며, 위원장 2명을 포함하여 20명 내외의 위원으로 구성했다. 위원장은 국무총리와 학교폭력대책에 관한 전문지식과 경험이 풍부한 전문가 중에서 대통령이 위촉하는 사람이 공동으로 되고, 위원장 모두가 부득이한 사유로 직무를 수행할 수 없을 때에는 국무총리가 지명한 위원이 그 직무를 대행한다(제8조 제2항). 위원은 기획재정부, 교육과학기술부, 법무부, 행정안전부, 문화체육관광부, 보건복지부, 여성가족부, 방송통신위원회, 경찰청장 등 유관기관 장관 및 정부위원이 추천하는 민간전문가(10명)로 구성하도록 했으며, 위원회에 상정할 안건을 미리 검토하는 등 안건 심의를 지원하고(제8조 제6항), 위원회가 위임한 안건을 심의하기 위하여 대책위원회에 학교폭력대책실무위원회(이하 '실무위원회'라 한다)를 두었다(제8조 제7항).

대책위원회는 여성가족부, 경찰청 등 관계 부처와 협력하여야 하며, 청소년폭력예방재단의 학교폭력 SOS지원단, 학교폭력피해자가족협의회 등 민간단체의 학교폭력 예방 및 상담활동 활성화를 지원하고 있다.

2) 학교폭력대책지역위원회

학교폭력 예방법 제9조에서는 지역의 학교폭력문제를 해결하기 위하여 광역단위로 16개 시 · 도에 학교폭력대책지역위원회(이하 지역위원회)를 두도록(제9조 제1항)하여 지역 내의 위원회 연계를 활성화할 수 있도록 했다. 분기별 1회 이상 회의를 개최하고, 기관별 상호 협력과 지원방안, 기관별 추진상황 평가 등을 실시하며, 시 · 도부지사(부시장)회의에서 우수사례를 공유하고 운영 현황을 점검하도록 했다.

특별시장 · 광역시장 · 특별자치시장 · 도지사 및 특별자치도지사는 지역위원회의 운영 및 활동에 관하여 시 · 도의 교육감과 협의하여야 하며, 그 효율적 운영을 위하여 실무위원회를 둘 수 있다(제9조 제2항). 지역위원회는 위원장 1인을 포함한 11인 이내의 위원으로 구성하고(제9조 제3항), 지역위원회 및 제2항에 따른 실무위원회의 구성 · 운영에 필요한 사항은 대통령령으로 정한다(제9조 제4항). 지역위원회는 기본계획에 따라 지역의 학교폭력 예방대책을 매년 수립하고(제10조), 해당지역에서 발생한 학교폭력에 대하여 교육감 및 지방경찰청장에게 관련 자료를 요청할 수 있다(제10조 제2항).

교육감은 지역위원회의 의견을 들어 제16조 제1항 제1호부터 제3호까지나 제17조 제1항 제5호에 따른 상담 · 치료 및 교육을 담당할 상담 · 치료 · 교육기관을 지정하도록(제10조 제3항)하고, 해당 기관의 명칭, 소재지, 업무를 인터넷 홈페이지에 게시하고 학부모에게 홍보하도록 규정하고(제10조 제4항) 있다. 지역위원회는 광역 117신고센터 운영과 지방경찰청, 교육청 등 관계기관 및 민간단체와의 협력을 논의한다.

3) 학교폭력대책지역협의회

학교폭력대책지역협의회(이하 지역협의회)는 학교폭력 예방 대책을 수립하고 기관별 추진계획 및 상호 협력 · 지원 방안 등을 협의하기 위하여 시 · 군 · 구에 두며(제10조의2 제1항), 지역단위 학교폭력 예방 사업을 추진해야 한다. 부단체장이 위원장이 되며 위원장 1명을 포함한 20명 내외의 위원으로 구성한다(제12조의2 제2항).

지역 단위 추진체계의 정비를 위해 기초 단위별 시 · 군 · 구로 협의회를 신설하였다. 자치단체, 교육지원청의 Wee센터, CYS-NET 등 지역 상담센터, 경찰서, 자율방범대(3,916개대 98,379명), 자원봉사단체, 녹색 어머니회 등 기타 시민단체 등이 참여하는 협의체를 구성하여 지역 밀착형 대책을 수립하도록 했다.

4) 학교폭력대책 특별위원회

최근 심각한 사회문제가 되고 있는 학교폭력의 원인 및 대책방안을 논의하기 위하여 국회 차원에서 학교폭력의 원인 등을 조사하고, 학교폭력을 근절 · 예방할 수 있는 종합대책을 논의하기 위하여 국회법 제44조에 따라 국회 내에 「학교폭력대책 특별위원회」(이하 특별위원회)를 구성했다.

국회 차원의 특별위원회가 정식으로 출범하게 되면서 사회적 큰 문제로 지적되어 왔던 학교폭력에 대한 현장조사 및 근본적인 해결을 위해 국회 차원에서도 활동에 돌입하게 되었다. 위원 수는 20인으로 하며 특별위원회의 활동기간은 2012년 12월 31일까지이다. 2012년 7월 9일 「학교폭력대책 특별위원회」의 의안이 제안(의안번호 제1900600호)되고 상정되어 원안가결(회의명 제309회 제1차)까지 마친 안건으로 당일에 특별위원회 설치가 된 것은 학교폭력의 심각성을 그대로 반영한 것으로 보인다.

5) 학교폭력대책자치위원회

학교폭력의 예방 및 대책에 관련된 사항을 심의하기 위하여 학교에 자치위원회(이하 자치위원회)를 두고, 다만 대통령령으로 정하는 사유가 있는 경우에는 교육감의 보고를 거쳐 둘 이상의 학교가 공동으로 자치위원회를 구성한다(제12조 제1항).

심의사항은 ① 학교폭력의 예방 및 대책수립을 위한 학교체제 구축, ② 피해학생의 보호, ③ 가해학생에 대한 선도 및 징계, ④ 피해학생과 가해학생 간의 분쟁조정, ⑤ 그 밖에 대통령령으로 정하는 사항 등이다(제12조 제2항). 자치위원회는 해당 지역에서 발생한 학교폭력에 대하여 학교장 및 관할 경찰서장에게 관련 자료를 요청할 수 있고(제12조 제3항), 자치위원회의 설치 · 운영 등에 필요한 사항은 지역 및 학교의 규모 등을 고려하여 대통령령으로 정한다(제12조 제4항).

2008년 개정 전까지 자치위원회의 구성 및 운영에 관하여는 법률에 규정이 없었지만, 그 이후로 구성 및 운영에 관한 자세한 내용은 대통령령에서 규율하도록 되었다.

(1) 구성

자치위원회는 위원장 1인을 포함하여 5인 이상 10인 이하의 위원으로 구성하되, 위원장은 위원 중에서 호선하도록)하고 분기별 1회 이상 회의를 개최하도록 했다. 위원은 다음 각 호의 어느 하나에 해당하는 사람 중에서 해당 학교의 장이 임명하거나 위촉한다고 규정하고 있다(시행령 제14조 제1항). 학교장이 위촉한 위원들로만 구성되면 형식적으로 운영될 가능성이 크기 때문에 시행령에서 위원 선정기준을 학교장의 자의적인 판단이 아니라 절차에 따라 객관적이고 공신력 있는 위원을 선정할 수 있도록 명시할 필요가 있다고 하겠다.

동법 제13조 제1항에서 '자치위원회 전체위원의 과반수를 학부모전체회의에서 직접 선출한 학부모대표로 위촉하도록 규정하고 있으며 학교폭력대책위원회에 따르면 자치위원회의 회의를 재적위원 과반수의 출석으로 개의하고, 출석의원 과반수의 찬성으로 의결한다'라고 규정하고 있다(동법 시행령 제3조). 과거 자치위원회는 학교의 교장 · 교감 · 교사들을 중심으로 운영되어서 학교의 명예 실추와 학교에 대한 부정적인 평가를 우려하는 등 학교폭력을 심의하기 위한 자치위원회의 개최에 소극적이었다. 이러한 문제의 개선을 위하여 자치위원회 구성에 학부모의 비율을 반수 이상으로 하였으나 학부모 참여에 따른 부정적인 효과가 발생하였다.

전문성이 떨어지는 학부모 대표 중 위촉된 자치위원이 자치위원회의 의사결정을 의결할 수 있는 정족수를 채우고 있어 학교폭력 예방 및 대책에 대해서 전문성이 떨어질 수 있다. 또한 실질적으로 다른 전문성을 가진 위원들의 의견은 무시되고 학부모 대표 중 위촉된 위원의 의견대로 자치위원회가 의결될 가능성이 있다. 또 학부모 대표 중 위촉된 위원들이 가해학생이나 피해학생 또는 그 학부모 및 사건과 직 · 간접적으로 관련이 있어서 제척 · 기피 · 회피에 해당되는 자치위원이 다수인 경우에는 자치위원회 개최 정족수를 채우지 못하여 자치위원회 자체를 개최할 수 없는 경우가 발생할 가능성이 있다.

자치위원회의 구성 중 '해당학교를 관할하는 경찰서 소속 경찰공무원'을 해당 학교의 장이 임명하거나 위촉할 수 있다(시행령 제14조 제5호). 자치위원회에서 경찰의 참석이 의무사항은 아니지만 중요한 역할을 하는 것이 학교의 현실이므로 경찰이 빠지는 학교는 거의 없을 정도이다. 자치위원회의 안건은 '범죄'에 해당하는 경우가 많기 때문에 '범죄'에 해당하는 안건을 경찰이 참석한 상태에서 '학교에서의 봉사', '사회봉사' 위주로 처리하면 가해학생은 가벼운 처분에 안도하게 되고 사안처리 결과를 보고 경찰을 가볍게 볼 수도 있는 여건조성을 만들게 된다.

경찰관은 범죄의 혐의가 있다고 판단될 때에는 수사에 착수하여야 한다(범죄수사규칙 제39조)라고 하지만 자치위원회의 사안이 범죄인 경우에도 만약 수사에 착수하지 않으면 '직무유기'가 되므로 현직경찰관의 자치위원 위촉에도 문제가 있다. '의사의 자격이 있는 사람'(시행령 제14조 제6호)의 경우에도 학교폭력과 관련이 없는 의사를 제외하는 것은 당연하고 나아가 의사의 자격기준도 마련되어야 할 것이다. 아무튼 학부모가 의사나 변호사인 경우 위촉이 되더라도 실제적으로 참석이 어렵고 이 법률을 원활히 수행하는 위원은 '교감', '생활지도부 선생님', '학부모대표', '관할 경찰서 소속 경찰공무원'에 한정되는 것이 사실이다. 따라서 자치위원 선정은 학교장의 권한으로 학교의 상황에 맞는 사람을 위촉하면 된다.

기존의 '선도위원회'나 '중재위원회' 등 교내기구들은 교내인사들이 중심이 되어 구성되는 데 비해 자치위원회는 교직원, 학부모, 경찰공무원, 법률전문가, 청소년보호전문가 등 학내외 인사들로 구성되므로 전문성 · 객관성 · 중립성이 보장될 수 있다는 점이 특징이다. 또 자치위원회 위원구성을 실제 업무 위주로 재편성하여 학교장을 학교폭력 관련 심의기구의 위원장으로 하는 것은 사안을 의도적으로 축소할 가능성이 있기 때문에 적절하지 않은 부분이 있었는데, 2012년 법 개정으로 삭제되었다.

학부모의 참여를 학교운영위원회의 학부모대표가 아닌 학부모전체회의에서 선출된 학부모대표가 과반수를 차지하도록 함으로써 학부모의 참여를 높였다. 과반수를 학부모전체회의에서 직접 선출된 학부모 대표로 구성하도록 규정하고 있으나 전술한 것처럼 학부모들의 학교 현장에 대한 이해부족과 학교폭력에 대한 지식과 경험이 부족하여 공정하고 객관적인 심의가 어려운 사례도 있다.

(2) 기능

일선 학교는 학교폭력과 관련된 사안을 심의하기 위하여 '학교폭력대책자치위원회'를 구성하여 운영하도록 되어 있고, 법률 개정으로 인하여 자치위원회는 학교폭력 관련 자료를 학교장이나 관할 경찰서장에게 요청할 수도 있다.

학교폭력이 발생했을 경우 이를 처리할 수 있는 주체는 자치위원회뿐이다. 그렇지만 자치위원회는 학교폭력이 발생했을 때 이를 조정하고, 가해학생을 징계하는 일에만 국한해서는 안 된다. 만약 학교에서 자치위원회를 소집하여 사안을 다루지 않았다면 이는 사안의 경중을 불문하고 법률위반인 셈이다. 이러한 법률위반의 사항을 미연에 방지하기 위하여 감독기관은 정기적으로 자치위원회의 운영을 관리해야 한다.

모든 학교폭력의 사안을 전적으로 자치위원회에 일임하는 것도 문제라고 할 수 있다. 담임교사 또는 학생부장교사 등을 통하여 자체적으로 해결하는 것이 일종의 경찰단계에서의 훈방조치처럼 오히려 바람직한 경우도 있을 것이다. 그러나 학교폭력이 발생하여 교사에게 일차적으로 발각되어 자치위원회를 개최하는 경우에도 형사법의 적용 여지는 항상 염두에 두어 언제든지 형사사건으로 전환될 수 있음을 분명히 인식하여야 한다.

자치위원회는 학교폭력 사건을 교육적인 차원에서 처리할 수 있는 가장 실질적인 기구라고 할 수 있다. 따라서 학교폭력 피해학생 지원을 위한 활동에도 더욱 관심을 가져야 할 것이며, 학교폭력 피해학생들을 위한 다양한 프로그램을 개발해야 할 것이다. 이러한 프로그램은 학교폭력을 경험한 후 발생할 수 있는 다양한 심리적 부적응 문제를 해결하고, 더 이상 학교폭력의 피해자가 되지 않도록 적절한 능력 및 태도로 학습할 수 있도록 돕기 위한 것이다.

자치위원회에 대한 규정이 신설 및 개정된 것은 학교폭력에 대한 정책의 수립과 집행 및 점검을 내실 있게 추진하기 위한 것으로 보인다. 자치위원회는 분기별 1회 이상 회의를 개최하여야 하며, 가해학생이 협박 또는 보복한 사실을 신고받거나 보고받은 경우에도 개최하도록 명시하고 있다.

(3) 권한

학교폭력 예방법 제정 이전에 자치위원회의 역할은 일선 학교의 생활선도협의회가 담당하였다. 학교선도협의회에서 부과할 수 있는 징계는 ① 학교 내의 봉사, ② 사회봉사, ③ 특별교육이수, ④ 1회 10일 이내, 연간 30일 이내의 출석정지, ⑤ 퇴학처분 등 5가지 조치에 불과하였으나(초 · 중등교육법 시행령 제31조 제1항), 학교폭력 예방법상 자치위원회에서 부과할 수 있는 징계는 총 9가지인 것이 특징이다. 이러한 점에 비추어 볼 때 학교폭력 예방법상의 가해학생에 대한 조치는 초 · 중등교육법상의 조치에 대하여 우선적으로 적용되는 것이라고 할 수 있다.

자치위원은 자치위원회 규정을 따르고 있는데, 즉 학교마다 규정이 동일하지 않기 때문에 학교별로 편차가 발생한다. 자치위원회가 학교폭력 가해학생을 위한 선도 조치를 하기 위한 동일하고 구체적인 기준이 없기 때문에 비슷한 사안에 대해서 다른 심의결과가 나오는 사례도 있다는 것이다. 따라서 가해학생이 상이할 경우, 주범 내지 정범에 해당하는 학생이 처벌을 가볍게 받고, 종범에 해당하는 학생이 처벌을 무겁게 받는 경우도 발생할 수 있다.

학교폭력 문제점을 해결하기 위해서 학교폭력 예방법 시행령에 처벌에 대한 양형기준을 두는 것이 바람직하다고 하겠다. 학교폭력 가해학생에 대한 조치는 학교생활기록부에 기재하도록 되어 있기 때문에 자치위원회는 객관적인 심의를 할 필요가 있으므로, 각종 기준 등을 명확히 해야 하는 것은 말할 것도 없지만 자치위원회 학부모대표 위원들이 학교현장과 학교폭력에 대한 지식 및 이해가 부족하여 심의결과에 대한 신뢰성이 떨어지는 위험이 있다.

표 10-1 각 위원회 비교

구분	학교폭력대책 위원회 (대책위원회)	학교폭력대책 지역위원회 (지역위원회)	학교폭력대책 지역협의회 (지역협의회)	학교폭력대책 자치위원회 (자치위원회)
설치	국무총리소속	시 · 도	시 · 군 · 구	시 · 도
구성	• 위원장 2명을 포함하여 20명 이내의 위원으로 구성 • 위원장은 국무총리와 대통령이 민간전문가 위촉 • 임기는 각 2년 1차 연임 가능 • 간사 1명 교육과학기술부소속 공무원 위원회위임안건심의를 위한 학교폭력대책실무위원회 구성운영	• 위원장 1인을 포함한 11인 이내의 위원으로 구성 • 위원장 부단체장 시 · 도교육감과 협의 실무위원회 운영 • 실무위원회 7명 이내의 학교폭력 관련 실무자 및 민간전문가로 구성 • 임기는 2년 • 간사 1명 시 · 도교육청소속 공무원	• 위원장 1명을 포함한 20명 내외의 위원으로 구성 • 위원장 부단체장	• 위원장 1인을 포함하여 5인 이상 10인 이하의 위원으로 구성 • 위원장 호선 • 전체위원회 과반수를 학부모전체회의에서 직접 선출된 학부모대표로 위촉 • 둘 이상의 학교가 공동으로 자치위원회를 구성 가능
기능	1. 학교폭력의 예방 및 대책에 관한 기본계획의 수립 및 시행에 대한 평가 2. 학교폭력과 관련하여 관계 중앙행정기관 및 지방자치단체의 장이 요청하는 사항 3. 학교폭력과 관련하여 교육청, 제9조에 따른 학교폭력대책지역위원회, 제10조의2에 따른 학교폭력대책지역협의회, 제12조에 따른 학교폭력대책자치위원회, 전문단체 및 전문가가 요청하는 사항	1. 기본계획에 따라 지역의 학교폭력 예방대책을 매년 수립 2. 해당지역에서 발생한 학교폭력에 대하여 교육감 및 지방경찰청장에게 관련 자료를 요청 3. 상담 · 치료 및 교육을 담당할 상담 · 치료 · 교육 기관을 지정 4. 상담 · 치료 · 교육 기관을 지정한 때에는 해당 기관의 명칭, 소재지, 업무를 인터넷 홈페이지에 게시 홍보	그 밖에 지역협의회의 구성 · 운영에 필요한 사항은 대통령령으로 정한다.	1. 학교폭력의 예방 및 대책수립을 위한 학교체제 구축 2. 피해학생의 보호 3. 가해학생에 대한 선도 및 징계 4. 피해학생과 가해학생 간의 분쟁조정 5. 그 밖에 대통령령으로 정하는 사항

운영	대책위원회의 운영과 실무위원회의 구성 · 운영에 필요한 사항은 대통령령으로 정함	구성 · 운영에 필요한 사항은 대통령령으로 정함 *분기별 1회 이상 회의 개최	학교폭력 예방 대책을 수립하고 기관별 추진 계획 및 상호협력 지원 방안 등을 협의하기 위하여 시 · 군 · 구에 학교폭력 대책지역 협의회	1. 자치위원회 재적위원 4분의 1 이상이 요청하는 경우 2. 학교의 장이 요청하는 경우 3. 피해학생 또는 그 보호자가 요청하는 경우 4. 학교폭력이 발생한 사실을 신고받거나 보고받은 경우 5. 가해학생이 협박 또는 보복한 사실을 신고받거나 보고받은 경우 6. 그 밖에 위원장이 필요하다고 인정하는 경우 7. 분기별 1회 이상 회의를 개최

출처 : 학교폭력 예방법 참조 구성

Chapter 11

학교폭력 상담

1 학교폭력 상담의 의미

1) 학교폭력 상담의 개념

학교폭력 상담은 학생들 사이에서 폭력이라는 위기 상황이 발생한 후(드물게 발생 전 예방을 위한 상담도 있다) 진행하는 위기 상담이다. 현재 벌어진 폭력 상황의 해결을 위한 개입과 장기적 재발방지의 측면에서 원인이 되는 요인을 상담, 지원해 주는 전반적인 개입이 이루어져야 한다. 이는 피해학생의 신변 보호에서부터 피해 · 가해자에 대한 원활한 합의유도를 거쳐 대상자인 피해학생 및 가해학생에 대한 지속적 치료 상담까지를 모두 포함한다.

2004년 7월 29일 이후부터는 학교폭력 예방 및 대책에 관한 법(이하 학교폭력법)에 의해 학교폭력 발생 시 학교 내 자치위원회가 소집되어 피해학생에 대한 보호조치, 가해학생에 대한 선도 조치 및 피해 해 학생의 분쟁조정을 결정하도록 되어 있다. 그러나 아직까지는 학교자치위원회의 역할이 현실적으로 많은 어려움과 한계를 가지고 있으며, 학교 외부의 상담기관이나 학교 교사를 통한 직접 상담과 중재개입이 더욱 중요한 역할을 담당하고 있는 실정이다.

학교폭력법에 의한 문제해결의 진행도 필요하지만 이후 대상학생의 교사나 부모 그리고 주변학생들의 역할이 더 중요하게 남아 있다. 이에 학교폭력이 발생한 후 상담을 담당해야 하는 상담자는 교사, 학부모, 학교 내 상담자, 학교 외 상담자 등 누구든지 될 수 있을 것이다.

2) 학교폭력 상담의 목표

학교폭력을 해결하려는 노력과 이에 대한 사회의 인식이 점점 활발해지고 있다. 그러나 정작 학교폭력이 발생했을 때 이를 어떻게 수습해 나가야 하는지, 즉 도움을 요청한 내담자에게 어떻게 도움을 주어야 하는지에 대해 검증되고 정리된 답은 아직 전무한 실정이다.

상담에 정확한 답이 없듯이 학교폭력 상담에도 사실 정답은 없다. 다만 청소년의 폭력 상황을 알게 된 즉시 즉각적, 적극적으로 개입하는 것이 가장 중요하다. 그리고 학교폭력이라는 사건 처리와 함께 대상학생에 대한 지속적인 상담, 관리, 재발 방지를 위한 환경적인 부분까지 지원해 줌으로써 학교폭력의 근본적인 해결책을 찾도록 하는 것이 무엇보다 중요하다.

학교폭력이 제대로 해결되지 않은 가장 큰 이유 중의 하나가 학교폭력의 실제 대상자인 학생들이 사실에 대해 이야기하지 않고, 또 이야기할 수도 없어서 학교폭력이 드러나지 않는다는 사실이었다. 그러나 학생들이 이야기하지 않는 큰 이유 중의 하나가 이야기하더라도 제대로 해결해 주지 못하고 오히려 또 다른 폭력을 발생시키는 악순환이 계속되기 때문이다.

학교폭력은 학생들 사이에서 발생한 하나의 '사건'이긴 하다. 그러나 이것을 해결해 가는 과정에서, 예컨대 가해학생을 전학시키고 피해학생이 등교를 하지 않는 것으로 외형상 문제는 해결된 것으로 여겨지지만 이렇게 가해자는 처벌받고 또 그것으로 피해자는 억울하지만 보상받은 것으로 여겨야 하는 마치 하나의 사건을 처리하듯 학교폭력문제가 다루어졌을 뿐 피해 · 가해학생은 물론 주변 방관학생들을 위한 재발방지 차원에서의 근본적인 접근은 이루어지지 않았다. 가해자는 무엇을 잘못했고 피해자는 보호받아야 할 대상자라는 인식을 교육을 통해 학생들이 가질 수 있는 분위기는 지금까지 없었다. 그것은 사고의 수습일 뿐 학교폭력은 반드시 다른 형태로 재발 또는 확대될 가능성이 매우 크다.

청소년 시절 그들은 대부분의 일상을 '학교', '학급'을 중심으로 집단생활을 하는 가운데 주변 친구, 교사 혹은 선후배와의 관계 속에서 보내게 된다. 그래서 중요한 인성이 발달하는 청소년의 시기에 이들 집단과의 관계, 문화가 한 개인에게 주는 영향은 상당히 크다. 그러므로 학교폭력을 발견했을 시에도 이들을 둘러싼 일상과 관계, 문화 속에서 학교폭력 발생의 메커니즘을 찾아야 하고, 해결방안 또한 주변관계 속에서 재발 가능한 2차적 학교폭력을 염두에 두고 모색해야 한다. 학교폭력문제가 일단락되었다고 판단될 즈음 오히려 이 시점부터 부모와 교사, 주변 사람의 적극적인 관심과 개입이 필요하다.

학교폭력 상담의 궁극적인 목표는 피해학생이 보호와 치유를 통해 대인관계에서 어려움 없이 학교에 잘 적응하며 성숙해 나가고 가해학생이 가해요인에 대한 상담과 적절한 처벌을 통해 선도, 치료되고 주변학생들이 학교폭력에 대한 제대로 된 인식과 예방에 관한 교육으로 주변의 위기들을 함께 도와 나갈 수 있도록 돕는 것이다.

2 학교폭력 상담의 중요성

학교폭력에 있어 상담이 중요한 이유를 살펴보면 다음과 같다.

첫째, 학교폭력에는 구체적인 관련 인들이 포함되며 이들 개개인은 더욱 개별적이며 직접적인 도움을 필요로 하는데, 상담은 이러한 것을 목적으로 하는 개입 방법이기 때문이다. 학교폭력 피해자라면 당장 자신의 피해 사실을 알고 도움을 청할 수 있는 누군가를 필요로 하는데, 이러한 지원은 단순히 심리적 위안의 차원을 넘어서 심리적, 신체적 안전에 대한 보호, 후유증 회복에 도움이 되는 등 매우 절실한 것이기 때문이다. 폭력행동 청소년 역시 공격적 성향, 부적절한 문제해결방법, 낮은 자존감 등의 해결해야 할 문제를 가지고 있을 뿐 아니라 이러한 행동문제가 더 크게 발전하지 않도록 하는 개입이 필요한 사람들이다. 특히, 피해 혹은 가해의 지속성에 대한 불안은 부모나 가족 모두에게 큰 불안요인이 될 뿐 아니라 가혹한 피해후유증은 사망, 자살과 같은 극단적인 결과를 가져오거나 피해자의 가정을 파괴하는 정도로까지 확대되기도 한다. 즉, 상담은 학교폭력문제의 관련 인을 가장 가까운 거리에서 가장 직접적으로 도와줄 수 있는 활동인 것이다.

둘째, 학교폭력의 예방과 해결을 위한 다양한 활동 가운데서도 상담은 가장 구체적인 도움을 제공하는 역할을 한다. 상담은 학교폭력의 조속한 문제해결뿐 아니라 후유증을 최소화하는 중요한 역할을 한다. 학교폭력은 일단 발생하고 나면 문제해결이 복잡할 뿐 아니라 후유증 또한 장기간 지속되기 쉬우므로 각 문제 상황에 깊이 개입하여 대처하도록 돕는 상담은 후유증의 심각성과 기간을 줄이는 데 크게 도움이 된다. 상담은 문제 상황을 적절하게 평가하여 좀 더 초점화된 개입을 하고 이로써 피해자나 가해자가 조속히 문제에서 벗어날 수 있도록 돕는 역할을 한다.

셋째, 학교폭력문제의 예방과 해결에는 전문적인 개입이 필요하며, 상담은 이러한 전문성이 뒷받침되는 활동이기 때문이다. 학교폭력 문제해결을 위해서는 예방활동뿐 아니라 현재 진행 중인 문제 상황에 뛰어들어 위기 개입을 하고 중재를 해야 하는 상담이 중심과제가 된다. 이러한 활동 상황에서 상담자는 의사소통기술, 중재기술, 진단과 문제 상황에 대한 평가기술, 사회자원을 활용하는 기술 등을 사용하여 진행 중인 문제 상황에 적절하게 대처하고 피해 · 가해 후유증을 좁혀 나갈 수 있기 때문이다. 학교폭력 상담은 상담자의 전문적 개입기술을 필요로 하는 활동이다.

넷째, 상담은 학교폭력문제의 징후를 발견하고 더욱 심각해지는 것을 예방하는 데 결정적인 역할을 한다. 즉, 학교현장에서 더 가까이 일하는 상담자는 학교폭력문제가 더욱 심각해지는 것을 막기 위해 문제 가능성을 발견하고 이를 해결하는 데 주력하게 되는데, 이는 학교폭력 예방활동에서 무엇보다 중요한 의미를 갖는다. 간혹 처음에는 사소한 또래 간의 행동문제로 보기 쉬우나 지속적인 폭력피해는 피해자에게 심한 모멸감을 불러일으키고 간혹 스스로 통제하기 어려운 상황에 대처하기 위한 또 다른 폭력행동을 유발시키기도 한다. 상담은 이를 민감하게 감지하고 엉뚱한 방향으로 문제가 발전하지 않도록 하는 적절한 개입 기회가 된다.

다섯째, 상담은 개인에 대한 관심뿐 아니라 문제가 발생하고 확대되게 만든 환경적 요소를 사전에 감지하여 문제가 되는 환경에 대해서는 개선을 시도하고 더 나아가서 학교폭력 예방 및 문제해결을 위한 제도 개선으로 이끄는 역할을 한다. 상담현장은 학교폭력문제의 새로운 양상이나 변화를 가장 먼저 발견하게 하는 첨병 역할을 하는데, 여기서 수집되는 여러 가지 정보는 학교폭력문제에 대처하는 중요한 자료가 된다. 학교폭력을 부추기는 환경이나 조건들을 발견할 수 있게 해 주고 더 나아가서는 최근의 폭력문제 실태나 양상을 파악하는 기회가 된다. 따라서 상담활동은 문제 예방뿐 아니라 문제환경, 제도 개선에 중요한 자료원이 되고, 상담결과는 개인의 문제 예방이나 해결의 수준을 넘어서 폭넓은 학교폭력 문제 예방 및 해결로 이어지게 된다.

여섯째, 상담은 단순히 문제 예방이나 해결에만 만족하는 활동이 되어서는 부족하며 새로운 출발을 돕는 긍정적인 도움활동이라는 데 의의가 있다. 최근의 상담동향은 문제해결, 치료적인 것을 넘어서 행복한 삶의 추구에 더 큰 관심을 기울이는 활동으로 발전하고 있다. 학교폭력 상담 역시 피해자든 폭력행동 청소년이든 간에 단순한 문제해결이나 치유의 차원을 넘어서 이들을 자신에게서 좀 더 긍정적인 자원을 발견하여 이를 확장해 나가면서 더욱 건강하고 행복한 삶을 살 수 있도록 돕는 것이다. 또한 상담자는 인간의 병리적인 면보다 긍정적인 자원에 관심을 기울이면서 이를 확장해 나가도록 돕는 사람들인 것이다.

3 목적에 따른 학교폭력 상담 구분

1) 예방 상담

학교폭력 예방 상담은 문제를 발견하고 그 문제의 심각성을 평가하며 문제가 더 심각해지는 것을 막기 위해 예방적 개입을 하는 것이다. 학교폭력문제와 관련하여 무엇보다 예방이 중요함은 더 강조할 필요가 없을 것이다. 학교폭력에 대한 예방활동에는 우선 학교폭력과 관련된 예방교육 및 캠페인활동이 포함된다. 우선 학교폭력 상담자는 학교폭력 예방을 위해 자신이 일하는 기관이나 현장의 특징에 맞게 예방교육이나 캠페인을 더욱 효율적으로 실천하는 방법에 대해 잘 알고 있어야 한다. 학교폭력의 심각성과 폐해를 알리고 이에 대해 각성하도록 촉구하는 활동, 잘못된 인식을 변화시키고 예방활동에 참여수준을 높이기 위한 교육활동, 문제 발견과 개입에 필요한 지식전달활동, 문제환경을 발견하고 개선하는 활동 등이 중심을 이루게 되며 상담자 역시 이러한 활동에 참여하게 된다.

이 단계에서는 문제를 발견하는 것뿐 아니라 문제 전반에 대해 평가하는 일이 예방 상담에서 중요한 역할이 된다. 그러기 위해 상담자는 학교폭력문제의 다양한 증후를 읽을 줄 알아야 하고 문제를 적절하게 평가하기 위하여 문제의 발생시기, 관련된 가해자와 피해자의 범위, 문제 발생 및 문제 발전 배경, 문제의 심각성을 평가하기보다는 피해자의 주관적인 고통에 대해 귀를 기울여야 하며, 필요하다면 여러 가지 심리측정도구를 활용하여 그 심각성을 알아보아야 한다. 또한 이러한 평가과정에서 상담자는 폭력문제가 발생하게 되는 복합적인 기재에 대해 알 수 있게 된다.

예를들어, 학교 내 전반적인 폭력분위기, 폭력서클의 존재, 방관자나 조장하는 분위기, 학교폭력이 이루어지기 쉬운 장소, 새로운 유형의 폭력행동이 퍼지고 있는 현상, 교사의 무관심, 가정 내 폭력문제 등등 다양한 배경변인을 알게 되는데, 이러한 정보들은 피해자나 가해자 등을 지도하는 데도 활용하지만 한편으로 문제 예방을 위한 환경개선활동의 자료가 되기도 한다. 학생들이나 교사, 부모들을 위한 폭력 예방교육을 기획하고 실천하는 데 활용하거나 학교 내 폭력과 관련된 변인이나 환경을 발견하여 개선할 기회가 되기도 한다. 이러한 정보들이 순환적으로 여러 가지 예방활동의 기초 자료가 된다.

2) 위기 상담

위기 상담은 현재 진행 중이어서 시급하거나 외부로 인지된 폭력피해, 가해문제에 대한 상담을 말한다. 이 과정에서의 상담과제는 다음과 같다.

① 피해청소년의 경우 폭력에서 벗어나기, 폭력행동 청소년의 경우 폭력행동 중단하기
② 폭력의 원인을 이해하고 이에 대처하도록 돕기
③ 피해자의 자존감 및 회복력 높이기, 학교에 재적응하기, 신체적 · 정신적 문제가 발생한 경우 의료기관에 의뢰하기
④ 피해 · 가해 사실과 관련된 법적 문제에 대처하기

위기 상담은 피해자의 고통을 수반하는 피해 사실이 있을 경우 곧바로 개입해야 하고 피해청소년, 폭력행동 청소년, 그들의 가족, 피해 장면에 포함된 또래, 교사 등 많은 사람들이 포함되기 때문에 매우 복잡한 양상을 띤다. 우선은 피해자의 호소에 귀 기울여야 하며, 피해 사실을 확인해야 한다. 문제의 심각성을 파악하기 위해 예방 상담에서와 같은 다양한 평가기술을 활용하여 문제가 심각할수록 시급한 활동을 전개해야 한다. 이러한 활동을 위해 상담자는 폭력문제의 특징에 대해 폭넓은 지식을 갖추고 있어야 하며 폭력문제 해결이 다양한 측면에 부합되는 서비스를 하기 위한 위기관리 지원체계를 갖추고 있어야 한다. 즉, 단순

히 심리적 접근만으로 어려운 부분들에 대해 내담자를 돕기 위한 구체적인 방법을 갖추고 있어야 하는데, 당장 신변에 위협을 느껴 학교 가기를 꺼려하는 학생을 위해서는 신변보호를 위한 지원을 해야 하고, 의료적 문제가 생긴 피해자들을 위해서는 의료지원팀을 가동할 수 있어야 한다. 또한 많은 상담 사례의 경우 피해자, 가해자 간의 법률문제가 발생하게 되므로 법률자문을 구할 수 있는 법률자문체계를 갖추고 있어야 한다.

청소년 상담전문가들도 위기 상황에 처해 있거나 즉각적인 중재를 요하는 내담자에 대해 크게 부담을 느끼곤 하는데, 이러한 경우 상담자 개인이 이를 모두 감당하기는 어려우므로 학교폭력 상담에서 위기관리 지원시스템은 필수불가결한 요소이다. 폭력 예방 전문기관에서도 위기 상황에 대한 개입은 상담자 혼자만의 힘으로는 어려운 일이며 위기개입이 즉각적으로 이루어져야 함은 당연한 일이다. 생명에 위협을 느끼는 정도의 위기 상황이라면 여기서는 우선 생명이나 안전이 우선되어야 하며 상담자는 이를 보호하기 위해 최선의 노력을 기울여야 한다. 그러나 이러한 상황을 상담자 혼자 처리하기는 현실적으로 어려우므로 사회단체, 학교 등의 기관 차원에서 이러한 지원체계를 구축하고 가동할 수 있도록 해야 한다.

학교폭력 상담에서는 중재기술이 무엇보다 중요한 상담기술로 사용된다. 피해자-가해자-기타 관련인들은 그들이 처한 입장에 따라 각기 다른 바람을 가지고 있기 때문에 상담자는 이들을 중재해야 할 경우가 종종 생긴다. 상담자의 중재기술은 매우 중요하다. 예를 들어, 문제 발생 초기에 가해자의 진심 어린 사과 한 마디면 해결될 수 있던 문제가 감정적으로 점점 더 격화되면서 법적인 문제로 비화되는 경우가 있는데, 상담자는 이러한 문제 확대를 예방하기 위해 노력해야 한다. 상담자는 각 입장에서의 바람이 무엇인지 판단하고 서로의 입장을 좁혀 가면서 조속히 문제를 해결할 수 있도록 적절한 중재에 힘써야 한다.

3) 추수 상담

(1) 추수 상담의 개념

폭력문제의 위기 상황과 실제적인 폭력 위험이 사라지고 폭력피해 청소년과 폭력행동 청소년 간의 조정이 이루어진 후 후유증을 줄이고 문제 재발 방지를 위해 실시하는 상담을 말한다.

사실 피해 청소년이든 폭력행동 청소년이든 문제가 발생하고 이를 수습해야 하는 단계에서는 폭력에 대한 피해사실과 가해에 따른 책임문제, 의료적인 치료문제, 법적 보상문제 등에서 서로 상반된 입장에 놓여 갈등하고 눈앞에 놓인 현실 문제에 쫓기게 된다. 갈등 수습에 총력을 기울여 더 큰 갈등을 겪지 않도록 이러한 단계를 최단기화하는 것이 위기 상담의 과제라면, 폭력 피해자가 폭력 피해 과정에서 겪은 부정적인 감정 중 미해결 감정을 해소하고 자기 보호력을 키우며, 폭력행동 청소년이 폭력행동에서 적절한 사회적 행동으로 변화할 수 있도록 돕는 것이 추수 상담의 역할이다.

(2) 추수 상담의 목적

추수 상담의 목적은 부정적인 감정에서 벗어나 더욱 건강한 인간관계를 이루어 나갈 수 있도록 하는 것이므로 무엇보다 이후 건강한 또래관계 형성에 도움이 되는 여러 가지 개입을 하게 된다. 폭력행동 청소년이 보이는 폭력행동의 시작과 원인에 대한 정확한 평가로 이를 좀 더 친사회적 행동으로 대처하거나 피해자가 더욱 적극적이고 자기 주장적인 대인관계기술을 익히게 하는 것 등이다.

폭력피해 청소년이나 폭력행동 청소년 모두 적응력의 부족이 나타나기 때문에 이 기회에 자신의 대인관계 양식에 대한 탐색과 함께 이를 보완해야 문제의 재발을 막을 수 있다. 폭력피해자의 경우에도 어려서부터 반복적으로 따돌림을 받아왔거나 반복적인 폭력피해에 노출되었다면 또래와의 관계에서 사회적 행동 문제나 자기주장력이 약할 수 있으므로 이를 평가하여 적절한 사회적 행동을 학습하고 자기 보호력을 키울 필요가 있다.

4 학교폭력 예방교육 프로그램

1) 학교폭력 예방교육의 이해

학교폭력 예방교육은 발생하기 전에 실시하는 교육으로 이해할 수도 있지만 심각한 상태로 진행 중인 학교폭력을 중간에 차단하고 억제하는 교육으로 이해할 수도 있다. 학교폭력 예방교육을 좀 더 종합적으로 이해하기 위해서는 몇 가지 논의해야 할 것이 있으며 그 내용은 다음과 같다.

첫째, 학교폭력을 어떻게 바라볼 것인가의 문제로 학교폭력은 연속적이고 복합적인 개념으로 이해되어야 할 필요성이 있는 것이다.

둘째, 일반적인 교육대상의 특징으로 학교폭력 가해-피해 경험이 있는 학생과 경험이 없는 학생이 혼재되어 있는 학급단위, 학년단위, 전교생단위로 실시되는 특징이 있다.

셋째, 교육의 내용과 형식의 다양성으로 학교폭력 예방교육은 강사가 중심이 되어 전체 학생을 대상으로 방송강의를 하는 형태, 학급단위로 학생들이 직접 참여하는 1회기, 2회기, 여러 회기로 설계된 프로그램 형태, 학교폭력의 그릇된 태도에 변화를 줄 수 있는 한편의 영상물, 인형극 등 다양한 형태로 운영될 수 있다.

2) 학교폭력 예방교육의 필요성

학교폭력 사건은 학교가 해결할 수 있는 범위를 넘어서고 있어 사건 해결과정에서 법정을 통해 민 · 형사상 소송으로 이어지는 경우도 종종 발생하고 있다. 그러므로 학교 입장에서의 미래 가치보다 우선하는 것은 현실적인 절실함이다. 아이들 사이에서 문화처럼 확산되어 있는 폭력을 막아내기 위해서는 사전에 예방하는 것이 가장 효과적인 방법이며 그 예방의 중심에 학교폭력 예방교육이 있는 것이다. 학생을 대상으로 실시하는 예방교육의 필요성은 궁극적으로 학교폭력에 대한 청소년들의 그릇된 인식과 태도를 변화시키는 것이기도 한다.

그리고 교사와 부모교육이다. 학급 내 학교폭력 징후와 이에 따른 신속한 대처능력을 교사 스스로가 갖추고 있다면 학교폭력은 분명 줄어들 것이다. 학교폭력이 가장 빈번하게 일어나는 곳이 학교며 대부분의 학교폭력이 아이들 스스로 해결할 수 없는 상황이기에 교사의 대처능력은 더욱 중요하다. 또한 학교폭력 사건 기저에는 근본적으로 가정의 문제가 있을 수 있다는 사실에서 부모교육의 필요성이 대두된다.

3) 학교폭력 예방교육 프로그램의 사례

(1) 초등학교 저학년용

진행단계 (총 80분)	프로그램명	프로그램 내용	목표	비고
열기(10분)	이게 뭐야	• 청예단 및 강사소개 • 프로그램 내용 및 목표 소개	소개 및 관계 형성	
주요 활동 1 (30분)	학교폭력 O, X 퀴즈	• 학교폭력에 대한 기본개념을 O, X 퀴즈를 통하여 익힘	학교폭력의 개념 정리	모둠 활동
		또는		
	학교폭력 베스트 7	• 학교폭력에 대한 기본개념을 '학교폭력 베스트 7' 게임을 통해 익힘	학교폭력의 개념 정리	모둠 활동
주요 활동 2 (30분)	이럴 땐 이렇게 베스트 5	• '이럴 땐 이렇게 베스트 5' 게임을 통하여 학교폭력 대처방안 모색	예방법과 대처방법 제시	모둠 활동
		또는		
	예방나무 만들기	• 상황별 학교폭력에 대한 대처방안을 이해한다.	예방법과 대처방법 제시	모둠 활동
닫기 (10분)		• 여럿이 함께 손과 발을 맞대고 바닥에서 일어나는 활동	예방을 위한 협동심과 책임감 배양	전체 활동

(2) 초등학교 고학년용

진행 단계 (80분)	프로그램명	프로그램 내용	목표	비고
열기 (10분)	이게 뭐야	• 청예단 및 강사소개 • 프로그램 내용 및 목표소개	소개 및 관계 형성	
주요 활동 1 (30분)	수사대 출동	• 수사대가 되어 스스로 학교폭력의 개념을 고찰한다.	학교폭력의 올바른 이해 및 위험성 제고	모둠 활동
주요 활동 2 (30분)	빙고게임	• 빙고게임을 통하여 학교폭력 예방법 및 대처방법에 대해 익힘	예방법과 대처방법 제시	모둠 활동
	예방나무 만들기	• 학교폭력 예방법과 대처방안에 대해 이해한다.	예방법과 대처방법 제시	모둠 활동
닫기 (10분)	으랏차차	• 여럿이 함께 손과 발을 맞대고 바닥으로부터 일어나는 활동	예방을 위한 협동심과 책임감 배양	전체 활동

(3) 중/고등학생용

진행 단계 (80분)	프로그램명	프로그램 내용	목표	비고
열기 (10분)	이게 뭐야	• 청예단 및 강사소개 • 프로그램 내용 및 목표 소개	소개 및 관계 형성	
주요 활동 1 (30분)	무비오케	• 영상물을 본 뒤 모둠별 모션활동 또는 역할극	학교폭력 상황의 간접 경험과 대안행동 모색	모둠 활동
	또는			
	이럴 땐 이렇게 (역할극)	• 역할극을 통해 피해자 · 가해자 · 방관자의 입장이 되어본다.	학교폭력 상황의 간접 경험과 대안행동 모색	
	또는			
	학교폭력 예방 가요제	• 가요제 활동을 통해 학교폭력 예방방안에 대해 모색한다.	학교폭력 예방법과 대처방안 모색	
주요 활동 2 (30분)	예방교육 강의	• 학교폭력의 정확한 정의, 위험성, 법적 처벌, 대처방법 등에 대한 정리 • 사례 이야기 또는 동영상 보기	학교폭력의 올바른 이해 및 위험성 제고	전체 강의
닫기 (10분)	으랏차차	• 여럿이 함께 손과 발을 맞대고 바닥에서 일어나는 활동	예방을 위한 협동심과 책임감 배양	전체 활동

출처 : 청소년 폭력 예방재단 홈페이지 참고

4) 피해학생 치료 재활 프로그램

(1) 프로그램의 목표

학교폭력 피해학생들이 자신의 심리적 상처를 긍정적으로 극복할 수 있도록 돕고 피해학생이 더 이상 학교폭력의 희생자가 되지 않도록 학교 안팎에서 일어나는 폭력행동을 감소시킨다.

(2) 프로그램의 특성

학교폭력에서 미래지향적 삶으로 청소년의 관심과 에너지의 방향을 재조정하고 다중지능, 정서지능, 문제해결능력 발달을 통한 교육적이고 근본적인 피해 치유를 유도하며 진단-처치-평가의 과학적 교육과정 설계를 통해 프로그램 효과성을 증대시키도록 하고 기본 프로그램과 응용 프로그램 분리를 통해 프로그램 구성과 실시의 다양성, 융통성, 용이성이 증가한다.

(3) 프로그램 구성요소

① 학교폭력 진단 체크리스트

학교폭력 피해 및 가해 수준을 진단하는 체크리스트로서 학생, 교사, 학부모, 상담가/교장 등의 다중보고자가 그 상황에 맞게 진단할 수 있도록 되어 있다.

② 지능 진단검사

잠재능력의 프로파일을 진단함으로써 강점 및 약점, 능력에 대한 처방과 교육으로 학생들의 진로 및 직업세계로의 연계 및 확장시킬 수 있도록 하였다.

③ 프로그램 평가지

프로그램 내용과 구성에 대한 평가, 프로그램 운영과 실시에 대한 평가, 프로그램 참여 학생 · 도우미 교사 · 전문가 조언의 3단계로 구성된다.

5) 피해자 치료 및 대인관계 증진 프로그램

(1) 프로그램의 목표

학교폭력이라는 무겁고 개방하기 어려운 주제를 청소년들에게 익숙한 미디어라는 매체를 활용하고 심리극을 통해 표현할 수 있도록 한다.

(2) 프로그램의 특성

2박 3일 정도의 캠프를 통하여 집중적인 상담개입이 가능하고 지속적인 치료 프로그램을 실시할 수 있으며 감정, 인지, 행동 접근적인 치료 프로그램으로 학교폭력의 원인 이해, 과정 탐색 및 대안방안 모색을 할 수 있으며 성취감 향상을 목표로 하고 있다.

5 학교폭력 상담의 전문성

1) 학교폭력 상담자의 역할

학교폭력 상담자는 일반적인 상담에 대한 전문성과 학교폭력 예방에 대한 세분화된 전문성을 동시에 갖추고 있을 것으로 기대되는 사람들이다. 이들은 예방 상담, 위기 상담, 추수 상담의 모든 현장에 필요한 전문가로 사회단체, 상담전문기관, 학교, 정부기관 등에서 상담자, 교사, 사회운동가, 공무원의 신분으로 활동하게 된다.

학교폭력 상담자는 그들이 속한 현장이나 기관의 요구에 따라 각기 다른 역할을 담당하게 되지만 전문적 역량에 따라 다양한 영역에서 멀티플레이어로 활동이 가능하게 자신을 연마해야 한다.

상담자는 상담성과에 중대한 영향을 미치는 결정적인 변인이다. 유능한 상담자는 상담에 대한 전문성과 인성, 윤리에 대한 자질을 갖추고 있어야 하고 이러한 전문적 자질은 어느 시기에 완성되는 것이 아니기 때문에 지속적인 수련을 통해서 발전시켜 나가야만 한다.

상담심리학자 블로처는 진정한 전문성은 공적인 신뢰에서 나오는 것이라고 강조한다. 그리고 이러한 공신력은 다음의 세 가지 신념에서 나오는 것이라고 강조한다.

첫째, 능력에 대한 지각에서 나온다고 한다. 특별한 교육을 받고 높은 수준의 유능함과 성취에 대한 믿음이 기초가 되어야 한다.

둘째, 스스로의 규제와 공적인 규제를 받는 사람이라는 신념에 기초한다. 전문가는 자신의 독자적인 생각에 의해서만 움직이는 것이 아니고 전문가 집단의 표준에 위배되지 않도록 늘 자기관리를 하는 사람이어야 한다.

셋째, 공적인 신뢰는 공공서비스 정신에 기초한다. 타인들이 전문가들에 대해 순수하게 자신의 일에 다른 사람들에게 도움이 된다는 점에서 우선 동기화된 사람들이라는 신념을 가질 수 있을 때 전문성에 대한 신뢰성을 얻을 수 있다.

미국에서는 오랜 시간에 걸쳐 학교상담자 역할에 관한 표준화된 규정을 개발하고자 노력하였다. 2003년 학교상담에 대한 국가 수준의 지침인 ASCA 종합적 학교상담 모델(National Model for School counseling Program)을 발표하였다. 이는 학교 상담의 중요성을 인식한 국가 차원의 법 제정과 학교 상담 전문가 양성을 위한 체계적인 교육과정 운영, 그리고 학회와 전문가 협의체들의 상호 보완적인 움직임과 이에 대한 적절한 예산 지원을 통해 학생들의 발달과 이를 지원할 수 있는 조직 및 자원 등을 통합적으로 고려할 수 있는 표준화된 모형이라 할 수 있다(김인규, 2011).

ASCA 모형은 상담의 범위를 학업과 진로, 개인 및 사회성 영역을 모두 포함하는 종합적 특성을 보인다. 또한 학생이 부적응 문제를 보이기 전에 다양한 형태로 예방 서비스를 실시하며, 학생의 발달적 수준과 요구에 맞는 상담서비스 제공에 초점을 둔다(이상민 외, 2007). 이에 현재 학교상담자의 역할에 대한 기술은 주로 미국의 표준화된 학교 상담자 역할모델에 기초해서 이루어지고 있다(이현주, 2003). ASCA 모델에 따르면, 학교 상담자의 역할은 4가지 영역으로 규정된다. 첫째, 상담(Counseling)으로, 이는 학생의 발달적 관심과 문제를 해결하거나 건설적으로 대처하도록 하기 위한 개인 상담 및 소집단 상담활동을 포함한다. 둘째, 대집단 생활지도(Large Group Guidance)로, 학생들의 학문, 진로, 인성/사회적 발달을 위해 제공되는 생활지도 활동 프로그램을 포함한다. 셋째, 자문(Consultation) 활동으로, 교육체제 안에서 학생들을 효율적으로 지원하도록 부모, 동료교사, 행정가, 지역사회 전문가 등과 협력적 관계를 맺는 것이다. 마지막으로, 조정(Coordination)활동으로, 학교 상담 프로그램을 조직, 관리, 평가하고, 학생지원을 위한 다양한 간접서비스를 조정하는 활동이다.

이상의 영역에 대하여 ASCA 모형은 학교 상담자가 생활지도 교육과정의 구성 및 실행에서부터 개별학생 계획, 반응적 서비스, 그리고 체제지원에 이르기까지 거시적이고 종합적인 역할을 수행할 것을 명시하고 있으며 이를 지원하기 위한 다양한 법적 · 윤리적 · 제도적 지침들이 마련되어 있다. 한편, 근래에는 학력 증진이라는 시대적 요구에 따라 학교 상담사들이 학생들의 학업성취에 기여할 것을 요구하고 있다(Elmore & Fuhrman, 2001). 이를 위해 학교 상담사가 동료교사와 학교행정가와 협력해야 한다는 필요성을 강조하고 있는 것이다. 이러한 표준화된 학교상담 모형의 제공은 학교 상담자들이 일관되고 체계적인 학교 상담을 운영하고 많은 학생들에게 학교 상담 서비스가 제공될 수 있는 기반을 마련하였다고 평가받는다.

우리나라의 학교상담제도는 우리나라 상황에 맞는 학교 상담이 무엇인지, 이를 위한 학교 상담자의 역할이 무엇인지에 대한 논의가 충분히 이루어지지 않은 채 양적 성장을 이루었다. 이에 전통적으로 수행되어 온 교도, 훈육 및 교육자로서의 역할에, 학교폭력 같은 청소년 현안에 대응하기 위한 치료자적 역할이 단순 접합되면서, 학교 안에서도 이들의 역할이 무엇인가에 대해 학교구성원(학생, 학부모, 교사, 학교행정가) 간의 혼란이 가중된 면이 있다. 이러한 경향은 학교 상담의 급격한 확대에 대응하여, 전문상담교사 이외에도 전문상담사, 사회복지사, 임상심리사 등 다양한 전공과 경력을 가진 인력이 대거 선발됨에 따라 보다 복잡한 양상을 갖게 된 것으로 보인다.

우리나라는 학교상담제도 초기 시점으로 학교 상담자 역할에 대한 국가 수준의 표준화된 지침을 마련하고 있지 못하다. 또한 미국과는 다른 학교 상담 특성을 보이므로, 해당 모형을 우리나라 상담자에게 그대로 적용하기에는 한계가 있다. 담임교사나 진로진학교사가 학업 및 진로 상담에 대한 역할을 담당하는 한편, 학교상담제도가 학교폭력 대응의 일환으로 본격화되었다는 점에서, 교육자로서의 역할보다 상담자로서의 역할이 비교적 강조될 수밖에 없기 때문이다.

폭력 예방 상담자의 역할에 있어 중요시 여겨야 할 사항

① 폭력문제의 해결 상담은 위기 개입적인 성격을 띠면서 적극적인 문제해결을 요하기 때문에 상담자의 더욱 능동적이고 적극적인 개입이 요구된다. 때때로 상담자는 문제해결과정에서 내담자의 동반자로 행동을 하며 그들의 권익보호를 위해 일한다. 그러기 위해 다양한 주변인물을 만나야 하고, 그 주변인물 모두의 입장을 파악하고 중재하는 복잡성을 보인다. 이러한 이유로 상담실 내 상담활동보다 찾아가는 상담 현장 중심의 상담활동이 더 많아진다.

② 학교폭력 상담과 관련된 전문적 지식과 구체적인 개입방법에 대해 풍부한 경험을 갖추고 있어서 문제를 효율적으로 처리할 수 있어야 한다. 예를 들어, 학교 내에서 일어난 폭력사건을 사회단체에서 다루게 될 때 어떤 순서를 밟아 개입을 해야 하는지에 대한 명확한 지침을 가지고 있는 것이 효율적이다. 청소년폭력예방재단 상담팀의 자료에 의하면 학교폭력문제가 심각한 경우 학교의 협조를 구할 때 우선은 내담자 자신이 노력을 한 후 재단 상담팀이 개입을 하고 학교 당국과 대화 시 담임교사, 학생부장, 교감, 교장 순으로 만나게 된다. 또한 폭력행동 청소년과의 만남은 신중히 하고 그 청소년과 부모를 만날 경우 반드시 교사가 참석한 자리에서 만나도록 한다. 또한 피해학생이 원하는 사항을 폭력행동 청소년과 학교 측에 전달하는 등의 내용을 포함하는 지침을 마련해 두고 있다. 이 외에도 사건을 교육청 민원으로 접수했을 경우, 또는 법적 문제로 해결을 요하는 경우에 대비하여 매우 구체적인 처리방법을 세워 두고 있다.

③ 학교폭력 상담자는 포괄적이고 다양한 형태의 상담을 효율적으로 운용하는 전문 코디네이터이며 중재자로서의 역할이 강조된다. 학교폭력 상담은 가정, 학교, 사회에 속한 다양한 위치의 사람들, 즉 피해 청소년, 폭력행동 청소년, 부모, 교사, 다른 상담자, 학교행정가, 경찰, 의사, 법률가, 행정가 등 다양한 사람들과의 연계가 필요한데, 상담자는 이를 효율적으로 조직하고 상담 진행의 중심에 서게 된다. 따라서 많은 사회적 자원을 확보하고 있어야 함은 물론 이들의 자원을 이끌어 내어 적재적소에 활용하는 기술을 가지고 있어야 한다.

그리고 피해-가해 구조에서 오는 갈등, 불일치를 이해하고 문제해결로 이끌기 위한 인내와 열정을 가지고 있어야 한다. 학교폭력 상담자는 이러한 점 때문에 상담에 대한 열정과 더불어 폭력 예방에 대한 개인적 신념과 사명감이 강하게 뒷받침되어야 한다.

2) 학교폭력 상담자의 전문기술

(1) 개인에 대한 평가

상담자는 개인의 성격, 수행, 성취, 태도, 흥미와 같은 인간행동에 대한 관찰과 정보수집 및 해석을 한다. 이러한 평가의 결과는 선별, 배치, 진단, 평가, 치료계획을 위해 사용된다. 학교폭력 상담에서는 관계자의 심리적 특성에 대한 평가뿐 아니라 주변 환경, 사건발생 맥락, 진상에 대한 평가를 포함한다.

(2) 개인 상담

개인적 문제해결, 진로와 교육적 결정 그리고 인간적응의 문제에 치료과정을 적용하는 일대일 상호작용을 의미한다. 학교폭력 상담에서는 주로 피해자를 만나 상담하게 되는 일이 많은데, 이들은 현재 사소하지만 참기 어렵거나 지속적이고 심각한 폭력에 의한 피해자들이거나 스스로 폭력에 대처 중인 아동, 청소년들이다. 상담자는 이들이 처한 현실에 맞추어 적절한 개입을 하게 되는데, 내담자의 감정 해소와 문제 인식 그리고 행동 변화를 위해 심층적인 개인 상담기술은 중요한 도구가 된다.

(3) 가족 상담

가족 내 역기능적 행동을 일으키는 상호작용 패턴에 초점을 두는 개입이지만 폭력 예방 상담에서는 피해자 가족 전체의 협조를 구하거나 가족 내 회복력을 키우기 위해, 또는 폭력피해의 후유증을 최소화하기 위한 방법으로 이를 사용할 수 있다. 상담자는 가능한 한 폭력행동 청소년이 속한 가족 내 폭력문화를 평가하고 이를 비폭력적이며 더욱 건강한 대체행동으로 변화시키기 위해 가족상담 기회를 가질 수 있다.

(4) 집단활동

개인 상담활동의 목표를 더욱 효율적으로 이루기 위해 사용될 수 있다. 참가자들은 개인상담 내에서 경험할 수 없는 집단원 간의 상호작용이라는 부가된 이득을 경험한다.

한편, 집단상담은 폭력행동이나 다른 부적절한 행동을 예방하는 데 크게 도움이 된다. 일부 학자들은 인생과제, 인간관계, 편견 없애기, 심리적 적응 등 다양한 주제로 구성된 집단상담을 졸업요건으로 모든 학생에게 참여를 권하거나 제공하는 것도 바람직하다고 말한다. 즉, 학교 내에서 폭력 예방을 위한 생활지도를 목적으로 하는 집단상담의 형태로 이를 활용할 수 있을 것이다.

(5) 자문

자문은 조직 차원에서의 변화를 위한 것으로 상담자는 개별적인 부분들이 더욱 일체화된 전체를 이루도록 시스템의 인간적 · 조직적 요소를 대상으로 자문한다. 인간관계문제 전문가로 상담자는 대인 간 갈등이 일어나는 문제를 발견하고 예방하기 위한 개입을 한다. 폭력 예방 상담자는 가정, 학교, 사회의 건강한 구조화를 위해 적절한 자문기회를 적극적으로 활용하게 된다. 직접적인 자문 외에 각종 관련 위원회에 참여하는 일도 이에 속한다.

(6) 중재

중재기술은 피해-가해의 관계가 성립된 경우 학교폭력 상담에서 무엇보다 중요한 기술로 사용된다. 피해-가해자 간의 심리적 화해를 위해서 또는 물질적 보상 문제나 법적 분쟁이 발생했을 때보다 합리적이며 상호 간 피해를 최소화하는 방향으로 상담자는 중재를 시도해야 한다.

(7) 행정관리

행정관리는 학교, 기관, 조직의 활동과 직접 관련된다. 여러 관련 기관과 공적인 관계를 맺는 일, 조직을 질적으로 통제하는 일, 기금을 육성하여 활용하는 일, 전문가 모임 및 자원봉사자 모임 주관, 각종 기록의 문서화 및 보관 역시 폭력 예방활동의 주요 요소가 된다.

(8) 지도감독

숙련된 상담자가 수련 중인 상담자를 돕는 중요한 역할이다. 숙련된 상담자는 초심상담자나 자원봉사자들을 위한 수련회를 주재할 수도 있고 이들을 위해 개인 슈퍼비전을 실시할 수도 있다. 또한 이들을 위한 재교육의 기회를 기획하여 제공하는 일도 이에 속한다.

(9) 컴퓨터기술

컴퓨터기술은 상담자에게도 중요한 요소가 되고 있다. 더욱이 학교폭력 상담에서 사이버 상담의 수요는 매우 클 뿐 아니라 직접상담뿐만 아니라 여러 가지 예방을 위한 자료 제공 시 유용한 기술이 되고 있다. 또한 기록보관, 계획서 작성, 전국 또는 전 세계 전문가 집단과의 정보를 교환하고 의사소통하기 위해서 인터넷과 웹은 매우 중요한 도구가 된다.

(10) 연구

상담자는 제정지원기관, 규제위원회, 시민자문기구, 기관의 활동과 존재를 알리고 정당화하도록 요구받곤 하는데, 연구는 상담자의 전문적 효율성을 측정하는 중요한 역할이다. 이 분야의 성장을 위해 다른 전문가들과 의사소통하는 중요한 수단이 되기도 한다. 연구결과는 실제에 다시 투입되고, 활동의 성과를 확인하는 중요한 과정이므로 모든 상담자는 과학자면서 실무자로서의 자기 개발에 힘써야 한다.

우리나라 학교폭력 상담전문가 중에는 청소년 폭력예방재단과 같이 내담자 개인 중심 활동뿐 아니라 우리 사회의 폭력문화 추방이라는 커다란 목표 아래 움직이는 NGO 소속의 활동가들이 있다. 우선 이들은 피해 청소년이나 폭력행동 청소년들을 만나 개인적 · 집단적 상담활동을 펼치며 억울하고 답답한 청소년과 그 가족을 돕는 역할을 담당한다.

그러기 위해 이들 상담자는 우리나라 폭력 문제의 실태와 유형, 폭력 발생기

제, 학교폭력 정책 및 사회지지체계에 대해 늘 연구하고 있으며 효율적인 개입시스템을 갖추기 위해 노력하고 있다. 바로 이러한 전문성에서 타 상담자들과 차별화되는 것이다. 또한 이들은 사례를 접했을 때 내담자와 지속적인 관계를 갖고 문제해결이 종료될 때까지 이를 돕기 위한 활동을 펼쳐 나간다. 그리고 전문기관인 만큼 교육, 의료자문, 법률자문, 신변보호지원 등의 다각적인 지원시스템을 구축하고 있으며 필요시 이를 활용한다. 개인 및 집단 상담뿐 아니라 교육지원팀을 갖추고 있어서 예방교육 현장에 이들을 수시로 투입하여 예방교육을 실시한다. 이들 중 일부는 국가위원회나 관련 전문위원회에 참여하여 제도적 개선을 꾀하기도 하고 방송활동에 적극 참여하여 사회여론을 조성한다.

Chapter 12

학교폭력의 예방을 위한 대책

청소년기의 폭력은 사소하고 감정적인 차원에서 발생되고 있다. 폭력 원인은 매우 다양하며 어느 한 가지 이론으로 설명할 수 없다. 폭력(Violence)은 인간과 인간 사이에서 발생하는 공격성(Aggression)이며 공격성은 다른 개체에 대하여 파괴적인 행동을 하거나 고통스러운 자극을 줄 목적으로 행해지는 일반적인 행동이다.

따라서 학교폭력도 광의적인 측면에서 보면 청소년기에 나타나는 다양한 행동 양태 중의 하나이다. 그러므로 이를 이해하기 위해서는 어떤 단일 결정론이나 감정적으로 접근해서는 문제의 근본적 이해와 원인규명이 부정확하여 합리적인 대안을 제시하기 어렵게 된다. 학교폭력문제는 균형 있고 현실적으로 해결할 수 있는 대안을 모색하는 것이 중요하다.

1 학교폭력 대응체계

학교폭력을 저지르다 적발된 학생에게는 즉각적인 등교 정지 조치가 내려진다. 또 신고를 했다는 이유로 보복폭행을 하는 학생은 출석 정지 기간에 제한을 두지 않아 출석기간을 채우지 못해 유급될 수도 있다. 아울러 교사의 업무 부담을 줄이고 학생에 대한 원활한 생활지도가 이루어질 수 있도록 각 학급당 담임교사가 2명씩 배치되는 복수담임제도가 도입된다. 정부는 2012년 2월 6일 국무총리 주재로 학교폭력 관계 장관 대책회의를 열고, '학교폭력근절 종합대책'을 확정 · 발표했다.

학교폭력에 대한 교사의 권한과 역할 책임을 강화하고 학교폭력 피해학생을 실질적으로 보호하며 가해학생은 엄중히 처벌한다는 내용이 골자이다. 정부는 이 같은 조치와 더불어 학생들의 인성 및 체육 · 예술교육을 활성화하고 폭력적 게임에 학생들이 중독되지 않도록 제도를 개선하기로 했다. 또 학교폭력 신고전화를 117로 통일하고 지역사회가 참여하는 '학교폭력지역대책협의회'를 신설하는 등 학교와 학부모, 사회가 학교폭력을 막기 위해 지속적인 관심과 노력을 기울이기로 했다.

2 학교폭력근절 종합대책

학교폭력 예방대책을 알아보기 위해 교육과학기술부 학교폭력대책자치위원회에서 내놓은 학교폭력 없는 행복한 학교 만들기를 위한 "학교폭력근절 7대 실천정책"을 살펴보고자 한다.

1) 학교장과 교사의 역할 및 책임 강화

교원이 책임지고 학교폭력을 해결할 수 있도록 여건을 조성하여 학교 장의 역할 및 책무성을 강화하고 담임교사의 역할 강화 및 생활지도 여건을 조성하며, 교원 양성-임용-연수단계에서 생활지도 역량을 강화한다.

2) 신고-조사체계 개선 및 가 · 피해학생에 대한 조치 강화

피해학생에 대한 우선적 보호와 치유를 지원하고 가해학생에 대한 엄격한 조치 및 재활치료를 지원하며, 일진 등 학교폭력 서클을 엄정 대응한다.

3) 또래활동 등 예방교육 확대

사소한 괴롭힘도 폭력이고 학교폭력은 범죄라는 인식을 심어 주며, 건전한 학교문화 형성을 위한 또래활동을 지원하고, 학교폭력 예방 사이버 상담을 지원한다.

4) 학부모교육 확대 및 학부모의 책무성 강화

학부모의 자녀이해와 학교교육 참여가 학교폭력을 예방하는 열쇠임을 인식하고 자녀이해 지원을 위한 학부모교육 및 교육정보 제공 대폭 확대, 교사-학부모 간 소통강화 및 학부모의 책무성 제고, 교육기부형 학부모 학교참여 활성화를 통해 학생생활지도 활성화를 도모한다.

5) 교육 전반에 걸친 인성교육 실천

학생-학부모-교사가 함께 학생생활규칙을 통해 인성교육실천 · 인성 관련 학생부 기재 강화 및 입학전형에 반영, 생활지도 등 인성교육을 잘하는 교원과 학교 우대, 시 · 도교육청 평가를 통해 책무성을 확보한다.

6) 가정과 사회의 역할 강화

한 아이를 키우기 위해서는 온 동네가 나서야 한다. 가정과 사회의 교육적 기능 회복을 위해 '밥상머리교육 범국민 캠페인'을 통해 가족의 대화를 유도하고 가족 단위 또는 청소년 대상 프로그램을 대폭 확대한다.

7) 게임 · 인터넷 중독 등 유해요인 대책

폭력 및 정신건강 유해요소로부터 학생들을 보호하기 위해 쿨링오프제(게임 2시간 경과 후 자동 게임 종료), 청소년 유해성 심사 강화(게임물 등급분류제도 보완), 민간자금 출연 확대(게임 산업계가 게임중독에 대한 사회적 책임), 청소년의 PC방 이용시간 제한(오후 10시, 업주벌칙규정강화, 경찰청과 합동단속 추진) 등을 통해 게임 · 인터넷 중독 예방을 위한 제도 개선 추진을 해 나갈 것이며, 게임 · 인터넷 중독 예방 교육 강화 및 치유활동을 확대해 나간다.

3 가정에서의 대처방안

학교폭력에 대한 가정에서의 대처방안으로는 우선적으로 가정의 교육적 기능을 회복하고 자녀에 대한 올바른 부모교육이 선행되도록 해야 한다. 가정은 인간교육의 근원이 되는 곳으로 사회를 구성하는 가장 기본적인 집단이며 애정을 중심으로 혈연관계의 공동체의식이 형성되고 성숙되는 평생교육의 장이므로 자녀들에 대한 부모의 영향력은 대단한 것이다.

청소년 자녀를 둔 부모들은 항상 자녀를 이해하려는 입장에서 애정과 관심을 갖고 시간을 마련하여 지속적인 대화의 관계를 유지하여 자녀들의 욕구를 건전하게 충족하여 주는 것이 무엇보다 중요하다.

특히, 청소년 학교폭력은 집단적으로 이루어지는 것이 일반적이기 때문에 자녀와 친구관계에 대한 현상파악이 각별히 요구된다. 또한 이러한 시기에 놓여 있는 청소년 자녀를 둔 부모는 자녀에게 항상 모범된 생활을 선행할 의무를 지니며 자녀에 대한 교육이나 지도는 어떤 경우라도 폭력을 사용해서는 안 되고 부모 나름대로의 가치관과 일관된 태도로 임해야 한다. 가정은 청소년들의 일차적인 사회관계가 형성되는 것을 알려주는 공간이기 때문에 부모가 자녀와의 관계를 올바르게 정립하는 것이 가장 중요하다고 할 수 있다. 자녀의 생각이나 고민을 알기 위해서는 간섭이나 지시, 과잉보호나 기대에 앞서 애정 어린 관심과 대화를 일상화해야 한다.

이것은 가정에서의 자녀의 환경상태를 최적화 상태로 만들어 학생이 학교나 사회활동을 함에 있어서 오는 모든 문제에 있어 1차적인 대화 상대가 부모가 되도록 만드는 것이다. 이것이 선행되어야만 자녀가 학교폭력을 일으키는 문제를 막는 1차적 대안이라 할 수 있겠다.

4 학교에서의 대처방안

학교는 학생들에게 있어서 활동적 시간을 가장 많이 보내는 곳이며 학교폭력의 주된 장소가 되는 곳이므로 학교폭력의 예방적 차원에서 책임적 역할이 매우 중요한 곳이다. 그러므로 학교생활의 올바른 정착을 위해 입시제도의 근본적인 개선이 실행되고 교육 내용의 다양화가 이루어져 모든 학생들이 자신의 적성과 소질을 계발할 수 있는 여건이 마련되어야 한다.

학교 내에서 남학생의 경우에는 신체폭력이 많은 편이며, 여학생의 경우 언어적 폭력과 신체적 폭력의 빈도 차이가 크게 나지 않는 것으로 보아 남학생의 경우에는 신체적 폭력을 줄일 수 있는 방안이 필요하며, 여학생의 경우에는 언어폭력이 신체폭력으로 이어지는 것을 방지하기 위해 교사는 학교폭력 가능성이 높은 학생들의 부모와 연계지도체계를 유지하여 폭력적 행위가 발생하지 않도록 노력해야 한다. 또한 남학생의 경우 학교 밖 폭력이 발생하는 경우가 많은데, 이를 막기 위해 학교와 학교 간의, 폭력성향이 강한 학생에 대한 정보 교환이 필요하며, 이들의 폭력을 유발할 기회를 사전에 예방 · 차단할 수 있도록 노력하여야 한다.

학교폭력 예방을 위해서는 담임교사의 책임 있는 지도도 중요하지만, 전 교직원 상호 간의 긴밀한 유대활동이 선행되어야 하며 체계적인 학교 상담 및 생활지도가 이루어질 수 있도록 제도적 방안이 마련되어야 한다. 강력한 처벌만으로 학교폭력이 근절되는 것은 아니므로 학생 스스로 자신들의 문제를 해결해 갈 수 있는 학생자치 및 자율활동을 위한 시 · 공간적 배려가 정책적으로 지원되어야 하고 학교가 열린 체계로서 학교주변의 기구나 시설 및 유관단체 등과 긴밀한 협조관계를 맺어 서로 정보교환 및 협조체계를 통해 학교폭력 예방에 힘을 기울여야 할 것이다.

5 사회에서의 대처방안

우리나라 사회환경은 청소년들에게 불법, 퇴폐, 변태영업을 그대로 노출시키고 있다. 청소년에게 주류 판매 행위, 비디오방에서 음란비디오 상영행위, 숙박업소나 유흥업소에서 미성년자 출입묵인행위 등 청소년들의 비행과 범죄를 유발시키는 사회의 유해환경이 만연하여 청소년 범죄 예방을 기대하기가 사실상 불가능한 실정이다. 따라서 학교 주변의 유흥 향락업소의 번창과 폭력문화매체의 문제와 같은 사회환경의 개선에 총력을 기울여야 한다.

지역사회 및 학교 주변의 비교육적 환경과 청소년 유해환경 정비는 지역사회의 협력이 반드시 필요한데, 호기심이 많은 시기에 있는 학생들은 그러한 각종 유해환경에 무방비상태로 놓여 있으며 이것은 탈선할 수 있는 가능성을 부추기는 것으로 그에 따른 결과로서 유흥비 마련을 위한 금품갈취의 동기가 되는데, 이는 반드시 폭력을 수반한다.

우리 학생들은 유해 업소나 폭력문화매체로부터 보호하기 위한 각종 법적 · 제도적 장치가 마련되어야 할 뿐만 아니라 학생들이 긍정적으로 스트레스를 해소할 수 있는 건전한 놀이문화의 보급과 전용문화공간의 확보가 필요하다. 이를 위해서는 기성세대와 사회 전반에 걸쳐 아동과 청소년의 문화를 이해하고자 하는 노력과 공감대 형성이 범사회적으로 선행되어야 할 것이다.

따라서 매스컴의 교육적 기능강화, 유해환경에 대한 대폭적인 정비, 지역단위 학생지도기구 설치, 청소년 문화 공간 확충, 여가를 위한 열린 공간 마련, 청소년단체의 지원과 활성화 방안 강구, 청소년을 위한 사랑의 전화, 자원봉사활동의 강화, 아동상담기관 가족복지센터의 확충 및 소요 전문요원 양성, 각종 대중매체의 연중 지속적인 청소년 프로그램 확대 방안, 청소년 저해요소 제거 등을 통해 학교폭력을 예방하여야 한다.

Chapter 13

학교폭력 예방 및 지원기관

1 학교 및 교육행정기관(Wee 프로젝트)

학생들이 학교생활에서 겪고 있는 학교폭력, 학교부적응, 학업중단 등의 문제와 인터넷 중독, ADHD, 정신건강, 인성함양 등 정신적 · 심리적 특성에 대한 관심이 높아지고 있다. 정부는 이러한 위기학생들을 돕기 위해 2008년부터 학교 안전통합시스템(Wee 프로젝트) 구축사업을 실시하여 'one-stop'의 진단 · 상담 · 치료라는 학교 상담의 새로운 모형으로서 위기청소년들을 지원하고자 하였다(한국교육개발원, 2012).

Wee 프로젝트의 개념을 살펴보면 'Wee'는 "We(우리들)+education(교육)", "We(우리들)+emotion(감성)"의 이니셜이며, 여기에 하트와 'safe net센터'의 의미를 접목시킨 브랜드다. 나(I)와 너(You) 속에 우리(We)를 발견할 수 있도록 사랑(heart)으로 지도하고, 학생들에게는 감성과 사랑이 녹아 있는 Wee 공간에서 자신의 잠재력을 찾아내자는 의미를 내포하고 있다.

Wee 프로젝트는 3단계 안정망으로 구성되어 있다. 1차 안전망인 단위학교의 Wee 클래스, 2차 안정망인 지역교육청의 Wee 센터, 3차 안정망인 광역 시 · 도 교육청의 Wee 스쿨이 운영되며, 각각의 안전망은 지역사회의 유관기관과 긴밀한 협력을 통하여 학생들에게 다양하고 전문적인 서비스를 제공한다.

1차 안전망인 Wee 클래스는 단위학교 내 상담실을 설치 · 운영하며 지원 대상으로 학습부진, 대인관계 어려움, 학교폭력, 미디어 중독, 비행 등으로 인한 학교부적응 학생 및 위기 학생과 학교 내 학교 부적응 학생 조기 발견, 예방 및 학교 적응력 향상 지도를 담당한다. Wee 클래스를 통해 개인 상담, 집단 상담, 특성화 프로그램 등이 운영되며, 전문상담교사나 전문상담사 등 전문 인력이 배치되어 상주하며 쉬는 시간이나 점심시간, 방과 후 등 상시 운영되고 있다.

2차 안전망인 Wee 센터는 지역교육청에 설치 · 운영되며 각 학교에서 선도 및 치유가 어려워 학교에서 의뢰한 위기학생 및 희망학생을 대상으로 전문가의 지속적 관리가 필요한 학생을 위한 진단-상담-치유의 통합적 맞춤형 서비스를 제공하고 있다. 전문상담교사, 전문상담사 외 임상심리사, 사회복지사 등 고도의 전문성을 갖춘 인력들이 배치되어 심층 심리검사 및 평가를 통해 학생들의 학교 적응력을 다시 찾을 수 있도록 도와주며 각 지역에 있는 병원이나 시민단체 등 전문기관과도 연계하는 원스톱 치료기관으로 문제해결을 지원한다.

3차 안전망으로 Wee 스쿨은 심각한 위기 상황으로 장기적인 치유교육이 필요한 학생, 학교나 Wee 센터에서 의뢰한 학생 또는 학업 중단학생을 대상으로 고위기군 학생을 위한 기숙형 장기위탁교육을 실시하기 위해 각 광역시 · 도 교육청 단위에 설치 · 운영한다. 이를 통해 위기학생들이 다시 학교와 사회의 품으로 돌아올 수 있도록 돕기 위해 전문상담교사, 전문상담사, 임상심리사, 사회복지사 이외에도 교과교사, 치료사, 대안전문교육가 등 다양한 전문가팀이 배치되어 있다. 또한 기초학력을 길러주기 위해 교과교육 이외에도 이들이 사회에 나가 적응할 수 있도록 직업교육도 병행 실시하며 상담활동, 방과 후 활동 등 다양한 프로그램을 운영하여 고위기 학생들을 위한 장기간 치료 및 교육이 이루어진다. 이러

표 13-1 Wee 프로젝트 구축도

• 단위학교에 설치 • 학교 부적응학생 조기 발견 · 예방 및 학교 적응력 향상 지도	**1차 안전망**	**Wee 클래스**
	학교폭력, 학습부진, 대인관계미숙, 비행 등으로 인한 학교 부적응학생 및 징계대상자	
• 지역교육청 차원에서 설치 • 전문가의 지속적인 관리가 필요한 학생을 위한 진단상담치유 원스톱 서비스 제공	**2차 안전망**	**Wee 센터**
	단위학교에서 선도 및 치유가 어려워 학교에서 의뢰한 위기학생 및 상담 희망학생	
• 시 · 도교육청 차원에서 설치 • 장기적인 치유가 필요한 고위기군 학생을 위한 기숙형 대안(위탁)교육 지원	**3차 안전망**	**Wee 스쿨**
	전문적인 상담 · 치유와 학업이 동시에 요구되는 학생 및 학업중단 위기학생	

한 Wee 프로젝트 체계를 도식화한 것이 다음의 〈표 13-1〉이다.

이 중 Wee 클래스는 몇 가지 점에서 Wee 센터나 Wee 스쿨과는 다른 특성을 보인다. 첫째, Wee 클래스는 학교 내에 위치하여 학생들의 접근 및 이용이 용이하다. 둘째, Wee 클래스는 그 특성상 소수의 위기학생뿐만 아니라 전교생을 대상으로 한 예방 및 발달을 위한 개입이 강조된다. 이는 Wee 센터나 Wee 스쿨이 학생문제 발생 후 진단, 상담 및 치유 서비스를 제공하는 것과 구별되는 측면이다. 때문에 Wee 클래스의 상담자는 소수의 위기학생을 위한 치료자로서의 역할뿐만 아니라 전교생의 위기 예방 및 발달을 조력하는 교육자로서의 역할을 동시에 추구할 것이 요구된다.

2 청소년상담복지센터

1) 청소년상담복지센터의 의미

청소년상담복지센터는 시 · 도 센터와 시 · 군 · 구 센터로 설치 및 운영되고 있다. 이는 청소년복지지원법 제29조 제1항 “특별시장 · 광역시장 · 도지사 및 특별자치도지사 및 시장 · 군수 · 구청장은 청소년에 대한 상담 · 긴급구조 · 자활 · 의료지원 등의 업무를 수행하기 위하여 청소년상담복지센터를 설치 · 운영할 수 있다”에 따른 결과이다. 동법 시행령 제14조는 청소년상담복지센터의 기능을 청소년 상담 및 복지지원, 프로그램 개발 및 운영, 교육 및 연수, 긴급구조, 의료지원, 자활 및 재활 등으로 규정하고 있다.

여러 시 · 도 센터는 건전한 청소년 육성과 보호, 상담 · 긴급구조 · 자활지원 · 교육 · 연구, 지역사회 청소년통합지원체계의 중심적 기능 등의 목적으로 센터를 소개하고 있다. 시 · 군 · 구 센터는 종합적인 청소년지원, 위기청소년을 위한 다양한 기능을 수행하는 기관 등으로 센터를 소개하기도 한다. 이 같은 맥락에서 청소년상담복지센터란 청소년복지지원법 제29조에 근거하여 청소년상담과 복지지원 등의 정책 및 사업을 이행하거나 이를 지원하는 시 · 도 및 시 · 군 · 구에 설립된 청소년복지정책 수행기관이라고 볼 수 있다. 청소년상담복지센터는 법령이 개정되고 센터의 명칭과 그 기능이 변화하였다.

청소년 기본법과 청소년복지 지원법을 기준으로 변화를 살펴보면 다음과 같다. 처음 청소년상담복지센터는 청소년상담실이라는 명칭으로 설립되었다. 청소년 기본법이 제정될 당시 제61조에는 '시 · 도지사 및 시장 · 군수 · 구청장은 지방청소년상담실을 설치 · 운영할 수 있다'라는 규정을 두었으며, 이에 따라 일부 지방자치단체에서 이를 설립하였다(청소년백서, 2014). 2005년 전부개정된 청소년 기본법 제42조에 따라 지방청소년종합상담센터 및 지방청소년상담센터로 명칭이 변화되고 기능 역시 일부 변화가 있었다. 이때 청소년상담센터는 청소년 및 부모 대상 상담이나 상담 프로그램 개발 및 운영, 상담자원의 교육 및 연수 등 기존 청소년상담실의 기능을 그대로 계승하여 일부 발전시킨 형태라 할 수 있다.

2005년 청소년 기본법의 개정은 이와 함께 청소년상담센터의 정책적 변화를 가져왔다. 개정된 제46조는 시 · 도 단위에 기존 상담의 기능 외에 긴급구조 · 자활 · 치료 등의 기능을 수행할 수 있는 기관을 설치 및 운영할 것을 명시하였다.

시 · 군 · 구 단위에 이 기능과 더불어 청소년활동 · 자원봉사 · 참여 · 인권 등의 지원기능을 수행하는 기관을 설치 및 운영할 수 있도록 하였다. 이는 다양한 기능을 종합적으로 수행하는 기관으로 전환해야 함을 의미하였다.

지역 청소년상담센터는 청소년상담지원센터 혹은 청소년지원센터로 개칭되고 그 기능의 변화를 꾀하였다. 그리고 청소년복지 지원법은 2012년 전부개정되었고, 그동안 청소년 기본법에서 규정한 내용들이 청소년복지 지원법에 포함되었다. 청소년상담복지센터에 대한 규정 역시 이때 개정되었는데, 제29조에 따라 현재와 같이 청소년상담복지센터로서 규정되었다. 그에 따라 청소년상담지원센터나 청소년지원센터로서 기능하거나 지칭된 전국의 기관들은 청소년상담복지센터로 통합하여 명칭을 개정하였다.

2) 청소년상담복지센터의 서비스 대상

청소년상담복지센터의 서비스 대상을 청소년복지 지원법 시행령 제14조로 구분하면 상담 및 복지지원이 필요한 청소년과 그 부모, 청소년지도자, 폭력 및 학대 등의 피해 청소년, 자활 및 재활이 필요한 청소년 등을 모두 포함한다고 볼 수 있다. 그러나 1차적 서비스 대상자는 위기청소년으로 볼 수 있다. 이들은 청소년상담복지센터의 기준이 되는 청소년복지 지원법의 주요 대상인 동시에 CYS-Net의 대상자이기 때문이다. 청소년복지 지원법 제2조 제4항에 따르면, 위기청소년이란 가정문제가 있거나 학업 수행 또는 사회 적응에 어려움을 겪는 등 조화롭고 건강한 성장과 생활에 필요한 여건을 갖추지 못한 청소년을 말한다.

구체적으로 동법 제5장 위기청소년 지원에서는 가출청소년, 학업중단청소년, 이주배경청소년 등을 중심으로 정책 및 사업을 규정하고 있다. 이 밖에 가정에서 학대를 당하거나 학교폭력으로 인한 피해를 당하는 등의 어려움 역시 위기청소년의 한 유형으로 볼 수 있다. 그러나 현재 위기청소년의 수는 정확히 파악하기 어렵다. 특히, 가출청소년과 학업중단청소년 등은 그 현황을 파악하는 데 한계가 있음은 물론이고 위기 상황이 중복적으로 발생할 가능성이 크다.

3) 청소년상담복지센터의 주요 서비스 내용

청소년복지 지원법 시행령 제14조에서는 다음과 같은 7가지 기능을 수행할 것을 규정한다. 이를 바탕으로 여성가족부의 2016년 사업안내에서는 청소년상담복지센터의 사업 목적을 청소년 상담, 긴급구조, 자활, 의료지원 등의 통합지원 서비스를 제공하여 청소년의 건강한 성장 및 복지증진을 도모한다는 것으로 규정하고 있다.

표 13-2 청소년상담복지센터의 기능(청소년복지지원법 시행령 제14조)

1. 청소년과 부모에 대한 상담 · 복지지원
2. 상담 · 복지 프로그램의 개발 및 운영
3. 상담 자원봉사자와 「청소년 기본법」 제3조 제7호에 따른 청소년지도자에 대한 교육 및 연수
4. 청소년 상담 또는 긴급구조를 위한 전화 운영
5. 청소년 폭력 · 학대 등으로 피해를 입은 청소년의 긴급구조, 법률 및 의료 지원, 일시 보호 지원
6. 청소년의 자립능력 향상을 위한 자활(自活) 및 재활(再活) 지원
7. 그 밖에 청소년 상담 및 복지지원 등을 위하여 필요하다고 특별시장 · 광역시장 · 도지사 또는 특별자치도지사가 인정하는 사업

시 · 군 · 구 센터뿐 아니라 시 · 도 센터의 기능을 모두 포함한 것이다. 여성가족부의 청소년사업안내(2016) 역시 시 · 도 및 시 · 군 · 구 센터가 모두 이러한 7가지 기능을 수행할 것을 명시하고 있다. 시 · 도 센터가 가지는 시 · 군 · 구 센터와의 차이점은 이러한 기능 외에도 시 · 군 · 구 센터의 업무를 지도하고 지원하는 추가적 기능을 가진다는 것이다. 반면, 시 · 군 · 구 센터는 사업을 실행하는 일선현장이기에 시 · 도 센터보다 직접서비스 제공에 보다 큰 비중을 둔다. 그리고 이 밖의 기타 기능으로 지방자치단체가 필요하다고 인정하는 사업을 운영하도록 한다.

CYS-Net은 이러한 기타 기능 중 대표적인 하나이다. 청소년복지 지원법 제9조 제1항에 따르면, 위기청소년을 조기에 발견하여 보호하고 청소년복지와 보호

를 효율적으로 수행하기 위한 지역사회 청소년통합지원체계이다. 구체적으로 지역사회 내 청소년 관련 자원을 연계하여 학업중단, 가출, 인터넷 중독 등 위기청소년에 대한 상담 · 보호 · 교육 · 자립 등 맞춤형 서비스 제공을 통해 가정 · 사회로의 복귀지원을 목적으로 한다(여성가족부, 2016). 각 지방자치단체가 CYS-Net의 구축 주체이며 청소년상담복지센터는 운영기관으로서 위기청소년에 대한 상담 및 서비스를 제공하고 예방하기 위한 기능을 수행하도록 하고 있다. 청소년상담복지센터가 전담기구의 역할을 수행하도록 하는 것이다. 그러나 청소년복지지원법 제4조 제1항에 따르면, 청소년상담복지센터는 필수연계기관으로 지정되어 있을 뿐 중심기관 혹은 수행기관으로 명시되어 있지는 않다. 법과 실제가 달라 둘 간의 관계는 아직 모호한 상태이다.

CYS-Net은 처음부터 청소년상담복지센터를 중심에 두고 마련되었다(이창호 외, 2005). 앞서 살펴보았듯, 청소년상담복지센터의 예산은 CYS-Net 예산편성 원칙을 따르도록 규정하고 있다(여성가족부, 2016). 다시 말해, 청소년상담복지센터가 예산을 얻기 위해서는 반드시 CYS-Net을 구축하여 운영해야 함을 명시하고 있는 것이다. 물론 지방비에 따라 전체 예산의 규모는 달라질 수 있지만, 기본적으로 CYS-Net 구축 및 운영을 위하여 청소년상담복지센터가 전담기구가 되어야 함을 강조하고 있다.

이 밖에 1388 Help call, 청소년특별지원사업, 학교밖청소년지원사업 등이 운영되고 있다. 결론적으로 종합해보면, 시 · 군 · 구 센터의 핵심기능이자 주요 서비스는 청소년들을 만나는 일선현장에서 법령에서 정한 상담 및 복지기능 등의 직접서비스를 제공하고, CYS-Net의 전담기구로 이를 통한 통합서비스를 제공하는 것이라 할 수 있다.

3 청소년비행예방센터

청소년 비행 예방교육을 담당하는 센터의 명칭은 교육 수요자의 거부감 해소 및 대내외 긍정적 이미지 제고를 위해 복수명칭을 사용하고 있는바, 직제명칭은 (지역명)청소년비행예방센터이고, 대외명칭은 (지역명)청소년꿈키움센터이다(다만, 대전청소년비행예방센터는 솔로몬파크를 대외명칭으로 사용하고 있음). 이하에서는 직제상 명칭에 따라 청소년비행예방센터로 기재하도록 하겠다.

청소년비행예방센터의 주요 업무로는 대안교육, 상담조사(비행원인진단), 법교육, 청소년심리상담, 보호자교육, 주말캠프 등이 있는데, 이를 구체적으로 살펴보면 다음과 같다.

1) 대안교육

(1) 대상자

대안교육은 학교폭력 등 일반학교 부적응학생, 기소유예 및 보호처분 대상자 등의 비행 예방 및 재비행 방지를 목적으로 법무부 자체에서 개발한 비행 유형별 전문교육과 체험활동을 중심으로 하는 인성교육을 말하는데, 교육대상은 법원에서 대안교육명령 처분을 받은 청소년, 검찰에서 교육조건부 기소유예 처분을 받은 청소년(선도유예자), 그리고 학교에서 학교폭력, 부적응 등으로 특별교육이수 처분을 받은 학생이 해당된다.

(2) 교육기간

대안교육의 기간은 법원에서 대안교육명령 처분을 받은 청소년의 경우는 1주, 2주, 4주 등이 있으며, 검찰에서 교육조건부 기소유예 처분을 받은 청소년의 경우나 학교에서 학교폭력, 부적응 등으로 특별교육이수 처분을 받은 학생의 경우에는 3일 이내, 1주, 2주 등의 기간 동안 교육을 받게 된다. 교육시간은 오전 9시부터 오후 5시까지로 1일에 7~8교시이며, 교육방법은 통학형 위탁교육의 방식으로 진행된다.

(3) 교육 내용

교육 내용은 전문교육 프로그램, 심리치료 프로그램, 체험교육 프로그램 등으로 운영되는데, 교육효과를 극대화하기 위하여 과정별 교육인원을 15명 내외로 편성하고, 20명을 초과할 경우에는 일부 프로그램을 2개조로 나누어 운영하고 있다.

우선 전문교육 프로그램으로는 청소년들이 폭력의 문제점을 스스로 인식하고, 친구, 선 · 후배 사이의 갈등을 합리적으로 해소하도록 돕는 학교폭력예방교육, 청소년기에 나타날 수 있는 절도 관련 비행을 예방하고, 초기 단계의 절도습관에서 벗어나게 하는 절도비행 예방교육, 교통사고의 위험으로부터 나와 타인의 안전을 지키고 바람직한 교통문화 시민으로 성장하도록 돕는 교통안전교육, 인터넷 및 흡연, 음주, 약물 오남용의 폐해 등을 교육하여 건전한 인터넷 사용 및 자발적 금연 · 금주를 실천하여 청소년의 건강한 성장을 돕는 인터넷 및 약물 중독 예방교육을 한다.

성 관련 비행을 예방하고 바람직한 성역할 수행 및 올바른 성의식 향상을 유도하는 성비행 예방교육, 비행 유혹을 이겨낼 수 있는 자기 통제력 함양, 자신과 피해자, 가족의 관계 회복을 유도하는 회복 프로그램, 그리고 직업의 의미와 진로 탐색의 중요성을 이해시켜 성숙하고 건전한 직업가치관 함양을 유도하는 진로 프로그램 등이 있다.

표 13-3 전문교육 프로그램의 내용

과정	주요내용
학교폭력 예방교육	자신과 타인의 심리적 특성 이해하기, 폭력의 심각성 알기, 폭력에 대한 자신의 태도 알기, 세 가지 입장(가해자 · 피해자 · 방관자) 생각하기, 바람직한 대안 찾기
절도비행 예방교육	절도의 심각성을 인식하기, 절도에 대한 잘못된 태도를 알아보기, 선택과 책임의 주체를 인식하기, 자기 통제력 향상 및 긍정적 미래상 만들기
교통안전교육	오토바이 운전습관에 대한 자기탐색하기, 교통사고 및 비행사례 알아보기, 교통사고의 폐해 · 장애 체험하기, 안전운전방법 및 에티켓 익히기
인터넷 및 약물 중독 예방교육	인터넷 사용 및 흡연 · 음주에 대해 탐색하기, 인터넷 중독의 폐해 이해 및 건강하게 사용하기, 흡연의 폐해 및 금연방법 탐색하기, 음주의 폐해 및 건전한 음주습관 생각해보기
성비행 예방교육	사춘기 신체 · 심리 변화에 대해 이해하기, 생명의 소중함 · 피해자 공감하기, 성폭력과 관련된 인지적 편견과 왜곡 수정하기, 올바른 성의식 형성으로 행위자 · 피해자 되지 않기
회복 프로그램	비행에 대한 잘못된 인식과 태도 변화시키기, 비행의 유혹을 극복하는 자기통제력 키우기, 자신의 상처를 치유하고 손상된 자아 회복하기, 나와 타인 · 가족 간의 관계 회복하기
진로 프로그램	직업의 의미와 직업탐색의 중요성 이해하기, 흥미 · 적성 · 성격 등을 통합적으로 이해하기, 다양한 직업세계에 대해 이해하고 미래사회에 대한 관심과 통찰력 배양하기

다음으로 자아성장, 미술치료, 영화치료, 분노조절, 감수성 훈련, 역할극, 도형상담 등을 통한 심리치료 프로그램을 운영하고 있으며, 끝으로 다양한 체험활동을 통하여 직접 몸으로 느끼고 가슴으로 깨우치는 체험 중심의 인성교육 프로그램인 체험교육 프로그램이 있는데, 그 내용은 다음과 같다.

표 13-4 체험교육 프로그램의 내용

과정	주요 내용
봉사활동	장애인 및 노인 거주시설을 방문하여 식사 · 운동 도우미, 환경정리 등, 몸으로 느낄 수 있는 봉사활동 경험
장애체험	지체 · 시각장애 체험을 통해 장애에 대한 편견을 극복하고 장애인과 더불어 살아가는 공동체의식 함양
생활예절	언어예절, 가족 간 예절, 다도 등을 통하여 타인을 존중하고 배려하는 마음자세 및 안정적 생활태도를 형성
미술 · 원예치료, 생활도예	미술 · 원예 · 도예를 매개로 자신과 타인 이해 및 심리적 안정을 도모하고, 자아성찰의 계기 마련
등산 · 신체훈련	산행, 암벽등반, 건물레펠 등을 통하여 인내심과 건강한 심신을 함양할 수 있는 체험기회 마련
문화예술교육	연극, 공예, 음악치료, 난타, 춤테라피 등을 통해 올바른 감정표현 및 타인에 대한 객관적 이해 증진
법문화체험	모의법정, 법령 만들기, 사법집행 체험 등을 통해 올바른 법의식 형성
기타	성문화체험, 문화유산투어, 숲 체험 등

2) 상담조사

상담조사란 불구속 송치 범죄소년에 대하여 법원 소년부 판사가 주간에만 3~5일 동안 소년분류심사원 및 청소년비행예방센터에 출석시켜 비행원인을 과학적으로 진단하고 재범방지를 위한 인성 위주의 교육을 받게 하는 제도를 말한다.

소년법 제12조(전문가의 진단)에 의하면, 소년부는 조사 또는 심리를 할 때에 정신건강의학과 의사 · 심리학자 · 사회사업가 · 교육자나 그 밖의 전문가의 진단, 소년분류심사원의 분류심사결과와 의견, 보호관찰소의 조사결과와 의견 등을 고려하여야 하는데, 이에 따른 전문가 진단의 일환으로 법원소년부가 상담조사를 의뢰한 소년의 상담과 조사는 2003년 7월 도입된 제도로서 2004년 1월 20일 소년원법 개정을 통하여 '소년분류심사원'의 임무로 법제화되었다.

법원 소년부 판사는 소년에 대한 보호처분 결정에 필요한 조사와 교육을 의뢰할 경우 대상자를 일정기간 출석시켜 비행원인 진단 및 비행 예방교육을 실시하거나 소년보호사건 전문가의 진단 및 시험관찰을 할 수가 있다. 당해 교육의 상담조사 대상자는 경미한 범죄로 인하여 불구속 상태에서 소년부에 송치되는 비수용 보호처분 대상자이다. 당해 교육은 법원 소년부 판사가 주간에만 청소년비행예방센터에 출석하여 비행원인 진단과 함께 인성교육을 받게 하는 것으로 비행청소년이 소년분류심사원에 위탁되어 자유가 제한되는 것과는 달리 부담 없이 일상생활을 지속하면서 주간에만 출석하여 조사와 비행 예방교육을 받게 된다(송화숙, 2008).

상담조사 기간은 1일 7시간을 기준으로 3일, 4일, 5일 과정으로 구성되는데, 법원 소년부 판사의 요청에 따라 필수과정을 제외하고는 탄력적으로 조정 가능하다. 또한 상담조사기간은 해당학교에 출석한 것으로 인정되고 있으며, 청소년의 생활환경, 심리적 특성, 교육태도, 비행진단, 지도방향 및 처분의견 등에 대한 상담조사서가 작성되어 법원에 송부되면 이는 소년부 판사가 심리결정 시 참고자료로 활용되고 있다.

소년법 제49조의2(검사의 결정전조사) 제1항에 의하면, 검사는 소년 피의사건에 대하여 소년부 송치, 공소 제기, 기소유예 등의 처분을 결정하기 위하여 필요하다고 인정하면 피의자의 주거지 또는 검찰청 소재지를 관할하는 보호관찰소장, 소년분류심사원장 또는 소년원장에게 피의자의 품행, 경력, 생활환경이나 그 밖에 필요한 사항에 관하여 조사요구를 할 수 있는데, 이 중 '소년분류심사원 또는 소년원'의 역할을 청소년비행예방센터가 담당하고 있었다.

하지만 2011년을 기점으로 검사결정 전 조사제도는 보호관찰소의 업무영역으로 이관되고 있기 때문에 이제는 청소년비행예방센터의 고유업무로 파악하기는 어려운 실정이다(박찬걸, 2012).

3) 기타 교육

(1) 보호자교육

보호자교육은 비행청소년이 재비행을 범하지 않도록 부모 등 보호자를 대상으로 운영하는 자녀이해 및 지도방법 등 역할개선 중심의 교육 프로그램으로서, 교육대상으로는 의무참가자로서 법원 판사가 의뢰한 보호자특별교육명령 대상자와 학교장이 의뢰한 학교폭력 가해학생 보호자 특별교육대상자가 있으며, 자원참가자로서 청소년비행예방센터에서 대안교육, 상담조사 등을 받는 청소년의 보호자 중 자발적으로 참가한 교육대상자가 있다.

보호자교육명령은 주된 처분이 아니라 부가처분이기 때문에 원처분을 행하는 보호관찰소나 소년원에서 그 업무를 담당하고 있으며, 청소년비행예방센터에서는 자발적인 동의에 의한 보호자 위주의 교육이 진행되고 있다. 특히, 해당 청소년에 대하여 통학형 위탁교육을 실시하고 있어 보호자가 직접 대상자를 데리고 청소년비행예방센터를 방문하는 날에 집중적으로 보호자교육이 이루어지고 있다.

상담조사 대상자의 보호자의 경우에는 상담조사 처분당일, 교육 1일차 오전, 교육 4일차 오후 등 총 3회에 걸쳐 4~8시간 정도의 교육이 이루어지고 있다. 또한 법원에서 명하는 상담조사의 경우에는 보호자면담기록을 조사결과보고서에 기재하도록 되어 있기 때문에 대안교육대상자의 보호자는 대상자의 교육 수료일 오후에 집단 상담의 형태로 2시간 동안 교육을 받는다. 보호자교육에서는 자녀의 부적응행동을 이해하고, 건전한 성장을 돕는 올바른 부모역할 개선을 지원하며, 자녀의 심리적 특성 이해 및 자녀와의 대화법, 가족구성원 관계 탐색 및 소통하기, 가족공감 한마당 · 세족식 · 영상편지 등 가족관계 회복을 위한 교육 프로그램을 실시하고 있다.

(2) 법교육

비행 예방을 위한 법교육은 학생, 시민 등을 대상으로 법 전반, 법 형성과정, 법 제도 등의 원리와 가치에 관한 지식과 기능을 제공하는 교육으로서, 교육대상자는 유치원생, 초 · 중 · 고교생, 일반시민 등이 된다.

법무부는 국민의 법의식 향상을 위하여 2005년 '5개년 법교육 추진 종합계획'을 수립하였으며, 2008년 3월 28일 법교육진흥법이 제정되면서 대국민 법의식 교육을 체계적으로 실시할 수 있는 기반이 조성되었다. 이에 따라 초기에는 대전 청소년비행예방센터에서 법교육을 특화하여 운영하고 있었으나, 현재는 모든 청소년비행예방센터에서 비행 예방을 위한 법교육 프로그램을 운영하고 있다.

청소년비행예방센터에서는 일반청소년과 교사를 대상으로 사례 중심의 출장강연, 모의법정 체험, 법사랑 캠프 등의 서비스를 제공하고 있으며, 주요 내용으로 성교육, 약물교육, 재난대비안전교육, 교통안전교육, 실종 · 유괴 예방교육, 자살 예방교육, 예절교육, 인터넷 중독 예방교육 등이 있다.

(3) 청소년 심리 상담

청소년 심리 상담교육은 지역사회 청소년의 건전육성을 목적으로 무료로 실시하는 각종 심리검사와 개별 및 집단 상담을 의미한다.

보호소년 등의 처우에 관한 법률 제26조(청소년심리검사 등)에 따라 청소년이나 그 보호자가 적성검사 등 진로탐색을 위한 청소년심리검사 또는 상담을 의뢰하는 경우 청소년 심리상담이 이루어질 수 있다. 청소년심리상담의 목적은 가정 및 학교생활 적응을 지원하고, 올바른 교우관계 형성을 조력하며, 사전심리검사 및 진로상담 등을 병행하여 정확한 특성을 이해하고자 하는 데 있다. 대상자는 위기 · 취약계층 청소년, 초기비행청소년, 복지시설청소년, 일반학생 등이고, 사전 예약이 요구되며, 소요시간은 2~4시간 정도이고, 심리검사 실시 후 2주 이내에 대상자 또는 보호자에게 우편으로 결과를 발송하고 있다.

(4) 일일체험

일일체험은 초 · 중 · 고등학교 학생 및 교사, 위기 · 취약계층 청소년 등을 대상으로 다양한 체험교육 시설을 무료로 개방하여 활용할 수 있도록 지원하는 제도이다.

여기에서는 2~4시간 정도의 과정으로 장애체험, 모의법정, 원예치료, 생활도예, 암벽등반, 도미노 등 각 센터별 지역의 특성을 활용한 다양한 일일체험 서비스를 제공하고 있으며, 중학교 자유학기제와 연계되는 등 다양한 형태로 제공되고 있다.

(5) 주말캠프 : 학교폭력예방캠프, 법캠프, 가족캠프, 사제동행캠프

주말캠프는 다양한 형태로 운영되고 있는데, 가족캠프는 사춘기 청소년을 둔 가정을 대상으로 소통 · 나눔 · 기쁨(소나기)을 주제로 1박 2일 또는 2박 3일간의 캠프로 마음 열기 · 따뜻한 지팡이 · 도미노 · 가정헌법 만들기 · 감동 나누기 · 세족식 등의 프로그램이 있다. 사제동행 캠프는 학교폭력 가해학생 등 문제학생이나 개별적 관심이 필요한 학생 등과 생활지도교사(담임교사)가 참여하는 캠프이다.

4 ONE-STOP지원센터

1) One-Stop지원센터의 설립배경

2000년대에 접어들면서 우리나라는 범죄피해자 보호의 중요성을 인식하고 다양한 법규의 제정과 아울러 범죄 피해자 보호 시스템을 도입 · 운영하기 시작하였다. 이러한 사회적 분위기는 범죄 피해자를 1차적으로 접촉하게 되는 경찰에게도 영향을 끼쳐 충격적인 범죄피해를 당하고도 여러 병원과 경찰관서를 전전하며, 2중 · 3중의 고통을 받는 여성 · 학교폭력 피해자 보호를 위해 2005년 8월 31일 경찰병원에 여성 · 학교폭력 피해자 One-Stop지원센터를 최초로 개소하였다.

One-Stop지원센터의 기원은 2001년 경찰병원 내 설치되어 있던 성폭력 의료지원센터에서 찾을 수 있으며, 성폭력 의료지원센터에서 담당하는 업무의 대상을 성폭력뿐 아니라 가정폭력 피해자, 성매매 피해자, 학교폭력 피해자에게까지 확대하여 각각의 범죄 피해자들이 무료로 의료, 상담, 수사에 필요한 진술 녹화 및 증거채취, 법률지원, NGO 등과 연계하여 피해자를 위한 통합지원 서비스를 제공받을 수 있도록 하였다.

이러한 One-Stop 지원센터의 활동은 성폭력 피해자, 가정폭력 피해자, 성매매 피해자, 학교폭력 피해자의 경우 범죄로 인하여 신체적 손상뿐 아니라 정신적 충격을 동시에 입어 피해 회복에 많은 시간이 소요되며, 범죄 수사로 인한 활동이 2차 · 3차의 피해를 유발시킬 수 있음을 고려하여 범죄 피해의 치료와 수사가 동시에 이루어져 추가적인 피해 발생을 방지하고자 하는 것에 목적이 있다.

2) One-Stop지원센터의 의미

One-Stop지원센터의 대상이 되는 범죄는 성폭력 · 성매매 · 가정폭력 · 학교폭력 등 4개의 범죄이며, One-Stop지원센터는 이와 같은 범죄로 신체적 · 정신적 피해를 입은 피해자에게 24시간 의료, 상담, 수사에 필요한 각종 절차의 수행, 법률지원과 같은 서비스를 제공한다.

각종 서비스를 제공하는 One-Stop 지원센터의 탄생은 앞서 이야기한 바와 같이 범죄의 흉포화로 인하여 피해자들이 입는 신체적 · 정신적 손상이 더욱 심화되고 있고, 인간본위주의 사상이 확대되어감에 따라 범인 검거에 중점을 둔 수사의 실시보다는 피해자 안위 확보 중심의 수사로 변화해 나간 결과라 할 수 있다. 이와 같은 목표의 달성을 위하여 경찰과 지방자치단체, 수탁병원은 3자간 협약에 의하여 센터의 운영이 이루어지도록 해 범죄 수사와 치료, 각종 상담을 동시에 제공하는 것이 가능하도록 하였다.

One-Stop 지원센터를 정의하자면 범죄 피해자의 빠른 피해회복을 돕고 신속한 수사를 통해 범인 검거가 용이하도록 하기 위해 경찰과 병원, 지방자치단체가 협력망을 구성하여 다각도에서 피해자 보호활동이 가능하도록 한 시스템이라 할 수 있으며, 센터의 운영이 1일 24시간 이루어지도록 하여 범죄 발생 즉시 피해자의 치료와 수사가 진행되도록 한 시스템이라 할 수 있다.

3) One-Stop지원센터 조직구성

One-Stop지원센터는 지역 내 병원에 설치되어 있으며 운영인력은 상담전문가, 간호사, 센터 설치지역 지방경찰청 여경과 행정요원으로 구성되어 있다. 이러한 운영인력의 구성은 〈그림 13-1〉을 통해 구조화시켜 살펴볼 수 있다.

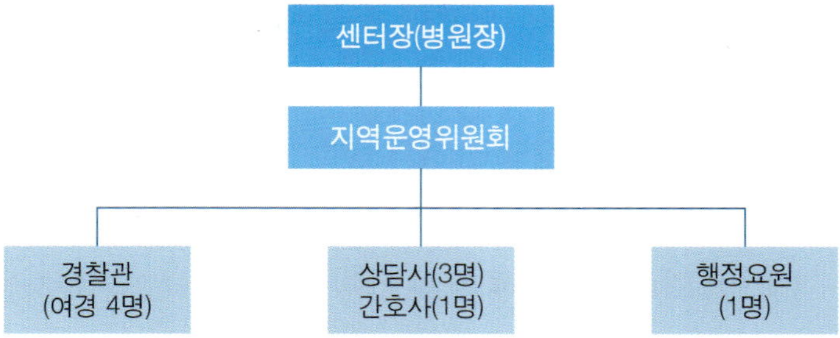

자료 : 광주 One-Stop지원센터 홈페이지(www.gjonestop.or.kr)참조.

그림 13-1 One-Stop지원센터 조직구성도

지원센터의 조직은 센터장, 경찰관, 상담사, 간호사, 행정요원으로 구성되는데, 지역에 따라 별도의 볍률지원을 위한 자문변호사를 배정하기도 한다. 센터장은 병원장이나 병원장이 지정한 자로 하며 그 임무는 센터 운영에 관한 업무총괄, 센터 사업수행에 대한 지휘 · 감독, 센터 종사자에 대한 교육 · 감독, 중요사안 발생 시 지역별 센터 운영위원회 소집 및 보고, 기타 센터 운영을 위하여 필요한 사항 등을 수행한다.

지원센터 내 상주 근무인원은 각 지역별로 차이가 있기는 하지만 일반적으로 경찰관(여경) 4명, 상담사 3명, 간호사 1명, 행정요원 1명을 배치하고 있으며, 각 분야별 상위 직급자를 팀장으로 지정하고 팀장은 각 기능별 중요사항을 센터장과 운영위원회에 보고하고, 팀원들의 교육, 출장, 휴가 등의 업무를 조정하는 업무를 담당하고 있다.

경찰관은 성폭력 피해자와 성매매 피해자의 수사가 원활히 이루어지도록 여경배치를 원칙으로 하고 있으며, 여경은 지방경찰청 소속의 경찰로 파견근무 형태를 띠고 있다. One-Stop 지원센터에 배치된 경찰은 해당 경찰관서 등과 협의하여 피해자 진술녹화 · 사진촬영 · 성폭력 응급키트에 의한 증거수집 · 가해자 인적사항 등의 파악과 같은 범죄 수사 전반에 관한 업무를 담당하여 수행하고 있으며, 변호사와 연결 및 법적 사안에 관한 부분에 대하여 상담활동을 실시하고 있다.

상담사는 성폭력 · 가정폭력 상담원 경력 3년 이상인 자 또는 사회복지사 2급 이상의 자격소지자로서 성폭력 · 가정폭력 상담원 교육과정을 수료한 사람 중에서 선발하며 피해자 · 피해자 가족에 대한 심리상담 및 조언, 피해자 치유회복 프로그램 운영, NGO와 네트워크 구축을 통한 피해자 지원업무를 수행하고 있다.

간호사는 의료상담, 피해자의 신체적 손상에 대한 응급처치, 증거채취 지원 등의 업무를 담당하고, 상담사와 간호사는 회계 등의 업무를 담당하는 행정요원의 업무를 겸임하여 수행하기도 한다.

지역운영위원회는 One-Stop 지원센터의 심의 · 의결기구로 지역센터 운영과 관련한 중요 사항을 심의 · 의결하며, 센터 종사자의 임명 승인, 센터의 운영 관련 자료의 요구 · 검토를 할 수 있고 그에 따른 시정조치를 권고할 수 있다.

4) One-Stop지원센터의 지원업무

One-Stop지원센터의 지원 업무는 수사지원, 법률지원, 의료지원, 상담지원 등 크게 4개로 구분되어 이루어진다.

(1) 수사지원

One-Stop지원센터가 24시간 운영됨에 따라 24시간 동안 피해자에게 불편함 없이 수사지원 프로그램을 제공하기 위하여 One-Stop지원센터에 여성경찰관을 24시간 상주 근무하도록 하고 있다. 수사지원 프로그램은 의료진료 차 내방 시 진술녹화를 동시에 실시하고 녹화된 자료를 경찰서에서 활용, 피해자 조사와 112, 117 및 각 지방경찰청 여경기동수사대와 연계하여 수사를 진행시킴으로써 신속한 수사가 가능하도록 하고 있다.

진술 녹화실을 운영하여 진술의 신빙성을 높이도록 하고 반복진술에 의한 피해자의 2차 피해발생을 예방하도록 하며, 센터 내 화상대질조사 시스템을 구축해 원격지 경찰서에 있는 가해자의 얼굴을 센터에 방문한 피해자가 화상을 통해 대질 · 확인하는 것이 가능하도록 하여 피해자와 가해자의 직접대질로 인한 2차 피해 발생을 방지하도록 하고 있다.

(2) 상담지원

전문상담사가 상주하여 피해자와 상담할 수 있도록 상담실을 마련하였고, 피해자 안정실에는 상담이나 치료과정에서 피해자가 불안, 초조, 외상 후 스트레스증상 등으로 조사가 불가능하거나 극심한 정신적 충격으로 안정이 필요한 경우에 대비하여 침대 및 소파 등을 갖추어 피해자가 심리적 안정을 찾는 것을 돕도록 하였다. 117센터 홈페이지와 실시간 연계하여 사이버상담이 가능하도록 하였으며 NGO, 보호시설 등과의 연계를 적극 지원하고 있다.

(3) 의료지원

센터 전담 산부인과 전문의와 응급의학과에서 24시간 진료가 가능하도록 하고 있으며, 첨단 산부인과 의료장비 구비로 학교 · 가정폭력 피해자의 신체 상처 및 성폭력 피해자의 자궁상처 등의 정밀 촬영을 실시, 이를 증거자료로 제공하여 사용할 수 있도록 하고 있다.

영상진료실에는 피해자를 위한 증거채취가 용이하도록 정밀 촬영 즉시 판독이 가능한 최첨단 디지털 서비스 장비와 자동화 시스템을 갖춘 최신식 산부인과 진료대를 비치하여 피해자 치료 및 증거수집활동을 실시하고 있다.

(4) 법률지원

여성 · 학교폭력 전문 변호사 등 무료법률지원단이 요일별로 센터에서 순환 근무하도록 하여 고소 및 손해배상 청구 등 민 · 형사 소송지원과 범죄피해자 구조금 등에 관한 무료법률상담을 실시하고 있다.

One-Stop지원센터의 지원업무는 〈그림 13-2〉와 같이 도표화시킬 수 있다.

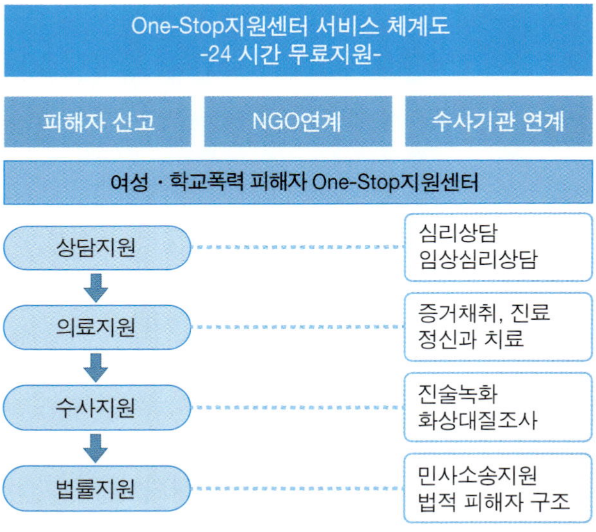

그림 13-2 One-Stop지원센터 서비스 체계도

One-Stop지원센터는 피해자 신고, NGO 연계, 수사기관의 연계를 통하여 피해자를 통한 범죄 수사만을 실시하는 것이 아닌 피해자의 신체적 · 정신적 치료와 동시에 수사의 실시, 피해자의 법적 지위 보장을 돕기 위한 법률지원서비스를 제공하고 있다.

One-Stop지원센터는 이러한 각종 업무의 효율적인 진행이 가능하도록 내부 시설로 사무실, 진술녹화실, 모니터실, 영상진료실, 상담실, 피해자 안정실, 피해자 전용 샤워실 등을 갖추고 있다. 또한 주요 장비로 진술녹화장비, 산부인과 진료대, 영상진료시스템, 써비코, 성폭력 응급키트, 해부학 인형을 비치하고 있어 보다 구체적인 피해자 진술 확보가 가능하도록 하고, 여러 차례에 걸친 사건 경위 진술을 통하여 피해자의 심리적 불안감이 지속되는 것을 방지하고자 한다.

5 청소년폭력예방재단

2005년 3월 중학교 현직 교사의 일진회에 대한 강연의 내용은 사회의 뜨거운 이슈로 떠올랐다. 그동안 학원폭력, 청소년 탈선에 대한 사회의 관심이 없었던 것은 아니지만 이번 발표가 구체적이고 실제적이어서 사람들에게 충격을 주었다. 위의 기사에서도 알 수 있듯이 청소년 폭력은 이미 위험 수위를 넘어섰다. 각목 등을 이용한 폭력과 금품 갈취는 성인 조직폭력배의 행동과 비슷하다.

청소년폭력의 근절을 위해 학교와 경찰, 가정에서는 끊임없이 노력해왔다. 학교에서는 '폭력 없는 학교' 등의 캠페인을 벌이고 가해학생을 벌하였다. 경찰에서도 피해학생의 신고를 받고, 청소년 폭력집단 해체를 위하여 노력하였다. 그러나 이러한 노력에도 불구하고, 일진회 등의 청소년폭력집단은 사라지지 않고 있다. 청소년폭력예방재단(청예단)에서는 1996년부터 청소년폭력에 대한 대처가 필요하다고 주장해왔고, 폭력의 예방, 치료를 위한 프로그램을 진행 중이다.

1) 기관 개요

청소년폭력예방재단은 1995년 외아들을 학교폭력으로 잃은 그 아버지(설립자 김종기)가 다시는 이 땅에 자신과 같은 불행한 아버지가 없기를 소망하면서, 직장도 폐하고 사재를 내어 설립한 학교폭력 예방과 치료를 위한 비영리 공익단체이다. 자신의 아들을 잃었으나 어려운 여건 속에서 고통받는 청소년과 그 가정을 위해 봉사함을 기본 정신으로 청소년지킴이 운동, 상담, 연구 및 출판, 교육 등 다양한 사업들을 열심히 해오고 있는 우리나라의 대표적 NGO 중 하나이다.

청소년폭력예방재단에서는 청소년 폭력 방지를 위하여 수호천사운동, 예방교육센터, 상담센터 등의 프로그램을 운영하고 있다.

수호천사운동은 시민운동으로 2004년 10월부터 후원자 및 시민들로부터 요보호 청소년들을 추천받아 지속적이고 체계적인 관리를 통하여 다시는 학교폭력의 그늘에서 신음하지 않도록 지원하는 1:1 맞춤 서비스이다. 예방교육센터는 청소년 폭력의 근절은 위하여 전문가를 양성하고, 학생들을 대상으로 교육을 실시하는 프로그램이다. 상담센터는 전화, 사이버, 면접 등을 통해 현재 상태를 파악하고, 분노조절, 친구 사귀기 등의 프로그램을 통해 치료를 도모한다.

그리고 청소년폭력예방재단에서 하는 청소년폭력예방교육 및 상담, 생활지도가 실제 학교현장 등에서는 어떤 효과를 발휘하는지 알아본다. 최근 청소년폭력예방재단에서는 수호천사 프로그램의 일환으로 청소년 등 · 하굣길 경호지원 서비스를 제공할 예정이라고 한다. 수호천사에서는 피해 · 가해 학부모 모임 운영, 전문상담 및 각종 심리검사 제공, 피해자 및 가해자 재활치료 등 피해의 경로나 정도에 걸맞은 프로그램을 많이 운영하고 있으며, 상담센터에서는 폭력 관련 상담을, 예방교육센터에서는 지도교사 양성 및 교육을 하고 있다.

2) 설립 배경

청소년폭력예방재단은 신체폭력, 금품갈취, 괴롭힘, 따돌림, 사이버폭력, 언어폭력 등 학교 내외에서 발생하고 있는 폭력으로 고통받는 청소년들과 10년을 함께하였다. 학생, 교사, 전문가 연수를 통해 지속적으로 학교폭력 예방을 위한 교육을 실시하였으며 '학교폭력 예방 및 대책에 관한 법률안' 제정의 주도적인 산파 역할을 하였다.

학교폭력 예방을 위한 실질적 전문가를 양성하고, 양성된 강사의 파견을 통한 전국적 교육시스템 구축하며, 이를 통해 학교폭력을 예방하고 근절하기 위해 학교폭력예방교육센터를 운영하고 있다. 학교폭력예방교육센터는 학교폭력예방교육을 위한 전문가를 양성하고, 학교에 전문 강사를 파견하여 전문적인 학교폭력 예방교육을 실시하는 전문교육기관이다.

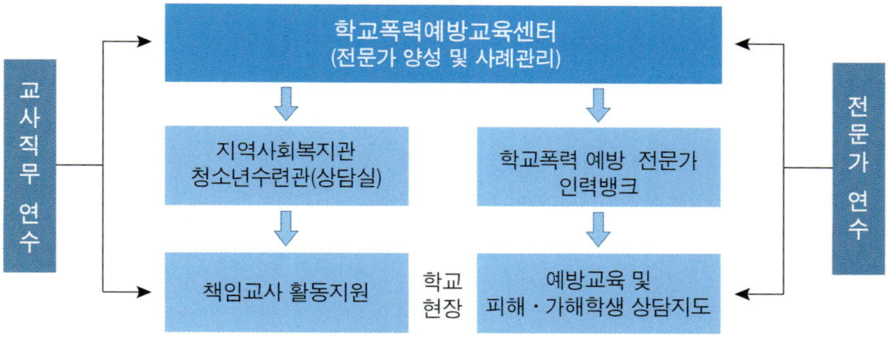

그림 13-3 운영 체계도

참 고 문 헌

강문희 외(2006). **영유아 발달의 이해**. 서울: 신정.

강유미(2011). 학교폭력에 대한 실태분석 연구. 고려대학교 교육대학원 석사학위논문.

교육과학기술부 (2012). 학교폭력근절종합대책 .

교육과학기술부(2010). 학교폭력 예방 및 대책 5개년 기본계획(2010~2014).

교육과학기술부(2012). 인성교육 우수 유치원 및 어린이집 선정 · 공모 사업계획(안).

교육인적자원부(2007). 유아를 위한 세계이해 및 다문화 교육 활용 자료.

권문일(2012). 학교폭력 예방 및 대처를 위한 사회복지적 개입. 보호관찰, 12(1), 2-16.

김규태 외(2013). 학교폭력의 예방 및 대책. 경기: 양서원.

김나영 · 이승희(2004). 아동임상 및 상담심리, 서울: 동문사.

김난주(2013). 학교폭력 예방에 관한 연구: 학교폭력예방 및 대책에 관한 법률을 중심으로. 동의대학교 대학원 박사학위논문.

김보준(2012). 학교폭력의 경찰대응에 대한 법적 연구. 연세대학교 법무대학원 석사학위논문.

김선애 외(2003). 초등학생의 학교폭력 실태와 경향에 대한 연구. **한국생활과학회지, 12**(3), 321-336.

김세희(2000). **유아문학교육**. 서울: 양서원.

김신영(1997). 유아교육기관에서 교사가 인식하는 문제 분석. 이화여자대학교 박사학위논문.

김옥엽(2001). 개인적 지능 육성을 위한 집단 상담 프로그램 개발. 원광대학교 대학원 박사학위논문.

김진영(1997). 유치원에서 또래 간 사회적 힘의 형성과정. 이화여자대학교 대학원 박사학위논문.

김창군 · 임계령(2010). 학교폭력의 발생원인과 대처방안. **법학연구, 38**, 173-198.

김충기 · 장선철(2002). **유아생활지도**. 서울 동문사.

류영숙(2012). 학교폭력의 실태와 대처방안에 관한 연구. **한국교원교육연구, 29**(4), 615-636.

문용린 외(2006). **학교폭력예방과 상담**. 서울: 학지사.

박성기(2008). 학교폭력예방과 근절을 위한 대처방안에 관한 연구: 학교폭력예방 및 대책에 관한 법률과 교육인적자원부의 학교폭력예방 및 5개년 기본 계획을 중심으로 성결대학교 대학원 석사학위논문.

박성옥 외(2003). **영유아의 건강과 안전**. 서울: 창지사.

박성은(1996). 개인적 지능과 학습양식에 관한 연구. 연세교육학연구, 85-106.

박종효(2010). 학교폭력예방 및 대책 5개년 계획 성과분석 및 개선방안연구. 교육부.

박현진 · 김숙자(2012). 유아 인성교육 방향 모색을 위한 선행연구 고찰– 한국적 가치를 기반으로 한 다문화적 접근에서의 유아 인성교육 프로그램 개발을 위한 기초연구 II. **아동교육, 21**(2), 5–26.

박효정 (2012). 노르웨이의 학교폭력 실태와 대책 그리고 한국교육에의 시사점. 한국교육개발원.

박효정 외(2005). 학교폭력 실태의 이해와 진단. 한국교육개발원.

박효정 · 이희현(2013). 학교폭력실태조사 현황 및 개선방안 조사참여율 제고 및 결과활용방안을 중심으로. 한국교육개발원.

서미숙(2006). 청소년 학교폭력의 결정요인에 관한 연구 광주여자대학교 대학원 석사학위논문.

서영숙 외(2012). **방과후 아동지도론**. 경기: 양서원.

손경원 · 주향란(2012). 학교폭력 예방을 위한 인성교육 기반 긍정적 행동지원의 이론과 실제. **도덕윤리과교육, 37**, 427–466.

송재홍 외(2012). **학교폭력의 예방 및 대책**. 서울: 학지사.

신동엽(2012). 초등학교 아동의 심리적 학교폭력에 대한 연구. **한국범죄심리연구. 8**(1), 105–138.

아영아 · 정원철(2014). 보호관찰 청소년의 가정 및 학교폭력 피해경험이 정신건강 및 학교폭력 가해경험에 미치는 영향. **교정복지연구, 34**, pp. 81–108.

안동현 외(2003). 신고된 사례의 아동학대 실태와 후유증 연구. **아동권리연구. 7**(1), pp. 121–139.

안동현 · 홍강의(1987). 한국에서의 아동학대 현황. 精神健康研究, 6, pp. 53–65.

안현의 · 김동일 · 안창규(2005). **청소년용 NEO성격검사**. 서울 : 한국가이던스.

안화실 · 박정도(2013). 사이버폭력에 관한 국내 연구물 분석. **소년보호연구, 10**, 125–157.

양명희(2012). **행동수정이론에 기초한 행동지원**. 서울: 학지사.

양미진 외(2008). 초등학생의 학교폭력 예방을 위한 배려증진 프로그램 개발, 서울: 청소년상담원.

양태규(2012). 학교폭력의 실태와 효율적 대응방안에 관한 연구: 언론보도를 중심으로. **경찰학논총, 7**(2), 459–492.

연문희 · 강진령(2002). **학생상담**. 경기 : 양서원.

우채영 외(2010). 성별 및 학급 급별에 다른 청소년의 인간관계, 스트레스, 우울과 자살생각 간의 구조적관계. **교육심리연구, 24**(1), 19–38.

유형근 외(2014). **예비교사를 위한 학교폭력의 예방과 대처**. 학지사.

윤경철 · 강영숙(2012). 학교폭력 및 학교문화에 대한 학부모 · 교사 인식 조사연구. 서울: 한국 청소년정책연구원.

이규미 외(2015). **학교폭력 예방의 이론과 실제**. 학지사.

이규미 · 조은선(2015). 교사의 폭력피해경험과 후유증의 관계에서 매개변인에 관한 연구. **한국심리학회지 상담 및 심리치료, 27**(4), 1001–1022.

이대근(2004). 유해매체노출의 결정요인과 학교폭력간의 관계에 관한 연구. 연세대학교 행정대학원 석사논문.

이명신(2000). 청소년의 집단 따돌림 의도 결정과정 모델. **한국아동복지학, 90**, 176–200.

이상원 · 이승철(2006). 학교폭력 현황 및 영향요인에 관한 연구. **한국민간경비학회보. 8**, 2-32.

이시형(1985). **대인공포증의 치료**. 서울 : 집현전.

이지연(2005). 스트레스와 부모자녀간의 의사소통이 청소년 자살생각에 미치는 영향. 중앙대학교 대학원 석사학위논문.

이창호 · 김경희(2013). 스마트폰확산에 따른 청소년보호방안연구(연구보고 13-R08). 서울: 한국청소년정책연구원.

이창호 · 신나민(2014). 청소년 사이버불링 실태 및 대응방안. 세종: 한국청소년정책연구원.

이창호 · 이경상(2013). 소셜미디어이용시간이 청소년의 사이버불링에 미치는 영향 탐구: 네트워크특성을 중심으로. **한국청소년연구, 24**(3), 259-285.

이춘재 외(2000). **학교에서의 집단따돌림 : 실태와 특성**. 집문당.

임지영(2012). **세상에서 가장 길었던 하루**. 서울 : 형설라이프.

전국학교상담지원센터(2007). 초, 중, 고등학교 학교폭력 상담매뉴얼 개발. 교육인적자원부.

전신현 · 이성식(2010). 청소년의 휴대전화를 이용한 사이버 집단괴롭힘 현상의 원인 모색. **청소년학연구, 17**(11), 159-181.

정규석(2008). 초등학생과 중학생의 학교폭력 영향요인 비교. **社會科學研究, 24**(4), pp. 323-338.

정옥분(1998). **청년발달의 이해**. 서울: 학지사.

정재준(2012). 학교폭력 방지를 위한 한국 · 일본의 비교법적 연구. **법학연구, 53**(2), 79-108.

정종진(2012). **학교폭력 상담: 이론과 실제**. 학지사.

정진성(2009). 학교폭력의 원인에 대한 연구: 지역사회의 영향을 중심으로. **한국공안행정학회보 제35권**, 365-394.

정현옥(2008). 아동 성폭력 범죄애 대한 연구. 숭실대학교 대학원 석사학위논문.

정현주 · 김하나 · 최보영(2012). 학교폭력 부모 지침서. 한국청소년상담원.

조종태(2012). 학교폭력에 대한 효율적 대처방안. 범죄예방정책연구, 제24권, 9-11.

천성문 외(2011). 행복한 학교를 위한 학교 집단상담의 실제. 서울 : 학지사

청소년폭력 예방재단 상담센터(2004). 제1차 학교폭력 전문상담원 양성교육.

청소년폭력 예방재단 상담센터(2005). 제2차 학교폭력 전문상담원 양성교육.

청소년폭력 예방재단(2002). 학교폭력 실태조사 보고서. 청소년폭력예방재단.

청소년폭력예방재단 학교폭력문제연구소 편(2015). **학교폭력 예방의 이론과 실제**. 서울: 학지사.

청소년폭력예방재단(1996). **폭력은 싫어요. 학교폭력의 예방과 지도**. 청소년폭력예방재단.

청소년폭력예방재단(1996). 학교폭력, 고통 받는 아이들을 위해 무엇을 할 것인가?. 청소년폭력예방재단.

청소년폭력예방재단(2011). **전국 학교폭력상담**. 서울 : 학지사.

최승혜(2009). 고등학생의 학업스트레스원과 증상에 관한 연구 대진대학교 대학원 석사학위논문.

한국초등상담교육학회 편(2013). **학교폭력의 예방 및 대책**. 서울 : 학지사.

허윤석 외(2003). 아동용 문제행동 선별검사의 개발. **신경정신의학, 42**(6), 724-734.

Campbell, S. B" & Ewing, L. J.(1990). Follow-up of hard-to-manage preschoolers adjustment at age 9 and predictors of continuing symptoms. Journal of Child Psychology and Psychiatry, 51. 871-889.

Dupaul G. J.(1991). Parent and teacher ratings of ADHD symtoms : Psychometric properties in a community based sample. Journal of Clinical Child Psychology, 20, 245-253.

Moritz R, Suzuki, M., & Kamoshita, S.(1990). Screening measures for detecting psychiatric disorders in apanese secondary school children. Journal of Child Psychology and Psychiatry, 3i, 603-617.

Phipps, P. A. (1997). *Multiple intelligence in the early childhood classroom*(The Dim Early Childhood Professional Library 2). SRA/McGraw-Hill.

Scheuermamnn, B. A., & Hall, J. A. (2009). 긍정적 행동지원. (김진호, 김미선, 김은경, 박지연 역). 서울: 시그마프레스.

Seligman, M. E. P.(2011). Flourish : a visionary new understanding of happiness and weU-being. New York : Free Press.

Senatsverwaitung fiir Bildung, Jugend und Wissenschaft (2011): No Tfallplae fiir Berliner Schulen. Berlin.

Senatsverwaitung fiir Bildung, Jugend und Wissenschaft (2012): Gewaltpravention und Krisen-intervention an Berliner Schulen Schuljahr 2010/11. Berline.

Sharp, A. M. (2006). Taking my Imagination Visiting in the Classroom Community of Inquiry(pp.1-7).

Shearer, C. B. (2004), Multiple intelligences theory after 20 year. *Teacher College Record*, 706(1), 2-16.

Siegers, B. (1997) *Brain development and its relationship to early childhood education*. ERIC Document Reproduction Service No. ED 409 110.

Tupes, E. C, & Christal, K E.(196l). Recurrent personality factors based on trait ratings(Technical Report, Nos. 61-97). Lackland. TX : U.S. Air Rorce Aeronautical System Division.

Vygotsky, L. (1978). *Mind in society: The development of higher psychological processes*. MA : Harvard University Press.

Wittmer, D. S., & Honig, A. S. (1994). Encouraging positive social development in young children, *Young Children*, 49(5), 4-12.

찾아보기

ㅊ

ㅋ

ㅌ

ㅍ

ㅎ

기타

저/자/소/개

■ 김미진

상명대학교 대학원 교육학박사
현, 강동대학교 유아교육과 교수
〈저서〉 아동생활지도, 아동안전관리 등

■ 김지현

한남대학교 대학원 교육학박사
현, 한남대학교 교직과 외래교수
〈저서〉 집단상담, 동료상담실습 등

■ 남기양

가톨릭관동대학교 대학원 교육학박사
현, 강원관광대학교 겸임교수, 경동대학교, 대원대학교 외래교수
〈저서〉 교육방법 및 교육공학 등

■ 남현주

덕성여자대학교 대학원 유아교육 전공 박사수료
현, 백석예술대학교, 경복대학교 유아교육과 외래교수
〈저서〉 아동안전관리, 부모교육 등

■ 안미영

로마 교황청립 살레시안대학교 대학원 교육학박사
현, 제주한라대학교 유아교육과 교수
〈저서〉 교육방법 및 교육공학 등

■ 유성이

단국대학교 조형예술대학원 조형예술학박사
현, 서정대학교 유아교육과 교수
〈저서〉 재료와 기법중심의 영유아미술교육, 인간행동과 사회환경 등

학교폭력 예방 및 학생의 이해

1판 1쇄 인쇄 — 2018년 9월 5일
1판 1쇄 발행 — 2018년 9월 10일

저 자 - 김미진 · 김지현 · 남기양 · 남현주 · 안미영 · 유성이
발 행 인 - 강성민
발 행 처 - 수양재
주 소 - 경기도 파주시 검산로 173번길 29-20
전 화 - 031-946-3863(代)
팩 스 - 031-946-3864
이 메 일 - syjpub@naver.com
출판등록 - 2016년 6월 3일 제406-2016-000069호

ISBN 979-11-89457-00-6

정가 18,000원